LES AVENTURES
DU
CAPITAINE MAGON

OUVRAGES DU MÊME AUTEUR

PUBLIÉS PAR LA LIBRAIRIE HACHETTE ET Cⁱᵉ

La bannière bleue. Aventures d'un musulman, d'un chrétien et d'un païen à l'époque des croisades et de la conquête mongole. 1 vol. in-8° jésus avec 73 gravures d'après J. Lix, et une carte en couleurs. Broché, 7 fr.; cartonné 10 fr.

Les pilotes d'Ango. 1 vol. in-8° raisin avec 45 gravures d'après Sahib. Broché, 2 fr. 60; cartonné, 3 fr. 90.

Les mercenaires. 1 vol. in-8° raisin avec 54 gravures d'après Fritel. Broché, 4 fr.; cartonné, 6 fr.

LÉON CAHUN

LES AVENTURES

DU

CAPITAINE MAGON

OU

UNE EXPLORATION PHÉNICIENNE

MILLE ANS AVANT L'ÈRE CHRÉTIENNE

OUVRAGE ILLUSTRÉ DE 72 GRAVURES DESSINÉES SUR BOIS
PAR P. PHILIPPOTEAUX

TROISIÈME ÉDITION

PARIS

LIBRAIRIE HACHETTE ET Cie

79, BOULEVARD SAINT-GERMAIN, 79

1891

Droits de reproduction et de traduction réservés

LES AVENTURES

DU

CAPITAINE MAGON

I

Pourquoi Bodmilcar, marin de Tyr, détesta Hannon, scribe de Sidon.

En l'année troisième de son règne, Hiram[1], roi de Tyr, me fit venir, moi marin de la ville des pêcheurs, de Sidon[2], la métropole des Phéniciens. Ayant appris mes voyages, et comment j'avais été à Malte la Ronde, et à Botsra[3] fondée par les Sidoniens, que les Tyriens appellent aujourd'hui Carthada[4], et jusqu'à la lointaine Gadès, sur la terre de Tarsis[5], le roi Hiram me connaissait pour un marin expérimenté. L'astre de Sidon déclinait. Tyr couvrait la mer de ses vaisseaux et la terre de ses caravanes Les Tyriens avaient fondé la monarchie, et leur roi gouvernait, avec l'aide des suffètes[6], nos autres villes phéniciennes; la fortune de Tyr croissait sans cesse et beaucoup de marins et de

1. Hiram Ier régna de 930 à 947.
2. Sidon, ou plutôt *Tsidon*, signifie *la pêche* en phénicien.
3. *Botsra*, d'où *Byrsa*, la citadelle.
4. Carthage, *Kart-Khadecht*, la ville neuve.
5. Tarsis, d'où le *Tartessos* des Grecs, l'Espagne.
6. Suffète ou *choupheth* (au pluriel *chophethim*), magistrature phénicienne et hébraïque, qui précéda la monarchie. Chez les Phéniciens, les suffètes persistèrent à côté des rois.

marchands de Sidon, de Guébal, d'Arvad et de Byblos se mettaient au service des puissantes corporations tyriennes.

Hiram m'apprit que son allié et ami David, roi des Juifs, rassemblait des matériaux pour construire, en sa ville de Jérusalem, un temple à son Dieu, que les enfants d'Israël appellent *Adonaï* ou Notre Seigneur. Il me proposa d'équiper des navires pour le compte du roi David, et de faire, à sa solde, le voyage de Tarsis, afin d'en rapporter de l'argent et des objets rares et précieux, nécessaires à l'ornement du temple projeté.

Ayant le désir de revoir Tarsis et les pays de l'Ouest, j'acceptai les offres du roi Hiram et je lui dis que j'étais prêt à partir, dès que j'aurais rassemblé mes matelots, construit et équipé mes navires.

Il me restait deux mois jusqu'à la fête du Printemps, époque de l'ouverture de la navigation. Ce temps me suffisait pour mes préparatifs; comme le roi me demandait d'aller d'abord à Jaffa, port peu distant de Jérusalem, pour recevoir les instructions du roi David, je n'avais à m'occuper que des navires et des matelots, comptant faire les approvisionnements et recruter des gens de guerre dans la fertile et belliqueuse Judée.

Le roi fut très-content de mon acceptation. Il me fit immédiatement délivrer par son trésorier mille sicles d'argent[1] pour mes premiers frais et donna l'ordre aux gouverneurs des arsenaux de me remettre le bois, le cuivre et le chanvre que je leur demanderais.

Après que j'eus pris congé de lui, je retrouvai à la porte de son palais mon scribe Hannon et Himilcon le pilote, qui avait toujours navigué avec moi dans mes précédents voyages. Tous deux m'attendaient, assis sur le banc qui est à côté de la grande porte, impatients de savoir pourquoi le roi de Tyr nous avait fait venir tous trois de Sidon et pensant bien qu'il s'agissait de navigation à entreprendre et d'aventures à courir. A la vue de mon air joyeux, Hannon s'écria :

---

[1]. Le sicle d'argent est la monnaie étalon phénicienne. Il vaut environ 3 fr. 50. L'argent est à l'or comme 1 à 10.

« Maître, le roi a dû te donner ce que ton cœur désire.

— Et que penses-tu que mon cœur désire ? lui dis-je.

— Un navire pour remplacer celui que tu as perdu sur les écueils de la grande Syrte, des marchandises pour le charger, qu'est-ce qu'un enfant de Sidon peut souhaiter de plus ?

— Tu as raison, Hannon, et nous allons tous trois au temple d'Astarté[1] remercier la déesse du bienfait qu'elle nous envoie par la main du roi et lui demander sa protection, pour bien construire les navires qui nous porteront à Jaffa d'abord et ensuite à la lointaine Tarsis.

— Tarsis ! s'écria Himilcon en levant au ciel son œil unique, car il avait perdu l'autre dans un combat; Tarsis ! O dieux Cabires[2], vous que je contemple la nuit quand je reste assis sur l'avant de mon vaisseau, dieux Cabires qui guidez la proue des navires sidoniens, il me reste vingt sicles d'argent, je veux les dépenser à vous offrir un sacrifice. Si je puis retrouver en Tarsis le coquin qui m'a crevé l'œil avec sa lance, — maudit soit-il ! — et le chatouiller sous la côte avec la pointe d'une bonne épée de Chalcis, je vous sacrifierai un bœuf plus beau qu'Apis, le dieu des Égyptiens imbéciles.

— Et moi, dit Hannon, il me suffira de vendre aux sauvages de Tarsis assez de mauvais vin de Judée et de pacotille de Sidon et d'en retirer assez de bel argent blanc. Je me ferai bâtir un palais au bord de la mer, j'aurai un navire de plaisance en bois de cèdre avec des voiles de pourpre et je passerai le reste de ma vie en festins et en réjouissances.

— D'ici au jour où tu bâtiras ton palais, lui répondis-je, nous coucherons encore plus d'une fois sous le ciel froid de l'Ouest, et d'ici au jour où nous mangerons tes festins, nous avalerons encore plus d'un mauvais repas.

— Nous n'aurons que plus de plaisir à nous le rappeler,

---

1. *Astarté*, l'Aphrodite des Grecs. C'est la déesse de la mer et de la navigation, la divinité nationale des Sidoniens.

2. Les *Cabires*, dieux protecteurs de la navigation. Ce sont les étoiles du Chariot. Le huitième Cabire est la Polaire, que les Grecs appelaient *la Phénicienne*.

reprit Hannon, et d'agrément à le raconter, quand nous serons assis, dans des fauteuils ornés de peintures, à une table en bois précieux entourée de joyeux convives, qui oublieront de manger en écoutant le récit des choses extraordinaires que nous aurons vues. »

Tenant ces propos, nous arrivâmes au bois de cyprès où le temple d'Astarté élève son toit couvert de tuiles d'argent. Le soleil était près de finir sa course et ses rayons obliques faisaient étinceler le sommet des colonnes peintes et chargées de dorures qui soutiennent le faîte du temple. Des essaims de colombes consacrées à la déesse voltigeaient dans le bois sacré, ou se posaient sur les barreaux dorés qui joignent les colonnes entre elles. Des groupes de jeunes filles vêtues de robes de lin brodées de pourpre et de fils d'argent, la tête couverte de longs voiles de pourpre lamée d'argent et frangée, venaient, des pommes de grenade à la main, sacrifier à la dame Astarté ou se promener dans ses jardins. De la porte ouverte du temple s'échappait, en joyeuses bouffées, le bruit des sistres, des flûtes et des tambourins que les prêtres et les prêtresses sonnaient en l'honneur de la déesse. Cette musique, se mêlant au roucoulement des colombes, aux voix et aux rires joyeux de toutes ces jeunes femmes, formait un murmure confus et doux, un murmure délicieux à l'oreille de gens de mer comme nous, habitués au grondement des flots, aux craquements du navire et au sifflement du vent dans les cordages.

J'allai avec Himilcon lire sur la tablette qui est entre les pieds d'une grande colombe de marbre, à droite de la porte d'entrée du temple, le tarif des sacrifices. Comme je venais de choisir une oblation de fruits et de gâteaux, qui ne coûte qu'un sicle, et que je me retournais pour appeler Hannon, je me heurtai contre un homme vêtu d'un costume de marine sale et râpé, qui marchait précipitamment en maugréant entre ses dents.

« *Baal Chamaïm*, seigneur des cieux ! m'écriai-je, n'est-ce pas Bodmilcar le Tyrien ? »

L'homme s'arrêta, me reconnaissant aussi, et nous nous jetâmes dans les bras l'un de l'autre. Bodmilcar était mon plus vieux compagnon ; il avait commandé un navire à côté de moi en maintes occasions, faisant la guerre ou le commerce. Himilcon le reconnut aussi, et tous deux nous pleurâmes à son cou, le voyant en si triste équipage.

« Quel mauvais sort as-tu rencontré, lui dis-je, que je te trouve en *kitonet*[1] déchiré, toi qui possédais deux *gaouls*[2] et quatre galères sur le port de Tyr ?

— Que le Moloch[3] confonde les Chaldéens ! s'écria Bodmilcar ; que Nergal[4], leur dieu à face de coq, les brûle et les rôtisse ! J'avais la plus belle cargaison d'esclaves que jamais gaoul tyrien ait portée dans son entrepont ; j'avais des hommes du Caucase forts comme des bœufs et des filles de la Grèce souples comme des joncs ; j'avais des cuisiniers, des coiffeuses et des musiciennes de Syrie ; j'avais des paysans de Judée habiles à cultiver le froment et la vigne....

— Où sont-ils, Bodmilcar ? interrompis-je. Combien de sicles t'ont-ils rapportés ?

— Où ils sont ? Combien ils m'ont rapporté ? Ils sont sur le marché de quelque ville des Chaldéens maudits, de l'autre côté de Rehoboth ; et ils m'ont rapporté des coups et des horions dont j'ai encore la tête endolorie et les côtes moulues. Si le suffète amiral ne m'avait donné quelques *zeraas*[5] pour soulager ma détresse, je n'aurais pas eu un morceau de pain à me mettre sous la dent depuis trois jours que je suis arrivé en cette ville de Tyr. J'ai les pieds engourdis d'avoir tant marché pour y venir.

— Marché ? dit Himilcon attendri. Tu n'as pas même trouvé une barque pour voyager jusqu'ici ?

— Où veux-tu que j'aie trouvé une barque, pilote, gronda Bodmilcar en colère, pour aller de Rehoboth en Phénicie ? Est-ce que les barques naviguent à travers champs à présent ? Je te

---

1. *Kitonet*, la tunique courte, vêtement national des marins phéniciens.
2. *Gaoul*, navire rond, navire de commerce.
3. *Baal Moloch*, le dieu Soleil.
4. *Nergal*, dieu du feu et de la guerre chez les Chaldéens. Il est représenté avec une tête de coq.
5. Petite monnaie de cuivre.

dis que je reviens de Rehoboth, du pays des Chaldéens maudits ! J'avais cinq beaux navires. J'ai d'abord été à la côte, chez les Philistins, acheter quelques esclaves et puis chez les Juifs acheter du blé et de l'huile. Ensuite je m'en suis allé faire quelques échanges du côté de la Grèce. J'avais ramassé par là quelques-uns de leurs mauvais canots ioniens et j'y avais fait du butin. J'eus alors l'idée de passer le détroit et d'aller querir du fer et des esclaves au Caucase. Ma fortune était faite, et je me préparais au retour, quand aux embouchures du Phase, à la côte des Chalybes, quelques dieux à moi inconnus m'envoyèrent une terrible tempête ; car ni Melkarth, ni le Moloch n'auraient pu traiter de la sorte un honnête marin de Tyr. Je parvins à sauver mon équipage et ma marchandise à deux pieds : mais la cargaison et mes pauvres navires !... Enfin je pris mon parti de me rapatrier par terre, de traverser l'Arménie et la Chaldée, me disant qu'après tout je pourrais me défaire de mon bétail humain en route. Nous étions cinquante marins bien armés pour garder quatre cents esclaves ; mais les dieux ennemis nous firent attaquer par une troupe de Chaldéens, et j'eus beau battre mes esclaves, les exhorter, les supplier, les rouer de coups, jamais ils ne voulurent se défendre. Si bien que, les deux tiers de mes matelots étant hors de combat, je fus pris avec tout mon bien. Les Chaldéens se proposaient de nous vendre au roi de Ninive, et j'eus le désagrément de faire partie de ma propre cargaison.

— Et comment t'en es-tu tiré ? » dis-je à mon vieux camarade.

Bodmilcar leva le pan de son kitonet graisseux et rapiécé et me fit voir un long couteau à poignée d'ivoire qui pendait à la ceinture de son caleçon.

« Les Chaldéens avaient oublié de me fouiller, dit-il, et de m'attacher. Or, la première nuit sans lune, comme je racontais aux deux coquins qui veillaient sur moi l'histoire des serpents de la Libye et des hommes de Tarsis qui ont la bouche au milieu de la poitrine et les yeux au bout des mains, et comme ils écoutaient mes mensonges bouche béante, je profitai du moment où ils étaient sans défiance pour éventrer l'un, couper la gorge à l'autre et prendre la fuite. Les niais ont perdu ma trace, si bien que me voilà, et quant à eux, que Moloch les écrase ! Mais que vais-je devenir maintenant ? Qui sait si je ne serai pas forcé de m'engager comme pilote, ou même comme matelot, sur quelque navire tyrien ?

— Non ! m'écriai-je, ami Bodmilcar, non, grâce à la protection d'Astarté, qui t'envoie à moi en ce jour heureux. J'ai l'ordre d'équiper des navires pour Tarsis, je suis le chef de cette flottille, et je te prends pour mon second. Himilcon est mon pilote, tu le connais ; et voici mon scribe Hannon, qui, devant la déesse, va rédiger immédiatement l'acte qui doit être fait entre nous pour cette expédition.

— Que les dieux te protègent, ami Magon ! merci, frère ! s'écria Bodmilcar. Si les Chaldéens ne m'avaient tant battu, je leur rendrais grâce volontiers pour le plaisir qu'ils me donnent de faire ce voyage avec toi. A nous deux avec Himilcon, plaise à Melkarth que nous ayons un bon navire, et le bout du monde ne sera pas trop loin pour nous. »

Cependant Hannon, qui nous avait rejoints, tira de sa ceinture son écritoire de cuivre. Il l'ouvrit et en sortit une feuille toute blanche de papyrus d'Égypte, du noir, des calames[1], une pierre à broyer, et, s'asseyant sur les marches du temple, rédigea l'engagement qui nous liait ensemble, moi Magon comme amiral, Bodmilcar comme vice-amiral et Himilcon comme chef des pilotes. Chacun de nous cacheta de son sceau, excepté Bodmilcar, qui, en voulant machinalement prendre le sien, se rappela que les Chaldéens le lui avaient volé. Mais je lui donnai immédiatement vingt sicles pour s'en acheter un autre et s'habiller de neuf ; puis, ayant fait une oblation de fruits et de gâteaux à la dame Astarté, nous partîmes joyeusement, Himilcon et moi, pour le port de guerre, où notre navire léger, le *Gaditan*, nous attendait à quai.

Le lendemain, de bon matin, nous nous répartîmes la besogne. J'avais le plan de mes navires dans la tête et je le dessinai immédiatement sur une feuille de papyrus. Je gardais mon

---

1. Plumes de roseau

Gaditan comme bâtiment léger. Je résolus de construire un gaoul, ou grand transport rond marchant à la voile, pour porter les marchandises, et deux barques[1] pour le service du gaoul, que son grand tirant d'eau empêche d'approcher de terre. Je choisis pour bâtiments d'escorte et de combat deux grandes galères à deux ponts et à cinquante rameurs[2], telles qu'elles viennent d'être récemment inventées à Sidon. Les Tyriens avaient déjà dans leur port de guerre trois galères amirales taillées sur ce modèle, navires rapides, tirant peu d'eau, marchant à la voile et à la rame, doublés de cuivre, armés d'un puissant éperon et propres à la bataille comme à l'exploration.

Je désignai pour matériaux le bois de cèdre pour la quille et les flancs, le chêne qui vient de Bazan, en Judée, pour la mâture et les avirons. Au lieu de faire tisser ma voilure en roseaux de Galilée, à l'ancienne mode, ou en fibres de papyrus, je pris notre magnifique chanvre de Phénicie, que les gens d'Arvad et de Tyr savent aujourd'hui si bien filer et serrer en trame solide. C'est en chanvre aussi que je décidai de faire faire tous mes cordages. Je trouvai dans l'arsenal une immense quantité de cuivre et un peu de ce bel étain blanc que les Celtes tirent d'îles lointaines du nord-ouest. Ces îles sont restées inconnues jusqu'à mon voyage, et je puis dire que par leur découverte j'ai enrichi les Phéniciens autant qu'ils le furent il y a deux cents ans par la découverte des mines d'argent de Tarsis. J'avais pensé depuis longtemps à renforcer de cuivre la quille et les flancs immergés des navires, comme on fait pour les éperons. La solidité du vaisseau est ainsi augmentée et le bois pourrit moins vite à la mer. Je résolus donc de revêtir les éperons de mes galères d'un alliage de cuivre durci par de l'étain et de doubler la quille et les flancs des quatre bâtiments avec des lames de cuivre forgé. Je renonçai au cuivre de Chypre comme étant trop mou et spongieux et à celui du Liban comme trop cassant; le métal ferme et ductile de la Cilicie me convenait le mieux, et

---

1. *Barca* en phénicien.
2. Le vaisseau sidonien par excellence. Voir, pour tous ces détails de construction de navire, les notes à la fin du volume.

Hannon rédigea l'engagement.

Khelesbaal, le fameux fondeur tyrien, se fit fort de m'en forger des plaques de trois coudées[1] de long sur deux de large.

Pour tous ces travaux, le roi avait mis deux cents ouvriers à ma disposition. Je me logeai, avec mes trois amis, dans une maison qui faisait le coin de la rue des Calfats, juste en face de l'Arsenal, pour être mieux à même d'y surveiller les travailleurs, que je pouvais très-bien voir à leurs chantiers du haut du quatrième étage que mon hôte m'avait loué. Himilcon et Hannon s'occupèrent plus spécialement de réunir les marchandises de troc, dont je fis écrire la liste par Hannon, et Bodmilcar, vaguant sur le port avec deux de mes matelots, recruta quelques bonnes acquisitions pour l'équipage parmi les gens de mer désœuvrés qu'on voyait flâner sur les dalles des quais, le bonnet sur les yeux et le nez en l'air, à la recherche d'un engagement.

Le premier jour du mois de Nissan[2], vingt-huit jours après le commencement de mes travaux, comme je rentrais à la maison pour prendre le repas du soir, voilà que je trouvai tout le monde en dispute.

« Qu'y a-t-il, demandai-je en entrant, et qui sème la discorde ici?

— Je dis à Bodmilcar, répondit Hannon, qu'il a la cervelle d'un bœuf et la bonne grâce d'un chameau de la Bactriane.

— Me laisserai-je ainsi traiter par cet adolescent! s'écria Bodmilcar en colère, par un marin d'eau douce qui gémira comme une femme au premier coup de vent et qui pleurera en redemandant la terre? par une tortue de jardins qui n'a jamais vu le danger et qui a vécu entre la robe des femmes et l'écritoire des bavards?

— Sans doute, dit tranquillement Hannon, je n'ai pas eu comme toi l'avantage d'être battu par les Chaldéens et rossé par mes propres esclaves. Mais je suis dans ma vingtième année, et le jour où tu me verras avoir peur à la mer, je t'autorise à

---

1. La coudée ordinaire vaut 0^m,479.
2. Mars-avril

m'y jeter comme une sandale usée. J'ai déjà navigué jusqu'à Kittim[1] et jusque chez les Ioniens, dont je connais la langue mieux que toi, soit dit en passant.

— Je te défends de parler des Ioniens, cria Bodmilcar furieux, ou je te casse bras et jambes. »

Disant cela, il mit la main à son couteau ; mais Hannon, sans reculer, saisit une grande cruche qui se trouvait au milieu de la table.

« Ne renverse pas le nectar[2]! exclama Himilcon, se précipitant entre eux les bras levés. Ne renverse pas ce qui reste de nectar dans cette cruche, excellent Hannon! »

J'arrêtai le bras de Bodmilcar et lui fis rengainer son couteau, pendant qu'Himilcon s'emparait de la cruche de vin et allait la déposer précieusement dans un coin.

« Voyons, dis-je aux adversaires, il ne faut ni vous tailler les côtes, ni vous fendre la tête. Vous êtes Phéniciens, vous êtes marins, vous faites partie d'une même expédition sous mes ordres ; il faut vivre ensemble comme des amis, ou je me mettrai contre le premier qui troublera la paix, aussi vrai que Moloch luit sur nous. D'abord, qu'avez-vous à brouiller d'Ioniens ensemble, et qu'est-ce que les Ioniens viennent faire ici? »

Hannon vint à moi les deux mains ouvertes, et me dit :

« Je suis fâché d'avoir fait de la peine à Bodmilcar, qui est ton ami, et qui a le pouvoir de me donner des ordres. Ce que j'en ai dit était en plaisantant.

— Allons, Bodmilcar, dis-je à mon tour, tu dois traiter Hannon en frère tant que tu n'as pas à lui commander sur la flotte. Que t'a-t-il dit de si grave? »

Bodmilcar, tortillant sa barbe, me répondit, sans regarder Hannon :

« J'avais une jeune Ionienne parmi mes esclaves, et je la pleure tous les jours, car je voulais la prendre pour femme et en faire l'honneur de ma maison, quand les Chaldéens me

---

1. Le *Citium* classique, colonie phénicienne de l'île de Chypre.
2. *Nectar* ou *Nector*, vin sucré et parfumé chez les Phéniciens. Les Grecs en ont fait la boisson des dieux.

Hannon saisit une grande cruche.

l'enlevèrent. Voici maintenant qu'Hannon, à qui je l'ai raconté, me dit des paroles de raillerie et me couvre de confusion, proclamant que l'Ionienne m'a vu de mauvais œil et a suivi volontairement les Chaldéens, plutôt qu'un maître, comme moi. Je me suis irrité : n'ai-je pas eu raison?

— J'ai peut-être parlé inconsidérément, répliqua Hannon, mais que Bodmilcar me pardonne. Qu'ai-je dit autre que son âge et sa figure n'étaient plus pour une jeune fille et que les Ioniennes préféraient l'odeur des aromates et des fleurs à celle du goudron?

— Tu as eu tort, dis-je sévèrement à Hannon, bien que l'irritation de Bodmilcar à propos des plaisanteries qu'on faisait sur sa figure et sa rudesse me donnât envie de rire. Faites votre paix, buvez ensemble une coupe de vin, et n'en parlons plus.

— Bien volontiers, Bodmilcar, s'écria Hannon allant à sa rencontre, et qu'Astarté la jolie, la chère dame Astarté me confonde, si jamais je plaisante encore ta barbe grise! »

Bodmilcar lui toucha les deux mains d'un air contraint et Himilcon rapporta la cruche, voyant qu'elle ne courait plus de danger. A partir de ce moment, il ne fut plus question d'Ionienne ni de querelle. Seulement je crus remarquer que Bodmilcar gardait rancune à Hannon, évitant de lui parler autant que possible.

Huit jours après cette dispute, j'étais à l'arsenal en train de choisir des cordages pour mon gréement, quand Himilcon accourut, me disant qu'un serviteur du roi demandait à me parler. J'allai à sa rencontre et je vis un grand eunuque syrien, les cheveux frisés, des anneaux d'or aux oreilles, la figure fardée et vêtu d'une longue robe brodée, à la mode de son pays. Cet officier tenait à la main une longue canne terminée par une pomme de grenade en or et parlait en grasseyant et d'un ton languissant.

« Tu es le capitaine marin Magon, le serviteur du roi? me dit-il en me toisant.

— Je le suis, répondis-je.

— Je suis Hazaël, de sa maison, continua l'eunuque, et voici l'anneau avec le cachet royal pour qu'on m'obéisse. Je viens voir les navires que tu construis et donner mes ordres pour mon installation et celle d'une esclave que le roi me charge de conduire auprès du grand Pharaon d'Egypte. Tu dois te rendre auprès de ce souverain et lui remettre cette esclave après ton voyage à Jérusalem : voilà ce que dit le roi.

— Quelle installation? dis-je, étonné. Un navire est un navire, et chaque chose, chaque homme embarqué, a sa place désignée par le capitaine et le pilote.

— Oh! reprit l'eunuque, il faut que l'esclave du roi ait un logement séparé, ainsi que moi, avec des tentures et des tapis. Nous ne pouvons coucher grossièrement, comme les gens de mer, et vivre en contact avec des matelots goudronnés. »

Il me prit une forte envie d'envoyer l'eunuque Hazaël s'allonger sur un monceau de tessons de tonneaux qui se trouvait par là, pour voir s'il s'y jugerait couché mollement, mais je me contins, et je lui répondis :

« Si tout se borne à faire une cloison dans un coin de l'entrepont, ou à bâtir sur le pont une cahute de planches, cela m'est indifférent. Je m'arrangerai pour la disposer de façon que cela ne gêne pas la manœuvre, et tu pourras la radouber, la gréer, la calfater, la tendre à ton aise. Par les gros temps, quand nous embarquerons de la lame, tes belles tentures seront perdues, et voilà tout. C'est ton affaire.

— Je veux deux chambres de douze coudées de long sur six de large, avec six siéges en bois de santal incrustés d'ivoire, des lits en marqueterie, des fenêtres encadrées.....

— Oh! interrompis-je, tu y mettras tout ce que tu pourras y faire tenir et tu l'arrimeras de façon que le roulis y mette le moins de désordre possible. Mais pour la grandeur des cabines et leur emplacement, moi seul j'ai à la fixer, car à mon bord c'est moi seul qui commande, après les dieux. Par ainsi, tu diras au roi que l'installation de l'esclave et la tienne seront bien disposées par son serviteur et tu ne te mêleras plus de m'ordonner comment je dois l'entendre. »

L'eunuque me regarda, surpris de ma hardiesse, mais il vit

bien à mon air que je ne me laissais pas troubler sur mon terrain. Il balbutia donc quelques paroles pour me recommander de tout arranger au mieux et s'en alla d'un pas nonchalant, en négligeant de me saluer. Je le suivis des yeux un instant, puis je dis à Himilcon, qui avait tout entendu :

« Voilà un homme qui nous causera des embarras, ou je me trompe fort.

— Celui-là ? s'écria Himilcon, ce chien fardé et frisé ? Je le tremperai plutôt dans l'eau la tête la première et je l'y laisserai

C'est moi seul qui commande.

de Jaffa à Tarsis. Sommes-nous des chiens, capitaine, pour nous laisser pourchasser par un être pareil ?

— Bah ! dis-je, le Moloch luit pour tous, et Astarté protége les marins de Sidon. Une fois sur l'eau salée, nous verrons. Je redoute seulement les colères de Bodmilcar et les plaisanteries d'Hannon.

— Bodmilcar sera sans doute sur le gaoul, reprit Himilcon, et Hannon avec nous, sur l'une des galères ?

— Oui, je l'ai décidé ainsi, pour les tenir séparés l'un de l'autre. Pour l'eunuque et l'esclave, je ne sais si je dois les mettre sur le gaoul, où j'aurais plus de place pour installer deux cabines, ou bien sur notre galère, où je serai mieux pour veiller sur eux.....

— Une esclave, un eunuque! s'écria Hannon qui arrivait, un grand rouleau de papyrus à la main ; j'en fais mon affaire. Ne t'embarrasse pas autrement de leur garde; je les prends dans mes bagages. Le soin des esclaves femelles et des eunuques est expressément dévolu aux scribes, et je connais les paroles magiques qui conjurent l'esprit capricieux des unes et la mauvaise humeur des autres, ayant quelque peu étudié pour être prêtre, ou tout au moins magicien.

— Non, lui répondis-je; c'est un présent du roi pour le Pharaon ; c'est l'affaire des magiciens d'Égypte de les conjurer. En attendant, c'est moi qui les garderai en cage.

— Alors, dit Hannon en riant, je renonce à leur enseigner l'éloquence, la calligraphie et la versification et je me rabats sur ma comptabilité. Voici donc ces papyrus, sur lesquels j'ai inscrit le décompte de la solde de nos matelots et rameurs, ainsi que la liste des objets de troc que nous avons achetés jusqu'au présent jour. »

Le talent[1] du roi se trouvait de beaucoup dépassé : j'avais dit à Hannon de ne pas s'en inquiéter, attendu que le roi m'avait recommandé lui-même d'acheter sans crainte, et qu'il me donnerait l'argent au fur et à mesure de mes besoins. J'envoyai donc Hannon chez lui, pour lui porter mes comptes et lui demander des fonds, qui me furent généreusement accordés. Puis j'allai m'occuper avec Himilcon de faire poser aux flancs de mes navires des planchers en sapin de Scénir[2] et de faire gréer pour mes mâts en chêne un peu lourd des vergues en bois de cèdre plus léger. Ma construction avançait à souhait.

Le *Gaditan* était déjà entièrement réparé et renouvelé. J'avais fait peindre en rouge la tête de cheval de l'avant et je lui avais fait mettre de grands yeux en émail. Les bordages étaient peints pareillement en rouge et se détachaient sur les flancs noirs.

---

1. Mille sicles.
2. Dans le Liban. Aujourd'hui, Djebel Sannin.

Douze boucliers en bronze poli, ornés au centre d'un grand soleil de cuivre rouge, étaient suspendus en dehors des bordages. Je fis conduire le navire en grande pompe, au son de la trompette et des cymbales, dans le bassin du port de guerre. Le suffète amiral m'avait prêté, pour la circonstance, une voile de parade en pourpre; douze matelots armés, la lance au poing, se tenaient derrière chaque bouclier; vingt-deux rameurs, maniant leurs avirons en cadence, faisaient glisser rapidement le navire sur l'eau; le pilote Gisgon, maniant habilement son aviron de barre, se tenait penché à l'arrière, les yeux fixés sur Himilcon qui, debout à l'avant, lui indiquait du geste les détours à faire; et moi, avec Bodmilcar et Hannon, superbement vêtus, nous étions au sommet de la poupe, jouissant de ce spectacle et de l'admiration des marins, debout sur les quais, sur les bordages des navires, sur les terrasses des arsenaux, des cales, des magasins et du palais Amiral. Le suffète amiral nous regardait lui-même, assis sous la grande porte de son palais, en haut de l'escalier qui descend à son embarcadère privé, et il se montra si satisfait de l'aspect de notre *Gaditan* qu'il nous fit inviter, dès que notre navire fut à quai, à le visiter dans son palais et à souper avec lui. Il envoyait aussi un mouton, une grande jarre de vin, deux paniers de pain, deux paniers de figues et de raisins secs, et douze fromages, pour régaler nos matelots.

Nous nous rendîmes au palais, et, passant par les escaliers étroits et les corridors sombres de la tour de l'Est, nous arrivâmes dans la grande salle ronde au dôme élevé de laquelle est suspendue une lampe de cuivre. Le suffète amiral nous complimenta, et, apprenant que dans dix jours nous serions prêts à appareiller, il m'autorisa à choisir, dès le lendemain, des armes à l'arsenal de guerre pour tout mon monde.

En sortant, à la nuit, du palais du suffète, nous descendîmes dans notre barque, au bas du propre embarcadère amiral, pour retourner à terre; mais Bodmilcar était si enchanté du *Gaditan* qu'il ne voulut pas nous suivre et préféra coucher à bord. Pendant que la barque filait silencieusement sur les eaux du canal, entre l'île et la terre ferme, Hannon se mit à chanter.

« Qu'est-ce que tu chantes là, lui dis-je, étonné?

— Je chante en ionien; ne le comprends-tu pas?

— Pas grand'chose ; j'ai peu navigué de ce côté. Tu n'en finiras donc pas avec tes Ioniens ?

— Bodmilcar n'est pas ici pour maugréer à propos de sa femme future, et l'esclave du roi n'est pas encore à bord pour que mes chansons lui troublent la tête.

— Comment sais-tu qu'elle est Ionienne? remarquai-je, fort surpris. Je ne t'en ai rien dit, je n'en sais rien moi-même. »

Hannon se mit à rire et ne répondit pas. J'insistai.

« L'eunuque Hazaël est un bavard, me dit-il.

— Tu l'as donc vu ?

— En allant chez le roi demander de l'argent.

— Et il t'a parlé de l'esclave que nous devons emmener ?

— Tant que j'ai voulu. J'ai pu savoir qu'elle avait été achetée à des marchands chaldéens, qu'elle avait été enlevée de son pays par un pirate tyrien, et beaucoup d'autres choses encore.....

— Que je te défends de dire à Bodmilcar, interrompis-je. Allons, décidément, je logerai l'esclave et le maudit eunuque sur ma propre galère, ou sans cela il pleuvra des discordes. Enfin, tu vas me promettre de tenir ta langue, toi, Hannon, et toi, Himilcon, aussi.

— Moi, déclara Himilcon, j'ai tant pêché de poissons dans ma vie que je suis devenu muet comme eux.

— Et moi, dit Hannon, si j'en dis un mot dès que nous serons en Egypte, je me coupe la langue et je cours me faire prêtre d'Horus, dieu du silence.

— Tais-toi du moins jusqu'à ce que nous soyons en Egypte, repris-je, et que je sois débarrassé de mes incommodes passagers. Voilà ce que je te demande.

— Je le promets, capitaine, répondit Hannon, et je te jure d'obéir fidèlement à tout ce que tu me commanderas. »

Là-dessus nous débarquâmes et notre conversation se termina. Les jours suivants, nous avions tant à faire qu'il ne fut plus question de rien; nous n'avions pas le temps de causer.

Je surveillai le tissage de mes voiles suivant les règles qu'inventa la déesse Tannat[1]; je fis tresser et goudronner nos cordages; je plaçai les bancs de mes rameurs, en les disposant de telle façon qu'il n'y eût que la largeur de la main d'intervalle entre le siége du rameur du banc supérieur et la tête du rameur du banc inférieur. Je renforçai mes mâts et mes vergues d'anneaux de cuir de bœuf disposés à intervalles égaux, et enfin je revêtis la coque des navires de plaques de cuivre battues au marteau et retenues par des boulons de bronze. Jamais plus fiers vaisseaux n'avaient flotté sur la Grande Mer[2].

---

1. La *Tannith* égyptienne. Suivant la légende des Phéniciens, c'est elle qui aurait inventé la voile.
2. *Iam Gadal*, la Grande Mer, la Méditerranée.

II

Du sacrifice que nous fîmes à Astarté et de notre départ.

L'avant-veille de la fête de la Navigation[1], nos navires étaient complétement terminés sur chantiers et en trois heures de travail ils furent mis à l'eau.

Les deux galères mesuraient soixante-douze coudées ordinaires de long, soit soixante-deux coudées sacrées sur dix-sept coudées ordinaires de large. Le gaoul, dont la quille était faite d'un seul tronc de cèdre, mesurait soixante-sept coudées de long sur vingt coudées de large; il était à trois ponts et avait deux bancs de rameurs; la distance de ses ponts était de quatre coudées, l'élévation totale au milieu, au-dessus de l'eau, de douze coudées, et à l'avant comme à l'arrière de seize coudées. Les deux galères, à deux rangs de rameurs, à deux étages, s'élevaient de huit coudées au-dessus de la flottaison, à pleine charge. Elles avaient place chacune pour cent cinquante matelots et cinquante rameurs. Mais je n'avais encore pour elles deux que

---

1. La fête du Printemps ou de l'ouverture de la navigation, fête nationale chez ce peuple de navigateurs.

deux cents matelots, comptant recruter en route une centaine d'hommes d'armes et archers qui pourraient aussi aider à la manœuvre. Les cent cinquante matelots et rameurs du gaoul étaient au complet, ainsi que les trente-sept hommes du *Gaditan* et les huit hommes des deux barques. Chacun des navires, sauf naturellement les deux barques auxquelles on donnait la remorque, avait deux pilotes, l'un pour l'avant, l'autre pour l'arrière, Himilcon restant pilote en chef; et au sommet de chacun des mâts était une guette en bois de sapin de Scénir, pour placer une vigie. Les sabords des rameurs s'ouvraient à égales distances et tous les navires étaient soigneusement calfatés, goudronnés et peints en noir avec des bordages rouges. Sur les listes que chacun des capitaines avait entre les mains, Hannon avait inscrit les rôles des équipages, la place de chaque objet du gréement de rechange et celle de chaque colis ou ballot de la cargaison. Tous les objets usuels, armes, tapis de couchage, barriques d'eau, ustensiles de cuisine, avaient aussi leur place soigneusement désignée et inscrite d'avance. Le logement des équipages dans les entre ponts portait marquées les places de chaque matelot ou rameur. Sous l'arrière surélevé était la cabine des capitaines et des pilotes, et sous l'avant celle des chefs de chiourme et des chefs de dix et de vingt matelots ou soldats. Enfin, sur la galère que j'avais choisie pour moi, j'avais fait ménager sur l'arrière une cabine de planches, séparée en deux par une cloison et percée de deux petites fenêtres, pour l'esclave ionienne et l'eunuque du roi.

Hannon se chargea de trouver de beaux noms pour les navires. Le gaoul, que commandait Bodmilcar, et sur lequel se trouvaient le plus de Tyriens, reçut le nom de Melkarth, dieu de Tyr. L'une des galères fut mise sous l'invocation de Dagon, dieu des Philistins, qui est le roi des poissons, et la galère sur laquelle nous nous embarquions fut consacrée à la dame Astarté, la patronne des Sidoniens, pour laquelle nous avions une dévotion particulière. Le *Gaditan* ne pouvait conserver son nom, en compagnie de ces divinités; comme il était chargé de guider notre route, à la requête d'Himilcon, il fut appelé le *Cabire*. Bodachmoun, grand prêtre d'Astarté, nous promit de nous donner des images de chacun de ces dieux, pour les mettre sur les navires qui leur étaient consacrés.

Bodmilcar reçut le commandement du *Melkarth* et de ses deux barques. Asdrubal, Sidonien, fut désigné pour capitaine du *Dagon*, et le *Cabire* fut confié à mon ancien pilote Amilcar, Sidonien aussi, marin hardi et expérimenté. Sur l'*Astarté* je plaçai mon pavillon amiral, ayant, avec Hannon pour scribe et Himilcon pour pilote en chef, Hannibal d'Arvad, homme fort et courageux, pour capitaine des hommes d'armes. Cet Hannibal avait placé à l'avant et à l'arrière de chaque navire, aussi bien du gaoul que des deux galères, deux machines de son invention faites pour lancer des traits et deux autres pour lancer des pierres; on les nomme scorpions. Chaque navire eut donc quatre scorpions, sauf le *Cabire* qui, étant plus petit, n'en eut que deux.

Nous passâmes durement la nuit et la matinée suivante à compléter le chargement et l'arrimage de la flottille, à quai sur l'arrière bassin du port de commerce Le *Cabire* était venu nous y rejoindre pour prendre son chargement et ses provisions. Vers le midi du lendemain, qui se trouvait la veille du départ, nous pûmes enfin prendre quelque repos, et nous fîmes apporter notre nourriture sous une tente qu'on avait dressée sur le quai. Nous étions assis sur le tapis, en train de manger, mes trois capitaines, mon capitaine des gens de guerre, mon chef pilote, mon scribe et moi, quand la portière de la tente se souleva et qu'un de mes matelots m'annonça l'eunuque Hazaël.

Il entra de son air languissant. Derrière lui étaient six esclaves porteurs de coffres, de paquets et de paniers, et un esclave ouvrier avec un marteau et des outils. Au dehors, sur des ânes blancs deux femmes étaient assises, l'une tellement enveloppée de voiles qu'on ne pouvait même distinguer ses pieds, l'autre le visage découvert. A la calotte rouge cerclée d'or de celle-ci, au voile blanc qu'elle portait par-dessus, à ses cheveux noirs artistement frisés, à l'air de son visage, je reconnus tout de suite une fille d'Israël.

« Nous venons, dit l'eunuque, prendre possession de nos logements sur le navire et y installer nos bagages. »

Hannon se leva vivement.

« Où vas-tu ? fis-je en le retenant.

— Faire leur arrimage, si tu le veux bien, capitaine.

— Non, non, lui répondis-je ; toi, tu vas rester ici ; j'aurai besoin de toi tout à l'heure. Himilcon s'y entend bien mieux. Va, pilote, aider le seigneur eunuque à disposer son bagage et à installer la dame et sa servante. »

Himilcon vida sa coupe et partit, en jetant un coup d'œil de

Le Syrien entra d'un air languissant.

regret sur la grande cruche placée au milieu de nous. Hannon se rassit d'un air indifférent.

« Où faut-il que j'aille présentement ? me demanda-t-il.

— Mais au temple d'Astarté, tout préparer pour le sacrifice de demain. Ensuite tu chercheras les oiseaux qu'on embarque, pour que, par les temps de brume ou au large, ils indiquent la direction des côtes en s'envolant vers la terre. Il faudra aussi que tu remettes au suffète amiral le rôle des équipages et l'état de la cargaison, puis encore que tu rendes nos comptes au trésorier du roi.

— Je n'ai pas de temps à perdre alors, » dit Hannon en prenant ses papyrus ; et il sortit en courant.

Il me sembla, par la portière entrebâillée de la tente, voir qu'au lieu de remonter vers la ville pour aller au temple, il prenait la direction du bassin où se trouvaient nos navires. Mais, quand il revint le soir, il s'était fort exactement acquitté de sa besogne.

Avec lui était un serviteur du temple portant sur la tête de grandes cages en baguettes de palmier, et lui-même en portait une plus petite, dans laquelle on voyait quatre pigeons de couleur chatoyante, des plus jolis et des plus rares.

« Voilà mes oiseaux, me dit-il en me les montrant, et je peux dire que ceux ci nous porteront certainement bonheur. Ils viennent du temple d'Astarté, et c'est la prêtresse elle-même qui me les a donnés. Aussi je lui ai promis de bien les soigner. »

Chacun des capitaines choisit une cage, à l'exception de Bodmilcar.

« Eh bien, capitaine, lui demanda Hannon, est-ce qu'ils ne te plaisent pas ?

— Je ne prends pas de pigeons, scribe, lui répondit Bodmilcar. J'ai déjà embarqué mes oiseaux, des corbeaux, qui sont plus à mon goût. »

Hannon s'inclina sans répondre.

« Eh bien, dit Himilcon, qui rentrait juste à ce moment, il est heureux que nos passagers ne soient pas embarqués sur le *Melkarth*, car les roucoulements des colombes seront certainement plus agréables que les croassements des corbeaux pour les oreilles de l'Ionienne.

— L'Ionienne ! s'écria Bodmilcar en se dressant tout pâle. Notre passagère est Ionienne ! »

Je donnai, par derrière, un fort coup de poing dans les reins du malencontreux pilote.

« Non, non, exclama vivement Himilcon en se frappant le front. Qu'est-ce que je dis ? Qui a parlé d'Ionienne ? Est-ce que nous sommes des gens à embarquer des Ioniennes ? J'ai dit la Lydienne, oui, la Lydienne, une Lydienne de la Lydie ; pas vrai, capitaine ? »

Je fis de la tête un signe que Bodmilcar put prendre pour un acquiescement. Il se tut et, un instant après, sortit en maugréant entre ses dents, suivant sa coutume. Hannon, qui déroulait silencieusement ses papyrus dans un coin, lui fit un grand salut dès qu'il eut le dos tourné, ce qui fit éclater de rire Himilcon.

« Il me semble, remarqua le capitaine Hannibal, que le capitaine Bodmilcar est d'humeur sombre et colérique.

— Je puis t'assurer, seigneur Hannibal, répondit Hannon, qu'on ne vit jamais homme plus gai que le capitaine Bodmilcar. Mais que nous importe, à nous ? Nous ne sommes pas sur son navire.

— C'est fort juste, dit Hannibal ; pour moi, comme militaire et comme natif d'Arvad, j'aime fort la gaieté. »

Là-dessus, l'heure étant venue de nous coucher, nous bûmes une dernière coupe d'amitié, et nous allâmes chacun à notre lit, pleins d'émotions diverses, en attendant la grande journée du lendemain.

De bon matin je me rendis à l'arsenal, où tous mes matelots se réunirent, chacun autour de son capitaine, et mes archers et hommes d'armes autour d'Hannibal. Chaque capitaine avait avec lui son sonneur de trompette, vêtu d'une tunique écarlate, et le sonneur de la troupe des gens de guerre tenait une trompette deux fois plus grande que les autres. Hannibal avait magnifiquement rangé ses soldats sur trois rangs également espacés, le premier rang composé de vingt archers vêtus de tuniques blanches et coiffés de bonnets de lin serrés par un bandeau de cuir garni de clous et dont les bouts flottaient par derrière. Ces archers étaient ceints de ceintures d'étoffe écarlate dans lesquelles étaient passées de larges et courtes épées à poignée d'ivoire ; leurs carquois pendaient à des baudriers de cuir de bœuf ornés de plaques et de gros clous de cuivre, et ils tenaient à la main de grands arcs de Chaldée, dont le bout supérieur était façonné en forme de tête d'oie. Derrière les archers étaient deux rangs de vingt hommes d'armes chacun. Ils portaient des cuirasses en petites lames de cuivre étincelant et des casques ronds de même métal. Sous leur cuirasse on voyait dépasser leurs tuniques rouges, et dans leurs ceintures étaient passées, à gauche, de larges et fortes épées de Chalcis[1], à droite, des poignards à manche d'ivoire. Ils tenaient d'une main leurs grands boucliers ronds, au centre desquels était un soleil de cuivre rouge, et de l'autre leurs lances terminées par des pointes aiguës en bronze. Hannibal se tenait à leur tête, coiffé d'un casque à la lydienne. Ce casque était surmonté d'un cimier en argent, qui lui-même était orné de panaches en crin écarlate. Le soleil de son bouclier était pareillement en argent, et autour du soleil étaient incrustées les onze planètes. La poignée de son épée représentait un lion debout, la tête du lion formant la garde, et, comme tous ses gens de guerre, il était chaussé de hauts brodequins de cuir lacés par devant, à la mode juive, et la pointe relevée. Du plus loin qu'il me vit, il dégaina son épée, et aussitôt son sonneur de trompette sonna par trois fois, après quoi les autres sonneurs de trompette sonnèrent aussi, et tous les capitaines et les pilotes vinrent me saluer.

Nos matelots à nous ne portaient ni ceintures, ni casques, ni boucliers, mais, suivant la coutume des gens de mer, ils avaient leurs grands coutelas attachés à la ceinture de leurs caleçons, sous le kitonet, et sur la tête des bonnets pointus à couvre-nuque, comme on les porte à Sidon. Hannibal me proposa de les faire ranger en bonne ordonnance, suivant l'art et science de la guerre ; mais je lui dis de les laisser groupés à leur manière, attendu que leur ordonnance à eux était sur les navires, où chacun avait son poste désigné.

Hannon et Himilcon, que j'avais envoyés chercher ce qu'il fallait pour le sacrifice, nous rejoignirent à leur tour. Avec eux étaient deux hommes qui conduisaient deux bœufs des plus beaux, couverts d'une housse de pourpre et les cornes ornées de bandelettes brodées, de clochettes et de grelots. A côté marchait aussi mon esclave, portant sur la tête un grand panier rempli de pommes de grenade et recouvert d'une belle étoffe lamée d'argent.

Hannibal courut aussitôt chercher nos quatre sonneurs de

---

1. Les lames de Chalcis étaient très-réputées.

trompette qu'il plaça, deux par deux, derrière le sien, et, me regardant, il vit que je donnais le signal en levant la main. Il fit sur-le-champ un commandement d'une voix retentissante, et ses archers et hommes d'armes doublèrent leurs files et se tournèrent avec une célérité que nous admirâmes tous. Les trompettes ouvrirent la marche, sonnant des fanfares triomphales. Les archers suivirent, marchant deux par deux, puis Hannibal, l'épée au poing, à la tête des hommes d'armes, la lance sur l'épaule. Je venais après, accompagné d'Hannon, d'Himilcon, des bœufs et de mon esclave, et derrière nous s'avançaient les quatre troupes confuses des matelots, précédée chacune de son capitaine et de ses pilotes.

Les rues à travers lesquelles nous passions étaient déjà tendues et couvertes de voiles rouges, bleus, verts et jaunes, en l'honneur de la fête de Melkarth, fête de l'ouverture de la navigation, à laquelle se rendait toute la ville. Aux fenêtres pendaient des banderoles multicolores de lin, des palmes et des branches de cèdre. Le peuple, en habits de fête, qui sortait de tous côtés pour se rendre à l'île où est le temple de Melkarth, se rangeait dans l'entre-colonnement des portes, pour nous laisser passer, et nous pressait de questions. A mesure qu'on apprenait que nous montions au temple d'Astarté, au sommet de la ville, pour sacrifier avant un voyage en Tarsis, on faisait retentir l'air d'acclamations en notre honneur. Les hommes admiraient le nombre de nos matelots, la beauté de nos bœufs de sacrifice; les femmes louaient à haute voix la belle mine de nos gens et surtout celle d'Hannon, l'éclat de nos vêtements, et les enfants couraient après le panache d'Hannibal et les tuniques rouges des trompettes. Enfin, et la voix du peuple était unanime, jamais on n'avait vu si belle troupe de gens de mer sortir d'une ville phénicienne pour les lointains voyages.

Sur la place où est le palais du roi, passant sous les sycomores, la foule qui s'assemblait pour la procession s'écarta pour nous livrer passage. Les trompettes et les cymbaliers royaux, déjà rangés devant la porte, nous saluèrent de leur musique, et un serviteur sortit en courant du palais pour nous dire de nous arrêter. Hannibal fit immédiatement faire front à ses soldats, mes marins se tournèrent vers le palais et je m'avançai devant tout le monde, accompagné d'Hannon et d'Himilcon, en face de la grande fenêtre par laquelle le roi se fait voir au peuple, fenêtre facile à reconnaître aux dorures, aux peintures et aux riches voiles d'étoffes qui la décorent. En même temps nos trompettes, répondant aux musiques de la place et à celles du palais, sonnèrent la marche royale.

Le roi ne tarda pas à paraître à sa fenêtre. Sur sa tête un serviteur tenait un parasol de pourpre brodé d'or et enrichi de pierreries. Derrière lui, on voyait briller les casques et les cuirasses de ses hommes d'armes. Ce grand roi m'appelant en présence du peuple assemblé, je me prosternai devant lui, puis je me tins debout, les mains croisées.

« Magon, me dit-il, je suis content de ce que tu as fait, construisant des navires et assemblant des matelots et des gens de guerre pour le service de mon ami et allié le roi David. Tu vas dans le pays lointain de Tarsis. Mon serviteur Hazaël te portera sur tes navires des lettres écrites par moi et cachetées, pour être remises aux rois mes alliés, ainsi que des papyrus contenant mes instructions. Je verrai moi-même ta flotte à ton départ, après que j'aurai sacrifié à Melkarth. Va donc et sacrifie à ta déesse, la dame Astarté ; je te donnerai encore, au moment de ton départ, des marques de ma faveur. »

Je me prosternai une seconde fois devant le roi, qui disparut aussitôt, et me relevant, je repris la route du temple d'Astarté, au son des trompettes et au bruit des acclamations du peuple. Au même instant, la porte du palais s'ouvrit et la grande procession sortit, avec ses cymbales, ses sistres, ses tambourins et ses flûtes, pour descendre vers l'île où sont les colonnes et le temple de Melkarth, dieu fort, dieu étincelant, dieu chéri des Tyriens.

Avant que nous eussions tourné le coin de la place, Bodmilcar, doublant le pas, vint à moi, et me dit d'un air inspiré :

« Melkarth est un grand dieu ?

— Oui, sans doute, lui répondis-je.

— Melkarth est le dieu des Tyriens, et veut des sacrifices plus grands qu'Astarté ; on va aujourd'hui sacrifier des enfants à Melkarth ; Melkarth veut les mêmes offrandes que Moloch.

— Certainement, dis-je encore, ne sachant où il voulait en venir.

— Permets qu'en ce jour j'aille avec mes Tyriens sacrifier à Melkarth. »

Il me déplaisait de voir ma troupe diminuée pour arriver au temple de la dame Astarté ; mais je n'avais rien à répliquer à Bodmilcar : je ne pouvais pas l'empêcher d'aller sacrifier à son dieu de prédilection le jour même de sa grande fête. Je lui fis donc signe que je consentais.

En me retournant, vers le milieu de la rue en pente qui conduit aux hauts lieux où sont les bocages de Baaltis[1] Astarté, je pus voir Bodmilcar et une trentaine de matelots quitter notre cortége et se joindre à la procession qui entourait un char élevé, chargé de dorures et surmonté d'un dais empanaché de plumes d'autruche. Dans ce char étaient les enfants destinés au sacrifice. Autour, les cris du peuple et le vacarme des cymbales redoublèrent.

« Je n'aime pas les sacrifices d'enfants, me dit Hannon.

— Moi non plus, répondis-je ; mais Moloch et Melkarth les réclament : ils sont agréables à ces dieux, il faut leur obéir.

— Il me plaît, reprit Hannon, qu'Astarté, déesse des Sidoniens, n'en demande pas autant, et que nous allions lui sacrifier à elle. Que Moloch me le pardonne ! »

Disant cela, nous débouchâmes dans l'allée sinueuse qui conduit, à travers le bocage, à la maison de Baaltis.

Il n'y avait que six prêtres et quatre prêtresses, car la plupart des prêtres s'étaient portés, avec toute la ville, à la grande fête de Melkarth L'aspect du bocage et du temple dans la buée du soleil levant était plus charmant que jamais et on se surprenait presque à regretter de quitter la terre ferme en voyant qu'on y trouve de si belles choses. Je comprenais qu'un pareil séjour amollisse les âmes et rende les hommes impropres aux dures

---

1. Féminin de *Baal*, seigneur.

épreuves de la navigation; mais je pensais aussi que les Phéniciens ne posséderaient pas de semblables lieux de délices, si leur trafic ne leur donnait pas les richesses, si leur hardiesse et leur habileté dans l'industrie et la navigation ne leur donnaient pas la sécurité contre les rois puissants, leurs armées conquérantes et leurs guerres dévastatrices.

Hannon sembla deviner ma pensée.

« Oui, me dit-il, que le Pharaon, ou le Malik[1] David, ou les Chaldéens et les Assyriens assemblent leurs gens de guerre, leurs chariots et leurs cavaliers, et qu'ils attaquent les Phéniciens. Les vieux poissons se jetteront à l'eau et les braveront sur leurs navires. Qu'ils les poursuivent de Sidon à Tyr, ils iront à Kittim, et si, par la multitude de leurs gens, ils pouvaient construire des navires et lutter sur mer contre nous, derrière Kittim nous avons Utique, et derrière Utique, Carthada, et plus loin que Carthada, Tarsis et l'Océan immense. Nous avons le monde !

— Oui, nous avons le monde, répondis-je, car nous avons le travail et l'industrie. Nos rois ne nous conduisent pas, comme une meute de chiens, à la curée des empires, mais nous allons hardiment sur nos vaisseaux à la découverte de peuples inconnus, de richesses mystérieuses, ne dépendant que de notre courage, de notre habileté et de la protection des dieux. Aussi les plus puissants nous respectent. Qui donc oserait nous attaquer? Qui donne au Malik David les bois précieux, l'or et l'argent? Qui donne au Pharaon les pierres rares, le baume, le cuivre, l'étain et le fer des Chalybes? Qui donne aux Assyriens la pourpre et le verre, l'ivoire et les broderies? Qui donne tout, qui vend tout, qui sont les rois du monde? Les marins de Sidon, les marchands de Phénicie !

— Les Cabires m'entendent, s'écria Himilcon, qu'étant sur la proue de ma galère, je ne donnerais point ma place pour le trône du Pharaon, et que je préfère mon bonnet pointu et mon

---

1. *Malik*, roi, était le titre des rois de Judée, comme *Pharaon* celui des rois d'Égypte.

kitonet goudronné à la tiare fleurdelisée[1] et aux robes brodées du roi de Ninive, monarque d'Assur et d'Accad[2]. »

Pendant que nous causions ainsi, les prêtres avaient allumé le feu sur l'autel, disposé les bassins, les uns vides, les autres remplis d'eau, et Hannibal avait rangé ses gens sur les degrés plus magnifiquement que jamais. Il les avait placés en forme de croissant; les archers aux extrémités, en haut des degrés, sur deux rangs, et les hommes d'armes, sur les degrés, sur quatre rangs, et au milieu, au dernier degré en bas, ils laissaient une ouverture par où nous pouvions passer. Les bœufs furent conduits dans le temple par une porte de derrière, et nos trompettes ayant sonné une éclatante fanfare, les sistres et les flûtes cachés dans le temple leur répondirent.

Le chef des prêtres, s'avançant sur les degrés, dit d'une voix forte :

« Que Magon, l'amiral, le capitaine de navire, fils de Maharbaal, Sidonien, se présente devant la déesse, et que ses gens le suivent! »

Je montai aussitôt les degrés, ayant à ma droite Hannibal et Hannon, à ma gauche Asdrubal, Amilcar et Himilcon. Mon esclave me suivait, et derrière moi venait la foule des matelots et des rameurs. Sur un signe d'Hannibal, les soldats haussèrent leurs arcs et leurs lances, puis, se tournant de côté, entrèrent par les deux portes latérales et garnirent le pourtour du temple, qui fut bientôt encombré.

« Voyons, cria le prêtre appariteur, faisons un peu d'ordre et de silence. Magon, fils de Maharbaal, fera l'offrande pour tous les siens. »

Les deux bœufs ayant été amenés, abattus et dépecés, mon esclave nous distribua des pommes de grenade, et le prêtre-chef m'ayant présenté une épaule des victimes, je plaçai dessus une bourse de dix sicles monnayés, suivant le tarif. Alors le scribe des prêtres inscrivit sur le registre du temple mon nom et celui des capitaines et notre offrande, pendant que le prêtre-appariteur

---

1-2. Voir les notes à la fin du volume.

proclamait à haute voix ma libéralité. Le prêtre-chef plaça les poitrines des deux victimes sur l'autel, et la fumée monta vers la lucarne ronde ouverte au dôme du toit. La musique se tut, et ce prêtre, se rendant au fond du temple, devant la statue de la déesse, — car à Tyr ils n'ont qu'une statue, tandis que nous, à Sidon, nous avons une pierre noire qui est la déesse elle-même, — le prêtre donc fit une invocation et chanta des prières.

Pendant ce temps, les autres morceaux des bœufs, ayant été lavés dans les bassins, furent mis à bouillir dans de grands chaudrons, les uns sur les réchauds dans la cuisine du temple, les autres en plein air dans les bosquets. Nos matelots eurent bientôt fait de prêter la main pour allumer du feu et dresser les marmites

Le prêtre-chef prit ensuite une des poitrines et me la donna. Je l'élevai devant la déesse sur mes deux mains. Il la reprit et la fit tournoyer trois fois pour moi. Il fit élever l'autre poitrine par Hannon et la fit tournoyer sept fois pour nous tous. Alors nous nous prosternâmes l'un après l'autre devant la dame Astarté, et je remis cinq sicles au prêtre-scribe pour qu'il nous cherchât du pain. Amilcar lui remit, au nom des capitaines, pilotes et matelots, huit sicles, partie pour du vin, partie par pur don gracieux à la déesse. Le prêtre-appariteur ayant encore proclamé notre libéralité après que le prêtre-scribe l'eût inscrite, le prêtre-chef fit une courte invocation. Tout le monde alors sortit joyeux dans les bosquets et, sur un signe d'Hannibal, ses soldats, qui étaient restés immobiles jusqu'au bout, se débandèrent et se précipitèrent tumultueusement hors du temple, pour aider nos matelots à faire la cuisine.

Je m'assis au pied d'un cyprès, ayant à mes côtés Hannon, Asdrubal, Amilcar et Gisgon. Himilcon voulut aller lui-même faire préparer notre vin dans un grand vase de terre cuite qu'on apporta tout près, pendant que mon esclave disposait autour ma coupe à mufle de lion, la coupe d'Hannibal qui était en cuivre argenté, avec un pied, deux anses, et portait autour des fleurons repoussés et des images de grappes de raisin, enfin les coupes des autres capitaines. On apporta aussi une corbeille remplie de pains, et Hannibal étant arrivé, précédé de deux soldats qui portaient une marmite, s'assit par terre avec un bruit de bronze, que firent les lames de sa cuirasse en s'entrechoquant. Alors chacun tira de sa ceinture de dessous sa spatule de bois et son couteau, et Hannibal, ayant ôté son casque, découvrit la marmite. Nous mangeâmes de bon appétit, et mon esclave ayant donné les coupes, je levai la mienne et saluai l'assistance.

« Ceci, dit Hannibal en vidant sa coupe, est du vin de ma ville, du vin d'Arvad. Il invite à la gaieté et donne du courage ; c'est pourquoi la ville d'Arvad est réputée pour ses hommes d'armes et les bons mots de ses habitants.

— Je sais, dis-je au capitaine, que tu as fait des guerres nombreuses, tant sur mer que sur terre. Tes aventures t'ont peut-être conduit dans la Judée, que nous allons d'abord visiter?

— Cette épée que tu vois, et ce baudrier orné de pourpre, répondit Hannibal la bouche pleine, sont un présent de Joab, général des armées du Malik David et son cousin. Je commandais vingt archers sous ses ordres à la bataille de Gabaon, où les Philistins furent défaits dans le bois des mûriers. J'ai tenu garnison deux ans à Hamath dans les troupes de Naharaï, écuyer de Joab, et l'un des trente-sept vaillants du roi. C'est en revenant de là que je commandai les hommes d'armes sur le navire du bon Asdrubal, ici présent, quand les galères de Sidon firent l'expédition contre les Ciliciens.

— J'ai beaucoup entendu parler de cette expédition, dit Himilcon. Nous étions à ce moment-là du côté de Gadès.

— Et nous, dit Amilcar, nous faisions la course sur les côtes des Éthiopiens, au sud de la mer des Roseaux[1], pour le service du Pharaon. C'est dans ces mers qu'on trouve les coquillages où sont les perles et les poissons monstrueux qui avalent un homme tout entier. »

En ce moment, une jeune femme, une prêtresse du temple, parut dans notre cercle.

« Voici l'image de Baaltis, ami marin, dit-elle à Hannon, en lui

---

1. *Iam Souph*, la mer Rouge.

tendant un paquet enveloppé de linges. J'ai fait sur elle des incantations, j'ai brûlé des parfums, je l'ai ointe d'onguents précieux. Je l'ai présentée à la déesse, qui l'a favorisée. Prends-la, Sidonien, et qu'elle porte bonheur à ton navire, aux navires qui l'accompagnent et à tous ceux qui seront dessus. »

Le prêtre-chef revint lui-même et nous apporta les autres images, sauf celle de Melkarth que Bodmilcar s'était chargé de chercher. Himilcon réclama celle des Cabires qu'il voulait porter jusqu'au quai avant de la céder au capitaine du navire consacré à ces dieux, et la prêtresse s'offrit à nous accompagner et à faire, avant notre départ, des aspersions sur toutes les divinités.

« Eh bien, et ton vœu aux Cabires? dis-je à Himilcon quand nous nous levâmes.

— Quel vœu?

— Tes vingt sicles et ton bœuf.

— Ah oui, quand nous serons à Tarsis. Les Cabires me connaissent bien et ne veulent pas que je paye d'avance. Il faut d'abord que j'attrappe mon éborgneur.

— Tu as raison, lui dit Hannon qui venait de démailloter la dame Astarté et la tenait à deux mains, la regardant amoureusement, — elle était en albâtre, ornée d'un triple collier de perles d'or et portant sur la tête un bonnet pointu de marin, sous lequel passaient les épais bandeaux de ses cheveux ondulés. — Moi aussi, je fais un vœu à la déesse, et je suis convenu avec elle de ne le remplir que quand elle m'aura exaucé. »

A ces mots, il baisa la face de l'image, et il me sembla que les feuillages des cyprès frémirent doucement. La prêtresse aussi dut l'entendre, car, posant sa main sur l'épaule d'Hannon et me souriant, elle s'écria :

« Allons, amiral Magon, marchons! Le moment de s'embarquer est venu. Le moment est heureux, je le sens, la déesse me le dit. Marchons

— Oui, marchons! répétai-je. A nos vaisseaux, enfants! Adieu, Baaltis Tyrienne; adieu, dame des cieux. Cette nuit, tu nous regarderas du ciel sur la Grande Mer, et non plus en tes bosquets. »

Hannibal, qui avait remis son casque, fit un signe et les trompettes sonnèrent leur fanfare. Hannon et la prêtresse vinrent se placer d'un côté, et de l'autre, Himilcon serrant les Cabires entre ses bras. De toutes parts accoururent soldats et matelots, et le cortége se reformant dans l'ordre où il était venu, nous descendîmes vers le port, par les rues pavoisées en l'honneur de la fête du Printemps. Les quais et les rues avoisinantes du port étaient tellement remplis de monde que nous eûmes peine à nous frayer un passage. Au milieu de la foule des Phéniciens, on voyait des Syriens en robe frangée, des Chaldéens à la barbe frisée, des Juifs en tunique courte et aux hauts brodequins, portant la peau de panthère sur l'épaule, des Lydiens au front entouré d'un bandeau, des Égyptiens, la tête rasée ou portant une grande perruque, des Chalibes sauvages à demi nus, des hommes du Caucase gigantesques, enfin toutes les nations, car les peuples les plus éloignés se rencontrent dans nos villes phéniciennes, où les conduisent le commerce et l'industrie des nôtres.

Des Arabes et des Madianites nomades regardaient avec étonnement le mouvement de la foule et la hauteur des maisons. Des Scythes de Thogarma, aux jambes entourées de courroies, à la démarche pesante, semblaient surpris de ne voir ni chevaux ni chariots dans les rues étroites.

Tout ce peuple riait, criait, chantait en vingt langues différentes, se poussait et se bousculait à chaque nouveau flot de gens qui descendaient d'une rue ou qui venaient d'un autre quai, et se précipitait à chaque nouvelle bande de musiciens, à chaque nouvelle troupe de prêtres, à chaque disque peint porté en procession. Nos trompettes et nos soldats eurent leur part de curiosité, et c'est au milieu d'un véritable remous que nous pénétrâmes, par l'arsenal, sur le quai réservé où nos navires, la poupe tournée vers la terre, nous attendaient avec les quelques matelots qu'on y avait laissés de garde.

Bodmilcar et l'eunuque étaient en avance, debout contre l'échelle qui montait à la poupe du *Melkarth* et causant avec animation. Dès qu'ils nous virent, ils se turent et l'eunuque vint vers moi, tandis que Bodmilcar sifflait pour rassembler ses matelots.

« Eh bien, dis-je à l'eunuque, votre embarquement est fait?

— Oui, répondit-il, et je regrette que tu n'aies pas choisi pour nous ce grand navire rond. Nous y eussions été plus à l'aise, et s'il était temps encore, au premier port de relâche on pourrait changer l'installation. C'est l'avis du capitaine Bodmilcar.

— Non pas, interrompis-je aussitôt. Je suis l'amiral chef de l'expédition et personnellement chargé d'amener la dame esclave au Pharaon. C'est sur mon navire et sous ma surveillance qu'elle restera. Le *Melharth* est un transport et son capitaine n'a rien à y voir. Présentement, le roi t'a donné des lettres pour moi : où sont-elles? »

L'eunuque ne répliqua rien et me tendit un coffret en bois de santal. Je l'ouvris et, y ayant trouvé les papyrus, je dis à mon trompette de sonner pour faire faire silence à tout le monde.

Au même moment, Bodmilcar s'avança et se jeta dans mes bras. Puis, élevant la voix :

« Je ne veux pas, s'écria-t-il, m'embarquer l'âme embarrassée, après avoir sacrifié au dieu Melkarth. Si j'ai eu des discussions avec quelqu'un et si j'ai montré de la colère, qu'il me le pardonne. Pour moi, je n'y pense plus.

Hannon, lui prenant la main, la serra dans la sienne.

« Je puis t'assurer, Bodmilcar, s'écria-t-il, que je ne garde aucun souvenir de nos querelles, et je te jure de me conduire envers toi en fidèle compagnon et en scribe obéissant. Après ce que m'a dit Magon de ta personne, je n'ai jamais douté de ton bon cœur.

— Allons, dis-je à mon tour, maintenant tout est bien et nous nous embarquerons l'âme contente.

— Maudit soit, reprit Bodmilcar, qui cherchera des dissensions!

— Et que celui qui tend un piége aux autres y tombe lui-même! » ajouta Hannon.

Cependant tous les capitaines avaient assemblé leurs matelots et fait l'appel. La prêtresse plaçait les dieux sur chaque navire, suivant les rites. Hannibal avait partagé ses archers et hommes d'armes, en gardant dix archers et dix soldats pour notre navire.

Mon hôte arrivait dans l'enceinte réservée, malgré les gardes, pour nous faire ses adieux.

« Adieu, brave Magon, me dit-il en me serrant dans ses bras. Voici un panier de gâteaux et un autre de raisins secs de Béryte, et deux outres de vrai vin de nectar que je t'apporte ; je veux que tu les acceptes ; adieu et bon voyage !

— Adieu, dit à Himilcon la femme de mon hôte, adieu, honnête pilote. Voici une outre de vin de Byblos que j'ai achetée pour toi ; je sais que c'est le vin que tu préfères.

— Merci, répondit Himilcon. De tous les vins, ce sont ceux de la Phénicie qui me sont le plus précieux. Merci, bonne hôtesse, et s'il plaît aux Cabires que je revienne, je te rapporterai des pays lointains quelque parure qui fera crever de jalousie toutes les femmes de Tyr. »

Le fils de notre hôte, jeune homme de seize ans, qui s'était attaché d'amitié à Hannon, ne pouvait se séparer de nous. Il eût voulu absolument partir aussi. Il remit à son ami un gros paquet de roseaux les plus fins, des calames pour écrire, et ils s'embrassèrent tendrement.

Il vint aussi un vieux prêtre, devant lequel tout le monde s'écartait avec respect. Ce prêtre, nommé Sanchoniaton[1], écrivait les chroniques et les histoires du temps passé, et quoiqu'il n'eût jamais voyagé, il connaissait le monde entier. Sa science était quasi divine, et je le saluai profondément.

— Magon, me dit ce vieux, ton scribe Hannon, que j'aime beaucoup, m'a promis de mettre par écrit tout ce que vous verriez de curieux dans les pays lointains. Hannon est rempli de génie, mais, par son âge, il est encore oublieux et étourdi comme une jeune chèvre. Tu le feras penser à tenir sa promesse.

— Je t'assure, bon père, dit Hannon en lui baisant les deux mains, que, pour te complaire, je contiendrai mes capricieux écarts. Les leçons que tu m'as données, je ne les oublierai pas plus que ton souvenir ; je tâcherai, par mon calame, d'être digne

---

1. Je me permets un anachronisme, pour présenter au lecteur le chroniqueur tyrien.

d'un maître comme toi, et je ferai en sorte que les Phéniciens soient informés des merveilles du monde. »

Le vieux Sanchoniaton nous bénit tous et, comme il finissait, la prêtresse d'Astarté revint de nos vaisseaux. En passant à côté d'Hannon, elle lui dit rapidement, et moi seul je l'entendis :

« Elle est aussi bonne que belle !

— Tais-toi, murmura Hannon. Mon devoir est de l'oublier. Que Pharaon soit heureux ! »

En ce moment, je donnai le signal, nos trompettes sonnèrent et nous montâmes sur nos vaisseaux. Celui qui monta le premier

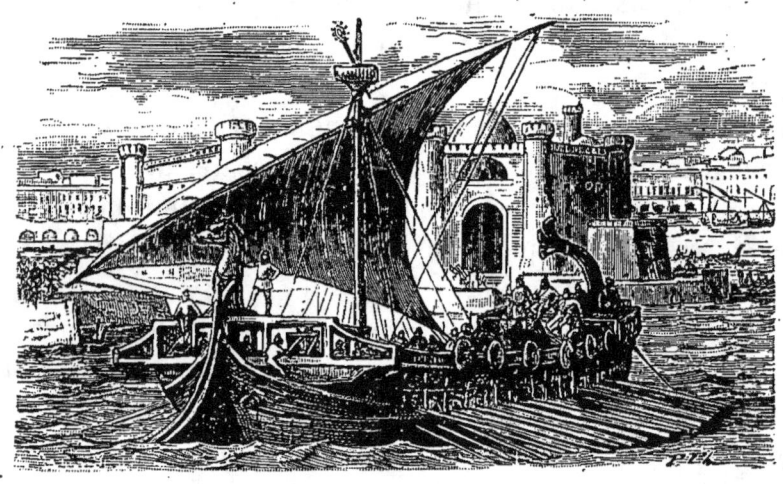

Le *Cabire*.

fut le pilote du *Cabire*, le vieux Gisgon, qu'on appelait le Celte, et aussi Gisgon-sans-oreilles; car, ayant fait huit fois le voyage du Rhône, il avait épousé là-bas une femme celte, aux cheveux jaunes, qui l'attendait dans ses forêts, et les Sicules, dont il avait été le prisonnier, lui avaient coupé les deux oreilles. Ce Gisgon, montant donc sur la poupe du *Cabire*, agita son bonnet au-dessus de sa tête et, le visage riant, cria d'une voix forte :

« Allons, les vieux poissons de mer ! avec la permission du seigneur amiral, en route, vous autres ! A bord les rois de l'Océan ! à bord les enfants d'Astarté ! A l'eau et en avant les Sidoniens et les Tyriens, et vive l'amiral Magon ! »

Aussitôt tout le monde se précipita sur les navires et je pris place sur le banc élevé de la poupe. Les échelles furent levées, je fis tournoyer mon pavillon pour signal, les gaffes nous repoussèrent du quai, le *Cabire* abattit ses vingt-deux rames et prit rapidement les devants ; l'*Astarté* suivit, le *Dagon* donna sa remorque au *Melkarth* qui ne pouvait hisser sa voile que hors du port, et notre flotte s'avança majestueusement hors de la foule des navires à quai, au milieu des barques et des canots qui glissaient en tous sens sur le bassin, se rendant à la fête ou revenant de l'île et du temple de Melkarth. Mille acclamations de bons souhaits et de joie nous saluèrent en même temps, quand on vit nos cent vingt-deux avirons battre l'eau en cadence, et nos trompettes, sur chaque navire, sonnèrent la fanfare du départ.

Du haut de ma poupe je dominais le pont de mes navires. Himilcon, debout à l'avant, assisté du pilote, donnait ses ordres au timonier. Hannon, à côté de moi, assistait au spectacle. Hannibal faisait suspendre les boucliers de ses hommes hors des bordages. Chacun était à son poste, y compris l'eunuque, puisqu'il avait disparu dans sa cabine. Bientôt nous passâmes l'entrée du port de commerce et les deux tours des guetteurs. Nous entrâmes dans le canal de l'île, couvert de barques tendues et pavoisées d'étoffes. Je vis le palais amiral tout pavoisé et ses terrasses fourmillant d'une foule bariolée. Je vis, au centre de l'île, les dômes et les terrasses du temple de Melkarth, peint d'ocre jaune, et la fumée bleue des sacrifices qui sortait en haute colonne de ses toits. J'entendis le bruit furieux des cymbales et des instruments qui s'en échappait. Je vis aussi la *Galère amirale*, précédant la *Galère royale*, qui venaient à nous. Sur la poupe de cette dernière était une estrade couverte d'étoffes d'or et d'argent, tellement qu'elle brillait comme si elle avait été en métal massif. Les rames étaient ornées d'un placage d'ivoire, ses voiles de pourpre avaient des broderies en fil de métal représentant Melkarth, Astarté, Moloch. Au milieu, on voyait brodé sur une voile d'hyacinthe, avec des ondulations vertes qui représentaient les flots, l'image d'Astarté protégeant les poissons contre le dieu Dagon en fureur. Sur l'avant, les musiciens vêtus d'écarlate faisaient rage. Sur le pont, de belles femmes coiffées de tiares de cérémonie et portant de triples colliers, agitaient des bâtons ornés de grelots, de flocs de pourpre et d'hyacinthe et des tambourins peints de couleurs bariolées. Sur l'arrière était assis le roi Hiram, portant un bonnet phénicien, mais la barbe frisée à la syrienne et les bras ornés chacun de deux bracelets d'or. Son trône était d'or et d'émail; le dossier représentait un navire et les bras des dauphins. A ses côtés se tenaient son scribe et son garde des sceaux, les mains croisées, et derrière lui deux officiers portaient, l'un un parasol de pourpre frangé d'or, et l'autre l'étendard royal, qui était un grand disque d'hyacinthe où l'on voyait, en or et en argent, le soleil et les planètes et, au-dessus, le croissant de la lune.

Les gardes qui entouraient les suffètes, sur la galère amirale, avaient des casques lydiens, et des boucliers et des cuirasses d'argent éblouissants à voir au soleil.

Devant le cortège royal, je donnai le commandement aussitôt répété par les autres capitaines; nos rameurs bordèrent leurs avirons et nos vaisseaux s'arrêtèrent. Les deux vaisseaux, royal et amiral, imitèrent sur-le-champ notre manœuvre.

Un ponton d'ébène s'abattit de la galère royale sur la mienne et des esclaves le recouvrirent d'un tapis bariolé. Le roi se leva et vint lui-même sur mon navire, dont je lui fis voir toutes les parties, lui montrant les deux ponts, l'arrimage des marchandises et des effets et celui de l'eau dans les grands tonneaux de terre cuite. Il visita seul l'installation de l'esclave et, avant de retourner sur son vaisseau, me fit donner, par son trésorier qui était avec lui, deux talents d'argent. Dès qu'il fut remonté sur son trône et que la passerelle fut retirée, je donnai le signal : nos cent vingt-deux rames tombèrent à l'eau en même temps, sans faire jaillir une goutte, nos fanfares sonnèrent, matelots, soldats et rameurs firent trois grandes acclamations, et du haut de mon banc je criai d'une voix forte :

« Adieu, roi; adieu, Tyr; adieu, Phénicie. Enfants d'Astarté, serviteurs des Cabires, en avant! »

Nos vaisseaux filèrent rapidement et tournèrent les deux tours avancées du port de guerre, où deux guetteurs veillent perpétuellement. Je jetai un dernier coup d'œil sur les ports et le canal, scintillant de barques de parade et fourmillant de beaux habits; je regardai l'amphithéâtre blanc de la ville coupé par les fils noirs et tortueux des rues qui serpentent; je vis au bas le massif temple jaune de Melkarth et le noir palais amiral, au niveau de l'eau. Au loin, en haut de la ville, je vis encore scintiller la maison bariolée de Baaltis-Astarté, et derrière, le Liban, vert et noir, se découpant sur le ciel. Je reportai mes regards sur mes navires devant la proue desquels blanchissait l'écume, sur le *Cabire* qui coupait les flots en bondissant comme un dauphin, sur le *Dagon*, sur le *Melkarth* qui avait lâché sa remorque et qui se couvrait de toile. Je commandai de hisser les voiles de nos galères et de les tendre au vent favorable qui nous poussait vers le sud-ouest, je fis border la moitié des avirons pour reposer mes rameurs, et je m'assis sur mon banc, le dos tourné à la terre, les yeux fixés sur la mer immense et brillante de soleil.

Nous étions en route pour Tarsis.

III.

Comment la servante de la dame ionienne reconnut le capitaine Chamaï.

Je coupais diagonalement la baie au nord de laquelle se trouve Tyr, pour passer au large du cap Blanc, qui la ferme au sud-ouest. De là je comptais reconnaître de loin le cap du mont Carmel, pour éviter de longer la baie profonde qui le borne au nord, reprendre le voisinage de la côte au mont Carmel et me diriger directement sur Jaffa, en serrant la côte tout le temps.

Le *Cabire* était capable de faire treize cents stades[1] en vingt-quatre heures, mais nos galères et surtout le gaoul, qui marchait à la voile en temps ordinaire et qui était lourdement chargé, ne pouvaient prétendre à cette vitesse. Avec le vent favorable qui me poussait, et dans des parages si connus, je comptais sur mille stades en vingt-quatre heures. En marchant à cette vitesse, trois heures après mon départ je doublais le cap Blanc et, à la tombée de la nuit, je perdais vue de terre et je continuais ma

---

1. 1300 stades, soit 32 1/2 milles géographiques. C'est la vitesse donnée par Hérodote.

route vers le sud-ouest. Vers le milieu de la nuit, Himilcon vint me réveiller pour me signaler le mont Carmel, dont on voyait très-bien briller les sommets escarpés aux rayons de la lune ; je fis reprendre aussitôt la direction du sud franc et, par mesure de précaution, je fis signal au *Melkarth* de carguer sa voile et de marcher à la rame, puisque nous allions vers la terre. Le matin, par une bonne brise, nous vîmes la côte basse et plate de la Palestine et, vers le milieu du jour, une tour élevée et des bouquets de palmiers et de figuiers sauvages nous firent reconnaître Jaffa.

Après que nous eûmes passé l'embouchure d'une rivière qui est à quarante stades au nord de ce port, le *Cabire* alla longer la côte, les deux galères et le *Melkarth* restant à un stade et demi sur leurs ancres, à cause du peu de profondeur des fonds.

Le port de Jaffa n'a ni bassins, ni jetée, ni môles. C'est une plage où se voient quelques cabanes et des hangars délabrés, autour d'un fortin et d'une tour en blocage que le roi David fit construire quand il se mit en relations avec les Phéniciens et que ceux de Tyr et Sidon coupèrent pour lui des bois de cèdre et de sapin et amenèrent des trains flottés en Judée par cette voie. Une grande barque phénicienne et un assez piètre navire égyptien à proue terminée en cou d'oie étaient envasés à un trait d'arc de la plage, sur laquelle on avait tiré quelques méchants canots des pêcheurs de la Judée. Je descendis à terre dans une barque, accompagné d'Hannibal et d'Hannon, pour aller rendre visite au gouverneur, qui commandait une petite garnison dans le fortin et dans la tour. Il nous épargna le chemin, car nous le vîmes bientôt sortir lui-même de la tour, suivi d'une quinzaine d'hommes armés de lances et d'épées, portant des boucliers carrés, la taille entourée de ceintures de fil de lin, auxquelles pendait de côté la courroie terminée par une olive de silex avec laquelle on les serre. Ces hommes avaient les cheveux nattés en une foule de petites tresses, la tête nue, les pieds et les jambes chaussés de hauts brodequins lacés et la peau de panthère sur l'épaule, à la mode juive. Leur chef seul portait une cuirasse

Je m'arrêtai pour le saluer.

de lames de cuivre assez mal ajustées. J'allai immédiatement à sa rencontre, et à cinq pas je m'arrêtai en le saluant.

« Homme phénicien, me dit-il en me rendant mon salut, es-tu le capitaine que doit envoyer le roi Hiram vers notre roi ?

— Je le suis, répondis-je.

— Ton arrivée m'est annoncée, ainsi que celle de tes navires. Que la paix soit avec toi. Je suis ici pour t'attendre et pour te conduire à la ville de Jérusalem. Viens présentement dans la forteresse, te rafraîchir avec tes gens. »

Enchanté de son bon accueil, nous le suivîmes à la tour, où l'on entre par une porte voûtée. Il nous conduisit à une salle haute, d'où l'on avait vue sur la mer, et fit étendre un tapis sur le pavage irrégulier de la chambre. Les murs en blocage grossier étaient nus et toute la construction fort misérable. On nous apporta aussitôt de l'eau, du pain, des figues sèches, du fromage et un peu d'assez bon vin d'Helbon, que les Juifs se procurent depuis qu'ils ont assujetti la Syrie de Damas.

Après nous être mutuellement enquis de notre santé et de celle de nos rois, le capitaine juif nous donna l'exemple en se fourrant dans la bouche un gros morceau de fromage.

« Ah! me dit-il, en me voyant regarder la chambre, nous ne sommes pas d'habiles constructeurs comme vous autres Phéniciens. Aussi bien, nous n'avons pas vos matériaux de construction et vos richesses, et nous sommes ici dans une bourgade. Mais tu verras, allant à Jérusalem, un pays gras et fertile et de belles villes populeuses.

— Je connais la Judée, capitaine, dit Hannibal, et je puis dire que c'est une terre bien cultivée, la terre des olives et du blé, des dattes et du vin. Chaque peuple a ses talents. Vous autres êtes guerriers, bergers, cultivateurs; les Phéniciens sont industrieux, commerçants et marins, quoique je puisse dire, sans orgueil, que quelques villes de Phénicie, et particulièrement Arvad, ont vu naître des hommes habiles à ranger les troupes en bataille.

— Je le vois, dit l'autre, admirant la cuirasse et les armes d'Hannibal, et je vois aussi que les guerriers de Phénicie sont bien équipés.

— J'ai servi ton roi, répondit Hannibal, malgré votre coutume de ne point entretenir de troupes en temps de paix et de ne point prendre d'étrangers à votre solde. Mais ayant passé fort jeune dans la ville de Kana, dans l'héritage de la tribu des enfants d'Ascer, j'y fus considéré moi-même comme un enfant de la tribu, et j'ai ainsi combattu dans vos guerres. »

Le capitaine juif se leva aussitôt pour embrasser Hannibal, et ils burent tous deux à la coupe d'amitié, qu'on nous fit passer ensuite à Hannon et à moi.

« Je suis, dit ce capitaine, de la tribu des enfants de Juda, sur l'héritage de laquelle nous passons pour aller à Jérusalem. Tu sauras que présentement le roi entretient quelques troupes, dont je fais partie, comme chef de vingt hommes. Je vous attends ici, où l'on a préparé des chevaux et des ânes pour votre voyage, et dès ce soir nous pourrons partir.

— Je le veux bien, répondis-je. Mais je désire aussi prendre quelques dispositions à bord de mes navires, avant de les quitter pour quelques jours. Nous partirons donc demain matin.

— Alors, s'écria le Juif, veux-tu nous permettre de visiter tes vaisseaux? Vous êtes Phéniciens, vous devez avoir des objets à vendre, et nous avons, nous, des emplettes à faire.

— Bien volontiers, dis-je au capitaine. Mais étant au service du roi qui est notre armateur, nous n'avons emporté de marchandises que pour le troc, et non pour le commerce. Nous ne faisons donc aucun bénéfice, et nous voulons ici seulement compléter notre chargement et nos provisions.

— Nous trouverons dans les montagnes et dans les villages des troupeaux de chèvres, des oliviers, des arbres à baume, dit aussitôt le capitaine. Mon nom est Chamaï, fils de Rehaïa; il est connu dans le pays. Je me mets à ta disposition pour ton chargement de vivres. »

J'acceptai de bon cœur les offres du capitaine Chamaï, qui nous suivit sur nos navires. Nos matelots avaient déjà étalé sur la plage les marchandises que je leur avais permis d'emporter pour leur commerce particulier, et ils discutaient activement avec les pêcheurs et quelques bergers rassemblés autour d'eux. Sur le *Melkarth* on fit déballer d'autres marchandises, appartenant à l'expédition. J'avais fait dresser par Hannon l'état de ce que nous voulions céder et celui de ce que nous voulions acquérir, savoir : dix mesures de grain, deux d'huile, un baril d'olives, une demi-mesure de baume, six paniers de figues sèches, six de dattes et cinquante fromages. Pour les grandes provisions, je comptais sur ce que je trouverais jusqu'à Jérusalem et sur la libéralité du roi David. J'ordonnai aussi à Bodmilcar, qui était chargé de la vente et des emplettes, d'acheter quelques moutons et chevreaux, pour que nos hommes eussent de la viande fraîche jusqu'en Égypte.

Chamaï ne pouvait se lasser d'admirer nos navires et leur ordonnance, le soin et la propreté avec lesquels tout était rangé, l'obéissance de chacun et la stricte discipline, la beauté et l'étrangeté des agrès et des instruments. Tout était nouveau pour lui, et à chaque pas il faisait des exclamations de surprise. Je le retins à souper, et quand nous fûmes assis sur la poupe de l'*Astarté*, il soupira profondément.

« Ah ! dit-il, que la navigation et les voyages lointains sont une belle chose, et quelle source inépuisable de richesses est la Grande Mer ! Pour nous, nous vivons dans nos montagnes aussi ignorants que des bouquetins sauvages, et quand nous avons mis à sac quelque ville ou village des ennemis, qu'est-ce que notre maigre butin en comparaison de ce que vous acquérez par le commerce ? Sans compter que le roi et les principaux du peuple prennent la meilleure part.

— Et les choses rares et merveilleuses qu'on voit, lui répondis-je, les comptes-tu pour rien ?

— Non sans doute, s'écria Chamaï. J'ai entendu parler par vos marchands phéniciens des vallées où sont les pierreries et les serpents de deux stades de long, des mines d'argent et d'or, et des pierreries qui flottent sur la mer, des poissons de cinquante coudées, des géants et des montagnes qui jettent du feu.

— Il y a beaucoup à rabattre là-dessus, lui dis-je en riant ;

mais dans nos voyages nous voyons pourtant des choses extraordinaires et des peuples bien singuliers.

— Vraiment! s'écria Chamaï; je passe pour un brave guerrier et la force de mon bras a renversé plus d'un Syrien, plus d'un Moabite et plus d'un Philistin Dans vos aventures lointaines, vous devez avoir de rudes combats à soutenir. Veux-tu m'emmener, capitaine sidonien ? »

Hannibal, lui mettant la main sur l'épaule, lui dit d'une voix retentissante :

« Brave Chamaï, il me manque quarante hommes d'armes et archers. Te fais-tu fort de les recruter ?

— Je m'en fais fort, par le nom de El, mon dieu, le dieu des guerriers.

— Bien parlé, dis-je à mon tour. Amène-nous quarante braves garçons, hardis et robustes, tu les commanderas sous les ordres d'Hannibal, sur nos navires. Et je te fais immédiatement présent d'une cuirasse neuve et d'un poignard des Chalybes, d'un poignard à manche d'ivoire.

— Vive le roi ! s'écria Chamaï. Je suis votre homme.

— Ah ! ah ! fit Hannibal en se frottant les mains, voici mon armée qui augmente. Nous finirons par conquérir des royaumes.

— Le royaume que je conquerrai, conclut Hannon, je le vends aux enchères, terre, ville et sujets. J'aime mieux mon futur palais, et j'y nomme d'avance Himilcon pour mon grand échanson. Le bouc pour jardinier, les outres verront beau jeu !

— Tâtons de celle-ci en attendant les tiennes, » dit Himilcon, s'asseyant à la vue du repas qu'on apportait.

En ce moment, un matelot vint me dire de la part de Bodmilcar que ses échanges étaient faits.

« Pourquoi ne vient-il pas manger avec nous ? demandai-je.

— Je l'ignore, répondit le matelot. Le seigneur capitaine a fait faire son repas à son bord, où il a invité l'eunuque passager. »

Hannon pâlit.

« La malédiction soit de l'eunuque ! m'écriai-je dès que le matelot fut parti. Il se brasse encore quelque machination. Pourvu que les filles ne soient pas parties avec lui. »

Hannon se précipita vers la cabine, mais au même instant la porte s'ouvrit, et la servante parut, suivie de la dame esclave complétement voilée.

« Ne crains rien, dit la servante en riant, ne crains rien, seigneur. Le vilain oiseau est envolé, mais les colombes restent. Nous lui avons refusé de le suivre.

— Il vous l'a donc demandé? dis-je, furieux.

— Non, il s'est borné à nous l'offrir, sans insister. Mais nous aimons mieux rester sur ton joli navire, où nous sommes si bien, que nous en aller sur ce navire tout noir, là-bas.

— C'est bon, c'est bon, lui répondis-je. Jusqu'à l'arrivée, je ne veux pas absolument que vous me quittiez. Vous avez bien fait de rester et je tancerai vigoureusement l'eunuque.

— Pouvons-nous prendre le frais sur le pont, capitaine? me demanda la jolie servante.

— Comme il vous plaira, » lui répondis-je.

Chamaï, qui était absorbé dans une conversation qu'il avait engagée avec Hannibal sur leurs actions de guerre, leva la tête, et se dressant sur ses pieds :

« Comment, mais n'est-ce pas toi, Abigaïl, que je vois?

— Et n'est-ce pas toi, Chamaï, du village de Guédor? »

Ils se prirent les mains et, se regardant l'un l'autre, comme des amis qui ne se sont pas vus depuis longtemps, pleurèrent tous les deux.

« Comment es-tu ici, sur ce navire phénicien, Abigaïl? dit enfin Chamaï.

— Ignores-tu donc que j'ai été enlevée de mon village lors d'une incursion des Philistins d'Ascalon, et qu'ils m'ont vendue aux Tyriens?

— J'étais à la guerre dans le nord, contre le roi de Tsoba, et je ne suis pas revenu au pays depuis mon retour : comment pourrais-je le savoir?

— Sache donc, dit Abigaïl en reprenant son air joyeux, que le roi Hiram m'acheta et me donna pour servante à cette dame ionienne qu'il a achetée pareillement et dont il fait présent au Pharaon d'Égypte. Le bon capitaine Magon est chargé de nous conduire.

— Hélas! s'écria Chamaï, je suis des vôtres; je te retrouve, et il faudra encore nous séparer. Que je regrette donc à présent que la route vers l'Egypte soit si courte! Je voudrais que notre voyage durât aussi longtemps que celui de nos pères, quand ils vinrent de cette même terre d'Égypte en cette terre de Kanaan que nous voyons d'ici. »

J'invitai Abigaïl à s'asseoir avec nous, touché de cette rencontre, et je priai Hannon de faire la même invitation à la dame ionienne, puisqu'il savait parler sa langue. Celle-ci fit une profonde inclination et s'assit sur un coussin qu'on lui avait préparé.

Pendant le repas, qui fut des plus gais, Abigaïl et Chamaï nous racontèrent comment ils avaient gardé les chèvres ensemble pendant leur enfance et quel attachement ils avaient l'un pour l'autre. Je me sentais presque fâché de la conduire au Pharaon.

« Peut-être, dit Abigaïl, le Pharaon aura-t-il pitié de moi et ne voudra-t-il pas me garder. Je ne suis qu'une servante, et c'est la dame ionienne qui lui est destinée. Qu'est-ce qu'un si grand monarque ferait de moi? Il a des servantes par milliers. Il me renverra.

— Oui, oui, dit Chamaï en serrant ses poings robustes. N'est-ce pas vrai, capitaine Magon?

— Je pense en moi, répondis-je, qu'Abigaïl n'est point envoyée au Pharaon, mais doit accompagner la dame ionienne pour la désennuyer en route.

— D'autant plus, ajouta Hannibal, que c'est nécessaire, car son eunuque paraît l'amuser médiocrement. »

Pendant tout ce temps, Hannon et la dame ionienne causaient ensemble. Comme on remplissait les coupes de vin :

« Hannon, lui dis-je, pour mettre fin à cette conversation qui m'alarmait, tu sais jouer du psaltérion?

— Oui, dit Hannon. Tu m'as déjà entendu.

— La dame doit savoir chanter des chansons de son pays et ne nous refusera pas de nous en chanter une? »

La dame, qui comprenait quelque peu le phénicien, me répondit qu'elle chanterait bien volontiers.

« Eh bien ! Hannon, mon ami, lui dis-je, va-t'en querir ton psaltérion et accompagne les chants de cette dame ; après quoi nous irons chacun à nos affaires. Allons, va. »

Hannon ayant accordé son instrument, la dame écarta son voile et nous fit voir un visage d'une beauté merveilleuse. Elle était vêtue et parée à la phénicienne, portant robe de pourpre lamée d'argent, triple collier en perles d'or, perles fines et perles émaillées de dessins divers, mais coiffée à la mode de son pays, la tête nue, et les cheveux relevés sur le front et attachés par le milieu. Nous fûmes tous frappés de sa beauté et nous restâmes silencieux.

Mon esclave apporta deux lampes de terre qu'il accrocha sur des bâtons dressés contre les bordages et l'Ionienne commença.

Elle nous chanta, d'une voix harmonieuse, des vers où étaient racontées les actions de la guerre que les Achaïens de son pays firent, il y a longtemps maintenant, au roi et à la ville d'Ilion. Je comprenais moi-même quelques mots d'ionien, comme en apprennent les marins dans leurs voyages, mais je n'entendais pas grand'chose à son récit. Pourtant, par instants, sa voix devenait vibrante, et je voyais briller les yeux de Chamaï et Hannibal caresser la garde de son épée. Nous étions émus par sa beauté, par sa voix, par l'harmonie de ses chants, sans comprendre ce qu'elle disait. Quand elle se leva pour rentrer dans sa cabine, sa démarche était si majestueuse qu'il me sembla que la déesse Astarté devait marcher ainsi sur les flots.

Hannon se leva aussi, sans la regarder, et alla s'appuyer contre le bordage, où il resta en silence la tête tournée vers la mer, comme quelqu'un qui a le cœur oppressé. Depuis quelque temps, je ne retrouvais plus sa gaieté et ses plaisanteries d'autrefois. J'allai m'appuyer à côté de lui.

« Allons, Hannon, mon enfant, lui dis-je, je vois que tu as du chagrin.

— Je ne le nierai pas, capitaine, me répondit-il. Cela se passera.

— Il ne faut rien dire de tout cela à Bodmilcar, appuyai-je. Je n'ai pas confiance en son serment et je crains quelque malice de l'eunuque.

— Oh ! reprit Hannon vivement, qu'il fasse ce qu'il voudra. Pour moi, j'ai fait un serment et j'y resterai fidèle. Je n'ai plus qu'un désir, c'est d'être au plus tôt à Tarsis, d'y courir les aventures et d'y faire des découvertes. Me voilà en passe de devenir un vrai marin, crois-moi, bon capitaine. »

Nous nous serrâmes la main. Je me sentais tous les jours plus attaché à Hannon. Quand je revins vers la compagnie, je trouvai Chamaï qui se disposait à descendre dans la barque, pour revenir à terre.

« Allons, bonne nuit, capitaine Chamaï, lui dis-je, et à demain, de bon matin.

— Bonne nuit, capitaine Magon, et toi, capitaine Hannibal, et toi, joyeux pilote. Bonne nuit, Abigaïl, mon joli pigeon, cria-t-il encore d'une voix retentissante, quand il fut dans la barque.

— Bonne nuit, Chamaï, mon agneau, » répondit de la cabine la voix rieuse d'Abigaïl.

En ce moment, l'eunuque, accompagné de Bodmilcar, mettait le pied sur le côté opposé du bateau.

« Il a une belle voix, ricana l'eunuque en se dirigeant vers la cabine ; il a les poumons puissants, mais le Pharaon trouvera peut-être mauvais qu'on fasse voir ses servantes à tout le monde.

L'Ionienne chanta d'une voix harmonieuse.

— Et que les capitaines de navire, en compagnie de leurs scribes, donnent des festins aux esclaves royales, ajouta Bodmilcar, en poussant du pied le psaltérion qu'Hannon avait oublié sur le coussin de la belle Ionienne.

— Absolument comme moi je trouve mauvais, répondis-je, exaspéré par l'insolence de l'eunuque et la méchanceté de Bodmilcar, qu'un eunuque syrien, un esclave, vienne se mêler de donner des avis à un homme libre, à un capitaine sidonien sur son bord, et cherche à débaucher ses passagères pour les conduire sur le navire d'un subordonné.

— Hazaël est maître de diriger les esclaves comme il l'entend, dit aigrement Bodmilcar. Il a l'ordre du roi pour cela. »

Je regardai Bodmilcar dans le blanc des yeux. Il me jeta un regard de défi.

« Oui, reprit-il, cette femme ionienne est mon ancienne esclave. Le roi l'a achetée, c'est bien ; il l'envoie au Pharaon, c'est bien encore, et je n'ai rien à y dire. Mais, comme serviteur du roi, je dois empêcher que ses présents ne changent de destination et ne s'en aillent aux mains d'un scribe quelconque.

— Et moi, répliquai-je, comme capitaine de ces navires, je dois veiller à ce que la discipline y soit observée et à ce que nul ne prétende y donner des ordres en dehors des miens. C'est à moi qu'il appartient d'interpréter les commandements du roi et de juger qui a tort ou qui a raison.

— Bien dit, s'écria Hannibal. La discipline et l'obéissance doivent être observées ! Voilà qui est bravement parlé, selon les règles de la guerre et de la navigation !

— Je saurai ce qui me reste à faire, dit Bodmilcar d'une voix étranglée par la colère.

— A retourner à ton bord et à t'occuper de tes matelots qui ont cinq jours à passer ici, voilà ce qu'il te reste à faire, » lui répondis-je tranquillement.

Bodmilcar descendit aussitôt dans sa barque, et je l'entendis proférer des menaces et des malédictions en s'en allant. Mais je fis semblant de ne pas y prendre garde.

« En attendant, dit l'eunuque, je vais châtier cette servante.

— Toi ? lui dis-je, en lui arrêtant le bras.

— Moi-même, » répliqua-t-il en se dégageant.

Là-dessus il ouvrit la porte de la cabine; mais, avant qu'il ne l'eût refermée, la main vigoureuse d'Hannibal s'abattit sur son épaule, le fit pirouetter et le poussa devant moi.

« Eh bien! eh bien! que me veut-on? » balbutia-t-il tout effaré, en regardant tour à tour Hannibal qui le tenait toujours, et moi, qui étais debout en face de lui, les bras croisés.

— On te veut ceci, lui dis-je : celui qui, à bord d'un navire

La main vigoureuse d'Hannibal s'abattit sur son épaule.

phénicien, lève la main sur qui que ce soit sans l'ordre du capitaine, est lié, suspendu à une corde et plongé trois fois dans la mer du haut de la vergue. As-tu compris clairement? »

L'eunuque, tremblant de peur, baissa la tête.

« Eh bien, ajoutai-je, puisque tu as compris clairement, tâche de ne pas oublier. Je te dirai de plus : celui qui, à bord d'un navire phénicien, maudit quelqu'un, est attaché au mât et reçoit vingt-cinq coups de corde. As-tu encore compris clairement? »

L'eunuque fit signe que oui.

« Eh bien, lui dis-je, tâche de ne pas oublier non plus. Tu dois savoir qu'Abigaïl a la langue bien pendue, et que moi je ne suis par sourd. Pensès-y bien ; et maintenant, lâche-le, Hannibal. »

L'eunuque rentra dans sa cabine en courbant le dos et Hannibal me quitta, enchanté.

« Nous les ferons marcher droit, sois tranquille, capitaine, me dit-il, et je ne m'y épargnerai pas. Qu'est-ce qu'un navire où on désobéit ? C'est comme une compagnie de gens de guerre où on raisonne. Ah ! ah ! mais nous sommes là, nous autres. »

Le lendemain, de bon matin, je fis venir Bodmilcar.

« Écoute, lui dis-je, tu es un vieux marin phénicien. Je crains que ta passion et les mauvais conseils de l'eunuque ne t'aient tourné la tête. J'espère que quand nous serons débarrassés de lui et de cette Ionienne, je te retrouverai tel que je t'ai connu autrefois. Veux-tu me promettre de renoncer à semer le trouble ?

— Ce n'est pas moi qui le sème, répondit Bodmilcar.

— Si fait, c'est toi. Il faut me promettre.

— Je ne ferai rien pour cela, en tout cas, me dit-il, d'un air embarrassé.

— Eh bien, j'y compte, lui dis-je. Voici les dispositions que j'ai prises. Tu vas rester ici, avec le commandement de la flotte, en compagnie d'Asdrubal, d'Amilcar, d'Himilcon et sous la protection des hommes d'armes. Hannibal, Hannon et moi, nous allons à Jérusalem. Tu n'auras rien à acheter en nous attendant : nous ferons les approvisionnements dans l'intérieur du pays. Tu vois que ta tâche n'est pas lourde.

— Et les deux femmes ? dit vivement Bodmilcar.

— Oh ! les deux femmes, je verrai à les installer à terre. Cela me regarde, et ne t'en inquiète pas.

— C'est bien, répondit Bodmilcar. Et quand pars-tu ?

— Tout de suite. Ainsi, au revoir. »

Je descendis aussitôt dans la barque, en compagnie d'Hannibal, d'Hannon, de mon esclave et de deux matelots portant notre bagage. Quand Hannon passa devant Bodmilcar, celui-ci cracha, en le regardant d'un air haineux. Hannon leva les épaules.

Je fis descendre ensuite devant moi l'eunuque et les deux femmes dans l'autre barque et je donnai ordre à deux matelots de porter à terre ce que l'eunuque demanderait. Celui-ci voulut s'attarder, pour rassembler le bagage.

« Non, non, lui dis-je. Les matelots reviendront le chercher tout à l'heure. Ils le trouveront bien tout seuls, sois tranquille. Allons, nage ! » criai-je aux rameurs.

Les deux barques filèrent vers la côte. Bodmilcar, debout sur le couronnement de la poupe, nous suivait des yeux d'un air sombre.

« A bientôt ! cria Himilcon, debout à côté de lui.

— A bientôt, vieux pilote ! » lui répondîmes-nous.

Nous accostâmes en quelques coups d'aviron. Chamaï nous attendait avec impatience, et courut à la barque pour aider Abigaïl à descendre. On se dirigea tout de suite vers le village, à deux traits d'arc de la tour : il est bâti au milieu des figuiers sauvages et on y voit une assez belle citerne. Devant la meilleure maison étaient attachés deux chevaux et une douzaine d'ânes, les deux chevaux bien parés, la tête ornée d'un réseau de fils de lin écarlates, garni de pompons multicolores et de grelots, la bride brodée, la queue relevée et nouée par des fils écarlates. Les ânes avaient la crinière et la queue teintes de henné, comme il convient : c'étaient des montures bien harnachées.

« Ceci, dit Chamaï, est la maison de Bicri, un de mes hommes d'armes, que j'emmène pour faire ce voyage. Ce jeune homme est vigoureux et adroit au maniement de l'arc, de l'épée et du bouclier. Il connaît aussi très-bien la manière de faire le vin, ayant été vigneron dans la montagne. »

Bicri parut et nous salua. Avec lui était un autre homme et une jeune femme.

« Celui-ci, dit Chamaï, est Barzillaï, chef d'une de mes dizaines, et avec lui est Milca, sœur de Bicri, femme de Barzillaï, qui excelle à faire des gâteaux de miel.

— Très-bien, dit Hannibal. Emmènerons-nous aussi Barzillaï et sa femme Milca, pour qu'elle nous fasse des gâteaux de miel ?

— Barzillaï ne désire point voyager en mer, répondit Chamaï.

— C'est dommage, observa Hannibal.

— Et qui commandera ici pendant que tu vas nous conduire à Jérusalem? demandai-je à Chamaï.

— C'est Barzillaï, répondit-il, dans lequel j'ai mis ma confiance.

— Eh bien, dis-je, nous logerons les deux femmes, soit dans la tour, soit dans la maison de Bicri; Barzillaï et ses hommes d'armes les garderont et Milca leur tiendra compagnie.

— Abigaïl ne vient donc pas à Jérusalem avec nous? s'écria Chamaï.

— Non. Je tiens à ce qu'elle reste ici, avec la dame ionienne. Tu as tout loisir de lui faire tes adieux ce matin.

— Du moment que c'est l'ordre, dit Chamaï, il faut obéir. Et que devra faire Barzillaï en notre absence?

— Empêcher qui que ce soit de voir la dame ionienne, soit par ruse, soit par force, à l'exception de cet eunuque ici.

— C'est bon, dit Barzillaï en frappant sur la garde de son épée. J'ai compris.

— Et moi, dit l'eunuque, où logerai-je?

— Où tu voudras, lui répondis-je. Dans la maison de Bicri, s'il veut.

— Un Syrien de Tsoba dans ma maison! dit Bicri; non, non, s'il te plaît, seigneur amiral.

— Et pourquoi donc? glapit l'eunuque. Est-ce qu'un Syrien de Tsoba ne vaut pas les gens de ta nation?

— Des Syriens, s'écria Bicri! Qu'est-ce que des Syriens? Nous avons battu ceux de Tsoba et ceux de Damas, et notre roi les a faits ses esclaves. Quels hommes êtes-vous? Des puces, des chiens crevés.

— Parle-nous, dit Chamaï, des Philistins de Gaza et d'Askalon, ou des Iduméens du sud : encore que nous les ayons vaincus et assujettis, ce sont des guerriers et des hommes forts. Mais des Syriens! J'avais pour coutume d'en enfiler une douzaine dans ma lance et de les emporter sur mon épaule.

— Chamaï, remarqua Hannibal, est un homme rempli d'esprit et qui fait des mots très-bons et très-plaisants. Il sera un compagnon divertissant pendant notre voyage.

— Les femmes pourront-elles sortir? dit Barzillaï.

— Abigaïl, qui est du pays, pourra courir avec Milca, si elle veut. Mais l'Ionienne ne doit pas sortir jusqu'à mon retour.

— Bien, dit Barzillaï. Ma femme fera en sorte qu'elle passe agréablement son temps.

— Je lui apprêterai autant de gâteaux qu'elle désirera et des pâtes frites dans l'huile aussi, » déclara Milca.

Les choses étant ainsi réglées, nous prîmes place dans la maison, pour manger un peu avant notre départ. Barzillaï s'étant engagé à faire nourrir dans le village quinze hommes, Hannibal envoya chercher quinze de ses archers à bord, qui, joints aux hommes d'armes de Barzillaï, faisaient une garde suffisante. Je fis informer en même temps Himilcon, Amilcar, Asdrubal et Gisgon de ma résolution. Tout coup de tête de la part de Bodmilcar et toute machination de l'eunuque étaient ainsi prévenus.

Celui-ci ne voulut pas manger avec nous et se retira sur les vaisseaux. L'Ionienne se rendit dans sa chambre avec Milca, qui ne tarda pas à revenir pour nous apporter de ses fameux gâteaux au miel. Il y en eut trois pour chaque convive, mais Abigaïl et Chamaï étaient tellement contents de se revoir et causaient tellement entre eux qu'ils oublièrent les leurs et qu'Hannibal les mangea pour eux.

Nous prîmes congé de Barzillaï, d'Abigaïl, ce qui fut un peu long pour Chamaï, et de Milca, pendant que Bicri détachait les ânes et les chevaux. En ma qualité de bon Sidonien, je refusai la bête par trop fringante que m'offrait le Juif, ayant plus accoutumé le mouvement des vaisseaux que le trémoussement des chevaux, et j'enfourchai un âne de mine très-pacifique. Avant de partir, Hannon donna de ma part une belle pièce d'étoffe rouge à notre hôte et des boucles d'oreilles d'argent à notre hôtesse, qui ne pouvait se lasser de les admirer. Chamaï fit don de sa vieille cuirasse à Barzillaï et endossa une cuirasse écaillée toute neuve que je lui donnai, suivant ma promesse. Nous distribuâmes aussi quelques poupées de terre cuite et de bois aux enfants qui grouillaient autour de nous, et Chamaï étant venu pour la vingtième fois embrasser Abigaïl, sous prétexte de donner encore des instructions à ses hommes, finit par se décider à monter à cheval, après qu'Hannon eut décliné à son tour l'offre d'un coursier. Hannibal caracolait déjà sur le sien. Nos deux matelots, mon esclave et Hannon enfourchèrent leurs ânes, après avoir chargé nos bagages sur quatre baudets, et Bicri, allongeant les jambes, prit la tête de la caravane de son pas alerte de montagnard, pour nous montrer le chemin.

IV

Le roi David.

Après avoir traversé les plaines basses parsemées de champs de blé, de bouquets de figuiers et de dattiers, et d'arbres de Judée au tronc rabougri, au parasol de feuillage étendu à plat comme un pain, nous commençâmes à gravir la montagne par des sentiers étroits, bordés alternativement de bois de chênes, de grandes plantations d'oliviers et de vignes. Par cette route ombreuse on arrive sur la crête, dans la petite ville de Timna, où Chamaï avait un hôte qui nous logea, nous et nos bêtes. Timna est une petite ville irrégulièrement bâtie, les maisons entourées de jardins, et très-basses, n'ayant pas plus d'un étage. Elle possède un mur crénelé en pisé, deux portes et douze tours rondes. Nous y fûmes tourmentés par les puces, qui sont en Judée d'une abondance et d'un acharnement extraordinaires, et par les mouches, qui sont aussi très-nombreuses.

« Les hommes d'ici, remarqua judicieusement Hannibal, qui avait ôté sa cuirasse pour mieux se gratter, devraient adorer, non pas le grand dieu El, dieu du ciel et de la terre, mais le dieu Baal-Zébub, dieu des mouches et autres insectes, pour qu'il les débarrasse du fléau de la vermine. »

Le lendemain, de bon matin, après avoir traversé bon nombre de ravins et grimpé des côtes, car tout ce pays est montagneux, mais fertile et bien cultivé, nous vîmes une vallée profonde et encaissée, toute stérile et déserte. Au fond et sur les flancs pierreux de cette vallée blanchissaient des ossements humains, en grand nombre; vers l'est, on voyait des mamelons couronnés d'un fort, et la vallée remontait vers les crêtes au sud.

« La vallée des Géants, » dit Bicri en s'arrêtant, et en faisant rouler un crâne du bout de son bâton.

— J'y étais, dit Chamaï, comme fort jeune homme, écuyer de Bénaïa, capitaine de cent hommes, un des trente-sept vaillants du roi, qui a tué un lion dans une fosse, dans un jour de neige, et un géant égyptien armé de pied en cap, lui Bénaïa n'ayant que son bâton à la main. Nous y battîmes les Philistins de telle façon, que depuis ce temps ceux d'Achdod nous payent tribut.

— Oui, oui, dit Hannibal, les Philistins étaient là-haut, sur les hauteurs à notre droite et voulaient attaquer le château par devant nous. Mais le roi, descendant dans la vallée, leur épargna la moitié du chemin et monta ensuite sur les hauteurs en les poursuivant. C'est dans la vallée que fut le fort de la bataille, et sur le versant, de l'autre côté des crêtes, que fut la fuite des Philistins et le carnage. »

Nous traversâmes la vallée des Géants, et sur le revers opposé Hannibal nous fit voir les trente pieux aigus auxquels le roi David fit attacher par la poitrine les trente chefs des Philistins faits prisonniers. Des débris de leurs squelettes y pendaient encore.

« Ah! s'écria Chamaï, notre roi est un bon roi! Aussi, quand son fils Absalom fit sédition contre lui, je pris le parti des gens du roi.

— Et moi aussi, dit Bicri. Et dans la bataille qui s'ensuivit, je perçai d'une flèche à travers les tempes Hothniel, fils de Tsiba, et je pris ses dépouilles. Voilà sa belle ceinture de fils d'hyacinthe que j'ai encore autour des reins. »

Nous continuâmes ainsi notre route, Chamaï, Hannibal et Bicri nous faisant voir les endroits remarquables. Des villes et villages près desquels nous passions, il sortait bon nombre de gens qui, nous reconnaissant pour Phéniciens à nos habits, couraient après nous, nous offrant du lait, des raisins secs, des figues, du vin et d'autres rafraîchissements, et nous demandaient si nous n'avions rien à vendre. Mais Bicri leur répondait :

« Allez à Jérusalem, frères, car nous y allons, ou descendez à Jaffa, car nous en venons. C'est là que vous trouverez nos marchandises. »

Les bergers, ayant des troupeaux de belles chèvres, venaient aussi nous parler, mais nous n'achetâmes rien d'eux, sauf deux fromages, qu'ils font excellents dans ce pays, et des rayons de miel qu'ils nous vendirent pour quelques zeraas. Des jeunes filles, pendant que nous mangions nos fromages à l'ombre d'un chêne, vinrent nous apporter dans leurs cruches de l'eau très-fraîche. Hannon leur donna quelques perles de verre qui les comblèrent de joie.

Peu avant le coucher du soleil du deuxième jour, nous arrivions à Jérusalem, ville forte, bâtie avantageusement sur un plateau escarpé. Les beaux jardins d'oliviers qui entourent cette ville, la blancheur de ses murailles, les dômes nombreux qu'on voit dans le feuillage des faubourgs, font une impression agréable. De loin on voit la ville comme bosselée de dômes et de terrasses, car elle est bâtie sur un terrain fort inégal. Après avoir passé un chemin qu'on voit se perdre au loin du côté du désert, et qui est bordé par le torrent de Kidron, nous franchîmes une dernière montagne couverte d'oliviers, puis un ravin, et nous montâmes par une rue assez large, où trois cavaliers peuvent aller de front. Cette rue est dallée, bordée de maisons bâties en briques et de jardins entourés de petits murs de torchis. A la nuit, Chamaï qui avait galopé devant, en laissant Bicri nous conduire, nous attendait sur la porte d'un grand jardin, au fond duquel était une belle maison de briques à deux étages. C'était la maison de Hira, un des principaux officiers du roi, chargé de recevoir les ambassadeurs étrangers. Les esclaves vinrent tout de suite à notre rencontre, prirent nos bêtes et transportèrent nos bagages dans une grande salle basse, où ils nous apportèrent de l'eau pour nous laver les pieds. Hira vint après nous souhaiter la bienvenue et nous fit apprêter à manger. Je lui appris qui j'étais et pourquoi je venais, et lui fis voir la lettre du roi Hiram au roi David : il l'éleva sur sa tête en signe de respect et me promit de prévenir le roi de mon arrivée, dès le lendemain matin.

Tout de suite après le repas, je préparai mes présents pour le roi David. Je choisis une tunique de dessous du lin d'Égypte le plus fin, teinte en hyacinthe, une tunique de dessus en pourpre, avec le tour du cou brodé de fleurons, les manches brodées pareillement et tout le pourtour garni de franges d'argent. Je pris une ceinture ornée d'orfévrerie, ouvrage égyptien curieux à voir, et le coulant de ceinture était une tête de lion en or avec des yeux d'émail. J'avais acheté quatre ceintures pareilles à un artiste égyptien, pour en faire présent à des rois. Je pris aussi une coupe à deux anses et à pied, en argent, avec des incrustations d'or relevé en bosse et figurant des fleurons et des grappes de raisin. Je déposai le tout dans un grand coffre en bois de santal qui vient d'Ophir, incrusté de filigrane d'or et de petits morceaux de nacre. Enfin, sachant que le roi se plaisait à la musique et jouait des instruments lui-même, j'ajoutai à tout cela une harpe en bois de santal, une harpe à trois cordes, et le bois était orné de pompons multicolores et surmonté d'un oiseau en or, le bec ouvert et les ailes étendues. Cette harpe venait pareillement d'Ophir et n'avait pas de semblable en Phénicie. Je l'avais eue de Khelesbaal, capitaine sidonien, auquel la reine d'Ophir l'avait donnée, pour le récompenser de lui avoir construit des navires tenant la pleine mer.

Le lendemain, Hira vint de bon matin m'annoncer qu'il se rendait chez le roi. Je lui fis voir les présents et il fut émerveillé. Il m'assura qu'ils seraient tout à fait trouvés agréables et que le roi attendait mon arrivée avec impatience. Deux heures après, des esclaves du palais nous amenèrent un veau pour nous régaler, de la part du roi David. Ils portaient aussi des pains, des gâteaux, des fromages, des figues, une grande jarre d'olives et

De loin on voit la ville.

une très-grande jarre de vin d'Helbon. L'un d'eux ayant demandé qui était l'ambassadeur d'Hiram, je me nommai.

« Le roi, me dit cet homme, m'a chargé de te mener devant lui, toi et ta suite. Viens donc à présent. »

Mes deux matelots prirent le coffre où étaient les présents destinés à David, Hannibal revêtit sa cuirasse et coiffa son casque, Hannon passa son écritoire dans sa ceinture, et nous partîmes, à la grande joie de Chamaï et surtout de Bicri, qui n'avait jamais vu le roi.

« Il a fait bien du mal aux enfants de Benjamin dont je fais partie, disait-il. Mais il a réparé ce mal par ses bontés envers la descendance du feu roi Saül, et il est l'honneur et le rempart de toutes les douze tribus. Je suis content de le voir.

— Le mal qu'il a fait aux enfants de Benjamin, répondit Chamaï, il l'a fait contre son cœur. N'était-il pas l'ami de Jonathan, fils du roi, et le mari de Mical, sa fille? Et n'a-t-il pas pleuré le feu roi, et ne l'a-t-il pas vengé?

— C'est un roi très-vaillant, dit Hannibal, et qui connaît les choses et l'art de la guerre. Et son général Joab, fils de Tsérouia, est un bon général. Leurs faits d'armes à tous deux sont illustres et mémorables. »

Nous marchions par des rues étroites et montueuses, toujours entourées de jardins et de maisons à un ou deux étages. Les gens qui nous voyaient accompagnés des serviteurs du roi, qu'ils connaissaient à leurs habits, lesquels sont blancs, bordés d'hyacinthe, nous saluaient en passant : ce qui nous fit voir que le roi était très-respecté de son peuple.

Après avoir traversé un quartier de la ville qui s'appelle Millo, nous arrivâmes à un canal qui sort vers la campagne et qui est dominé par une élévation du plateau nommée Sion. Tout l'espace entre Sion et Millo a été bâti de maisons neuves par le roi David et, de ce côté, le mur d'enceinte porte encore la brèche qu'y fit le roi quand il prit la ville sur les Jébusiens. Sur la hauteur de Sion est la forteresse que le roi prit aussi et dans laquelle est bâti son palais. Ce palais a été construit dans une cour intérieure par des architectes tyriens : il est à trois étages avec un dôme au milieu, entouré de terrasses. On y a employé pour matériaux le bois de cèdre et la pierre de taille, et des deux côtés de la porte sont deux belles colonnes de bronze. A la droite de l'une d'elles, on voit contre le mur le banc sur lequel le roi vient s'asseoir quand il rend la justice au peuple, et deux potences toutes neuves. Derrière le palais sont des jardins où se trouvent des constructions plus basses, dans lesquelles habitent les femmes du roi.

Hira nous attendait à la porte et nous fit monter, par un escalier en vis, dans une salle carrée et bien éclairée. Au fond de cette salle est une estrade de bois de cèdre à laquelle on monte par trois degrés. Les murs sont tendus d'étoffes où l'on voit représentés des fleurs et des oiseaux. Sur l'estrade est une peau de lion, aux pieds du trône du roi, lequel est en bois de santal, sans peintures ni dorures. A côté du trône était Joab, général de l'armée, revêtu de sa cuirasse et coiffé de son casque; et derrière le trône on voyait la lance du roi appuyée contre le mur, et son écuyer, debout, portant l'épée du roi dans sa main. Sur les degrés de l'estrade étaient plusieurs officiers du palais et quatre hommes vaillants debout, l'épée nue à la main.

Le roi lui-même était assis sur son trône, très-simplement vêtu. C'était un homme âgé, de stature moyenne et de corpulence maigre; mais malgré son âge on voyait qu'il était encore leste et vigoureux. Sa barbe était toute blanche, sans frisure, et ses cheveux nattés comme ceux des autres. Il ne porte ni bandeau ni couronne. A ses bras il n a pas de bracelets; au lieu de patins élevés, comme les autres rois, il a aux pieds des sandales de montagnard et pas d'anneaux aux orteils. Sa tunique est blanche, bordée d'hyacinthe et sans broderie. C'est un roi sans pompe et vêtu comme les gens du commun; mais à ses yeux gris bleu, à son regard clair et perçant, on voit bien qu'il est le roi.

Mes gens se rangèrent sur une seule ligne et, m'avançant devant eux jusqu'au pied de l'estrade, je me prosternai. Puis je me tins debout, les mains croisées.

« Magon le Sidonien, dit le roi.

— Me voici, répondis-je.

Je me tins debout, les mains croisées.

— Sois le bienvenu. As-tu voyagé en paix?
— J'ai voyagé en paix.
— Comment se porte le roi Hiram?
— Il se porte bien.
— Et comment se porte le peuple de Tyr, et aussi le roi de Sidon et le peuple de Sidon?
— Ils se portent bien.
— Je suis satisfait. Donne-moi les lettres du roi Hiram. »

Je remis le papyrus scellé à un des officiers, qui le présenta au roi. Il le lut avec attention, et me regardant d'un air bienveillant :

« Magon, fils de Maharbaal, je suis content de te voir, me dit-il. Qui sont ces gens avec toi? »

Je les nommai l'un après l'autre.

« Je suis satisfait que tu emmènes Chamaï et Bicri, et que tes guerriers soient sous les ordres d'Hannibal, que je reconnais à présent. J'aime que mes jeunes gens voyagent par toute la terre : ils rapporteront de l'expérience et de la sagesse dans ce pays. Jéhochaphat, le secrétaire, préparera la liste des objets que tu dois rapporter. Tu y ajouteras, suivant ton jugement, ce que tu trouveras de rare et de curieux. Que désires-tu de moi avant de de partir?

— O roi, lui répondis-je, je désire que Chamaï ici présent puisse recruter quarante archers et hommes d'armes experts et vigoureux. Je désire aussi du blé, de l'huile, du vin et ce qu'il faut en choses pouvant se conserver, afin de nourrir tous mes gens sur la Grande Mer.

— Tes demandes sont justes, dit le roi. Joab choisira quarante hommes bien armés pour les mettre sous les ordres de Chamaï et d'Hannibal, et tu les commanderas par-dessus eux. Mon trésorier te délivrera de l'argent pour leur solde, suivant l'état que tu en feras. Hira te conduira dans mes magasins, où tu prendras les vivres qui te seront nécessaires, et il rassemblera aussi des hommes et des ânes pour porter les provisions jusqu'à tes navires. Et tout ce qu'il te faudra encore, demande-le-moi, je te le donnerai. »

Je me prosternai devant le roi pour le remercier, puis je lui offris mon présent, qu'il trouva fort beau.

Il se fit expliquer par moi l'origine de chaque objet; puis s'étant levé, il nous ordonna de le suivre dans une salle voisine, où l'on avait préparé du vin et des coupes. On lui apporta son trône et il voulut boire dans la coupe dont je lui avais fait don.

Il me questionna beaucoup sur mes voyages et sur les pays lointains et fut content de mes réponses. Il me demanda aussi si dans les pays de l'ouest on trouvait des paons et des singes. Je lui répondis que ces animaux venaient d'Ophir et qu'à mon retour je ferais, s'il le voulait, un voyage dans cette direction.

« Tu es un homme hardi, me dit-il, de songer à de nouveaux voyages au moment où tu entreprends celui-ci. J'aime les hommes hardis, et je loue Hiram de t'avoir envoyé à mon service. Je veux te faire voir présentement l'emplacement du temple que je veux construire à mon Dieu. »

Nous sortîmes du palais, le roi marchant d'un pas aussi alerte qu'un jeune homme. Il nous conduisit sur une colline voisine du palais, où se trouvait une aire à battre le blé. On appelle cette colline le mont Moriah.

« J'ai acheté cette aire et deux bœufs, nous dit le roi, à Arauna le Jébusien, pour cinquante sicles d'argent. C'est un lieu élevé, propre à bâtir un temple et un fort.

— J'ai entendu, dit Hannon, que le roi prenait plus de forts qu'il n'en bâtissait et que son épée était la véritable forteresse de son peuple.

— Tu es un flatteur, scribe, répondit le roi en souriant. Mais je pense que des poitrines vaillantes défendent mieux un pays que des tas de pierres : c'est la vérité.

— Ma flatterie, dit Hannon, est donc d'avoir deviné la pensée du roi. C'est un peuple heureux celui chez lequel il suffit de dire les actions du roi pour le louer.

— Si, reprit le roi, tu as une langue aussi dorée auprès des femmes, je te prédis que tu épouseras quelque princesse. »

Hannon rougit et le roi se mit à rire.

« Tu as là, me dit-il, un scribe qui sait bien tourner les paroles et son éloquence me plaît.

— O roi, répondit Hannon, nous passerons bientôt chez tant de peuples sauvages et parlant tant de langues bizarres, nous aurons avec eux des conversations si brutales à coups de lance et à coups d'épée, nous soutiendrons contre les hurlements de la mer et les sifflements du vent de si rudes dialogues, que nous dépensons ici nos dernières belles paroles en langue cananéenne. Nous vidons le trésor de notre politesse, afin d'être à même de causer avec les gens de Tarsis. »

Le roi fut très-content des paroles d'Hannon.

« Je veux, lui dit-il, que tu mettes par écrit les singularités de ton voyage et que tu me les apportes. As-tu ici quelque papyrus écrit par toi ? »

Hannon lui tendit un rouleau sur lequel étaient des vers de sa composition en l'honneur d'une dame. Le roi loua beaucoup l'harmonie des vers et la beauté de l'écriture et fit donner à Hannon un papyrus sur lequel il avait écrit des poésies de sa propre main ; car il s'y entend très-bien et passe pour un excellent poëte et un habile calligraphe.

« Mais, dit Hannon, les poésies que le roi a écrites dans la vallée des Géants et dans tant d'autres endroits, il ne peut pas me les donner ? »

Le roi prit aussitôt son épée des mains de son écuyer et la présentant à Hannon :

« Emporte donc celle-ci ; avec ce calame de bronze, tu écriras des poésies comme j'en ai écrites en l'honneur de mon Dieu et de mon peuple dans la vallée des Géants.

— La parole du roi est une prophétie, dit Hannon en baisant l'épée. Je n'ai garde de la faire mentir. »

Après avoir pris congé de ce bon roi, je me rendis immédiatement dans ses magasins, avec Hira, pendant qu'Hannibal, Chamaï et Bicri suivaient Joab.

Les magasins sont un long bâtiment en briques, à un étage, où l'on arrive par un chemin dallé et bordé de sycomores. Ils sont construits sur citerne, à la manière phénicienne, et sont flanqués, à droite et à gauche, de hangars et de prés où sont les chariots, les chevaux, les ânes et le bétail du roi. Hannon avait dressé la liste de ce qu'il nous fallait. Je choisis donc cent mesures de grain, cinquante mesures d'huile et autant de vin, des fromages, des figues et des raisins secs, vingt-cinq barils d'olives, et je fis peser deux mille sicles de viande salée et séchée. Je pris aussi du sel, des fèves, des lentilles et des dattes. Hannon fit en double l'état de ce que nous emportions, pour être remis au roi, et Hira nous assura que les ânes et leurs conducteurs seraient prêts le lendemain matin.

En revenant dans la maison de Hira, je trouvai des serviteurs du roi qui nous apportaient des présents : un bouclier, une lance, un poignard et une hache d'armes égyptienne pour moi, une épée et une masse d'armes chaldéenne pour Hannibal, un bouclier et un casque pour Chamaï, un bel arc, un carquois et un bandeau d'archer pour Bicri, et une épée pour Hannon. Le roi David est connu pour sa libéralité.

Vers le soir, Hannibal revint avec toute sa troupe et Jéhochaphat, le secrétaire, m'apporta les lettres du roi. Le lendemain, de bon matin, je trouvai la rue encombrée d'ânes chargés de ballots et de conducteurs. Nous n'avions plus qu'à prendre congé de notre hôte, ce que je fis en lui remettant un présent et en lui donnant deux fioles d'onguent royal pour ses femmes, et nous partîmes sur-le-champ.

Notre retour à Jaffa se passa sans incidents. Bicri nous y donna plusieurs fois les preuves de son adresse, perçant de ses flèches des perdreaux et d'autres oiseaux qu'il tirait au vol. Hannon, qui avait mis sa ceinture à la mode juive, en passant son épée sur le côté, était redevenu gai comme à l'ordinaire et chantait tout le temps.

« Le roi est prophète, me disait-il sans cesse ; tout le monde sait qu'il prédit l'avenir en prose et en vers. Maintenant que j'ai son épée, je crois que je me battrais contre l'univers entier.

— Est-ce que tu aurais l'intention de percer le flanc au Pharaon ? » lui dis-je, inquiet de son humeur belliqueuse.

— Bah ! me répondit il, tu sais bien que ma belle, c'est la

dame Astarté, la reine des cieux et de la mer, la déesse en personne, et celle-là se moque bien du Pharaon et de Bodmilcar par-dessus le marché.

— Dis-moi, seigneur amiral, me demanda Bicri en m'apportant un perdreau qu'il venait d'abattre, est-ce qu'ils ont des vignes, là-bas, en Tarsis?

— Non, lui répondis-je, et cela ennuie fort nos colons phéniciens.

— Eh bien, reprit Bicri, puisqu'on m'a dit qu'il fait chaud là-bas presque autant qu'ici, j'ai bien fait d'en emporter des boutures. Nous en planterons et plus tard ils pourront dire qu'ils boivent de notre vin

— C'est bien vu, archer, dis-je à Bicri, et tu as là une bonne idée, dont je te félicite. »

Comme nous approchions de Jaffa, et que je distinguais de loin la tour et les mâts de nos navires, Abigaïl courut à notre rencontre et Chamaï, sautant de son cheval, la prit dans ses bras.

« Quoi de nouveau ? lui criai-je en hâtant le pas.

— Tout est bien, » me cria t elle.

Rassuré, je descendis vers la plage. Barzillaï vint à ma rencontre et m'apprit que l'eunuque n'avait pas reparu dans le village et que personne n'avait tenté de communiquer avec l'Ionienne. Bientôt Himilcon, Asdrubal, Amilcar, Gisgon et Bodmilcar lui-même vinrent me souhaiter le bonjour. Je fis aussitôt procéder à l'embarquement de nos vivres et de nos recrues ; je gardais ces dernières sur ma galère, ce qui complétait mon effectif à deux cent dix hommes, cinquante rameurs, soixante-dix matelots, quatre-vingts soldats et dix officiers. Comme les âniers aidaient à l'embarquement, l'un d'eux vint à moi. C'était un homme de très-haute taille et gros à proportion, avec un cou de taureau enfoncé dans des épaules démesurées, des cheveux crépus qui lui descendaient sur les sourcils et une barbe épaisse, courte et frisée, qui lui montait jusqu'aux yeux. Cet homme se mit devant moi, les bras ballants et me regarda fixement.

« Qu'est-ce que tu veux, toi ? lui dis-je.

— Je suis Jonas, me dit le colosse d'une voix de tonnerre.

— Eh bien, et après? lui dis-je surpris.

— Eh bien, Jonas, de la tribu de Dan, Jonas du village d'Eltéké.

— Alors, toi Jonas, du village d'Eltéké, dis-moi ce que tu me veux.

— Je veux partir aussi; je veux aller dans le pays des bêtes curieuses. »

Je regardai Jonas, de plus en plus surpris.

« Et qu'est-ce que tu veux faire dans le pays des bêtes curieuses? lui demandai-je.

— Je ne sais pas, répondit le géant; je veux y aller.

— Oui, mais pourquoi veux-tu y aller?

— Je ne sais pas, » mugit Jonas.

Décidément, Jonas était stupéfiant.

« Et que sais-tu faire? lui dis-je.

— Je suis de la descendance de Samson, de Samson l'homme fort, tu sais bien?

— Mais enfin, sais-tu faire quelque chose par laquelle tu puisses te rendre utile sur mes vaisseaux? lui répétai-je.

— Je sais sonner de la trompette, s'écria Jonas en se donnant un formidable coup de poing dans la poitrine, et je peux porter un bœuf sur mon dos. »

Hannibal, qui le contemplait d'un air connaisseur, exclama : « Je n'aurai jamais de cuirasse assez large pour ce gaillard-là.

— Voyons, reprit Hannibal, moi, j'ai un bon sonneur de trompette. Je vais te faire donner une trompette, tu sonneras avec lui, et si tu sonnes mieux, je t'emmène, avec la permission de l'amiral. »

Je fis un signe d'assentiment. On envoya chercher le trompette d'Hannibal et je fis prendre dans la cargaison un énorme clairon qu'on remit à Jonas. On plaça les deux rivaux en face l'un de l'autre, un cercle de curieux se forma autour d'eux, et Hannibal leur dit:

« Allons, sonnez maintenant tous les deux, mais sonnez fort, aussi fort que vous pourrez. »

Aussitôt les deux combattants embouchèrent leurs trompettes et en tirèrent des sons éclatants Bientôt le son enfla, grossit, et l'on vit les deux sonneurs, les joues gonflées, le cou tendu, s'animer et se défier. Au bout d'un quart d'heure, les yeux du sonneur d'Hannibal commençaient à lui sortir de la tête et il donnait des signes de fatigue. Les veines du cou de Jonas étaient devenues grosses comme le doigt, mais il soufflait avec aisance. La musique du sonneur d'Hannibal dégénérait en beuglements. Celle du géant hurlait à nous déchirer les oreilles. Au bout d'un autre quart d'heure, la trompette d'Hannibal poussa un dernier gémis-

Jonas, le sonneur de trompette.

sement plaintif et le sonneur se laissa tomber sur une pierre, affaissé et étouffé. Jonas tira de son instrument des mugissements de triomphe, le nez en l'air et le poing sur la hanche. Il avait l'air parfaitement à l'aise.

« Assez, assez! criâmes-nous au vainqueur.

— Qu'on lui apporte la plus grande des casaques rouges qu'on pourra trouver, dit Hannibal; il l'a bien gagnée.

— Est-ce que tu m'emmènes? dit Jonas.

— Oui, oui, » s'écria Hannibal.

Himilcon tourna autour du sonneur pendant qu'il endossait sa casaque, en faisant craquer toutes les coutures.

« Je serais curieux de voir ce que ce bœuf peut avoir dans la poitrine, dit-il. Je n'ai jamais entendu tonnerre pareil.

— J'ai soif, voilà ce que j'ai, » tonna le géant.

On lui apporta une énorme coupe de vin.

« Est-ce là ce que vous appelez une coupe de vin, vous autres? cria-t-il après l'avoir engloutie. C'est ce qu'on donne aux petits enfants de ma famille. Ma soif est plus grande que cela. Donnez-moi quelque cruche ou quelque baril, que je puisse boire.

— Cet homme est étonnant, dit Himilcon, en faisant remplir de nouveau la coupe et en le regardant avec une admiration mêlée de terreur ; mais il nous coûtera cher à nourrir et à désaltérer. »

Là-dessus, le chargement étant fini, nous commençâmes à nous embarquer, après avoir fait nos adieux à nos hôtes et les avoir cordialement embrassés. L'Ionienne embrassa tendrement Milca, qui lui avait prodigué les soins et les gâteaux, et Abigaïl, ayant jeté un long regard sur les montagnes de son pays, quitta la plage la dernière.

Le lendemain soir de notre départ de Jaffa, nous passions au large de la pointe de Péluse, facile à reconnaître à un bouquet de palmiers qu'on distingue de loin sur la côte plate et basse, et nous dirigeant directement vers l'ouest, par une mer un peu houleuse qui incommoda beaucoup nos nouveaux passagers, nous aperçûmes, vers le midi du lendemain, l'eau trouble que produit la décharge des embouchures du Nil.

V

Où le Pharaon arrive un peu tard.

Bientôt je vis l'embouchure Tanitique elle-même, et au loin, dans les terres, les hauts pylônes et les obélisques qui décorent la ville de Tanis. Le *Cabire*, envoyé pour reconnaître la barre, nous annonça que les eaux étaient très-basses et que le passage serait difficile pour le *Melkarth*. Je poussai donc ma navigation plus loin et, un peu avant la nuit, je m'arrêtai à l'entrée de l'embouchure de Mendès, qui est plus large et conduit directement à Memphis. Celle de Tanis devient de jour en jour plus étroite par suite des apports du Nil et, d'autre part, le vent de la mer et le ressac forment une plage aux deux pointes du golfe au fond duquel est la ville et tendent à le fermer. Je m'arrêtai à un trait d'arc du bord et je remis au lendemain ma route en amont du fleuve, dont le courant est assez rapide.

L'eunuque Hazaël vint me demander la permission de passer cette nuit à bord du navire de son ami Bodmilcar; je la lui accordai, étonné de le voir si soumis. Mais, ayant vérifié moi-même que l'Ionienne était dans la cabine et voyant Abigaïl assise sur le pont avec Chamaï, je n'avais aucune inquiétude. Toutefois, comme nous étions en pays étranger et que nous n'avions pas encore communiqué avec la terre, je fis doubler les hommes de quart et je recommandai à Hannibal de faire faire bonne garde. Nous nous plaçâmes dans l'ordre suivant, sur la rive droite :

Le *Cabire*, plus en avant vers le sud et tiré sur le rivage ;

L'*Astarté*, à un demi-trait d'arc du *Cabire*, amarré à deux poteaux contre le rivage ;

Sur la rive gauche, où il y avait plus de fond, le *Melkarth* et le *Dagon*, amarrés au bord. L'une des barques était avec le *Melkarth*, l'autre avec moi. Au sud étaient amarrés plusieurs navires égyptiens, et un plus grand nombre tirés à terre.

Cet encombrement m'avait un peu surpris dans un mouillage aussi irrégulier ; mais le capitaine du *Cabire*, que j'avais envoyé aux informations, m'apprit qu'une escadre du Pharaon devait prendre la mer le lendemain matin, pour réprimer des troubles qui avaient éclaté à Péluse. Deux officiers égyptiens étaient venus à mon bord, accompagnés de soldats armés de haches et d'une troupe d'archers, pour savoir qui nous étions, et, après m'avoir interrogé, s'étaient retirés satisfaits de mes réponses. Dès la tombée de la nuit, je vis les fanaux et torches de deux assez grandes galères qui croisaient dans le chenal resté libre et, peu de temps après, un autre Égyptien vint à bord m'ordonner d'éteindre mes fanaux, ce que je fis immédiatement.

Il faisait très-chaud ; le vent de l'est, qui souffle du désert, nous arrivait par rafales brûlantes et chargées de sable. Le ciel était très-couvert, comme il arrive quand souffle ce vent, de sorte que la nuit était sombre et qu'on ne distinguait absolument dans les ténèbres que la lueur des feux d'un grand camp qu'on voyait vers le sud, sur la rive droite, quelques feux isolés de troupes ou de villages qui brillaient comme des étoiles, assez loin, à droite et à gauche, et les fanaux des deux galères et de quelques barques qu'on voyait monter et descendre le courant.

Vers le milieu de la nuit, environ cinq ou six heures après notre arrivée, je passai le quart à Himilcon et j'allai me reposer.

Tout était silencieux à bord et je jetai un coup d'œil sur la rive droite, où l'ombre plus épaisse me montrait une masse confuse de navires. J'étais à peine endormi depuis une demi-heure qu'Himilcon vint brusquement me réveiller.

« Qu'y a-t-il? lui dis-je, sautant sur mes pieds.

— Nous dérivons, » me dit rapidement le pilote.

D'un bond je fus à nos amarres. Elles étaient coupées.

« Tout le monde debout! criai-je à pleins poumons. Allumez les fanaux! »

Au même instant, une voix lointaine m'arriva de la rive gauche :

« Ho hé, l'*Astarté!*

— Ho hé, vous autres! répondis-je.

— Nous allons à la dérive, nos amarres sont coupées. »

Le pont de l'*Astarté* se couvrait déjà de monde, et trois ou quatre fanaux s'allumaient.

« Tout le monde à son poste! Rameurs à vos avirons! criai-je. Rame à rester en place! »

En même temps je vis des lumières s'allumer sur la rive gauche.

« Traverse à nous! » criai-je de toutes mes forces.

A quatre portées d'arc derrière nous, je vis hisser les fanaux du *Cabire*, et j'entendis la voix de son capitaine et le bruit des matelots qui se dépêchaient de le pousser à l'eau. Quelques instants après, j'entendis les rames d'un grand navire, je vis les fanaux s'approcher rapidement, et le *Dagon*, sortant de l'ombre, arriva bord à bord avec nous. Je vis tout de suite Asdrubal, debout sur le bordage.

« Et le *Melkarth*? lui criai-je immédiatement.

— Le *Melkarth?* je ne sais pas où il est, me répondit Asdrubal.

— La proue à droite! commandai-je aussitôt, les trois navires! »

Le *Dagon* piqua directement sur la rive gauche, j'y arrivai obliquement, et le *Cabire*, passant devant moi sur mon ordre, y courut à toute vitesse, descendant vers le sud, pour remonter ensuite vers le nord en longeant la berge.

Pendant que nous traversions, je vis qu'Hannibal avait fait

prendre les armes à ses hommes. En même temps, et à ma grande surprise, dans un moment pareil et avec ce tumulte, les Égyptiens ne donnaient pas signe de vie. Tous leurs feux étaient éteints, et je ne voyais plus leurs croiseurs.

Nous arrivâmes à la rive gauche avec précaution dans cette obscurité. Le *Cabire* la redescendit jusqu'à nous : il n'avait rien vu. Nous descendîmes tous les trois encore l'espace de deux stades : rien. Il n'y avait même plus de navires égyptiens. Ce n'est qu'en descendant encore un stade environ, près du débouché dans la mer dont on entendait déjà bruire les flots, que nous faillîmes nous heurter à une masse noire qu'on apercevait à peine dans l'ombre.

Du milieu des ténèbres, une voix forte nous cria en langue égyptienne :

« On ne sort pas des embouchures la nuit. Retournez à vos mouillages, gens phéniciens.

— Nous n'avons pas envie de nous sauver comme des voleurs, répondis-je aux Égyptiens. Mais on nous a coupé nos amarres et nous dérivons. Un de nos navires a disparu.

— Par ordre du Pharaon, on ne bouge pas cette nuit, reprit la voix égyptienne. Retournez à la rive droite, et remettez d'autres amarres. On verra au matin. »

Il n'y avait rien à répliquer. J'envoyai la barque mettre des hommes à terre avec des torches, et, après beaucoup de peine, nous retrouvâmes un mouillage. Nous venions de nous y placer quand une voix haletante cria, du milieu du fleuve, en langue phénicienne :

« Au secours, Sidoniens ! »

En quelques coups de rame, la barque se dirigea vers le point d'où partait la voix.

Un second appel retentit, plus près de nous, et peu d'instants après, la barque vint à mon bord, et on hissa sur le pont un de nos matelots à demi mort, ruisselant d'eau, la tête fendue en deux ou trois endroits et le visage ensanglanté.

« Trahison, capitaine ! s'écria ce matelot en chancelant, trahison ! Nous sommes trahis, Bodmilcar nous a trahis ! »

Il n'eut pas la force d'en dire davantage et tomba épuisé sur le pont. Je le fis aussitôt étendre sur un tapis, Abigaïl lui frotta le visage avec de l'onguent et Himilcon lui fit avaler un peu de vin. On put ainsi lui faire reprendre ses esprits et un homme le soutint pour qu'il parlât plus facilement.

Hannon, Hannibal, Himilcon, Chamaï et moi nous l'entourâmes, attentifs à ses paroles. Abigaïl, et l'Ionienne qui était sortie de sa cabine, s'accroupirent à ses côtés, avec de l'onguent et du vin. Les autres veillaient : après ce qui venait de se passer, il y avait grand besoin de faire bonne garde. Je fis aussi éteindre

Un homme le soutint.

toutes les lumières, à l'exception d'une torche et d'une lampe par chaque navire.

« Voici, nous dit le matelot. Je suis allé voir un ami sur le *Melkarth*. Bodmilcar a séduit les gens du *Melkarth*, qui sont presque tous des Tyriens. Bodmilcar a vu le général du Pharaon : il a dit que vous étiez des espions au compte des révoltés de Péluse, et que vous cachiez une esclave transfuge de son bord, une esclave destinée au Pharaon. Mon camarade a voulu m'entraîner avec eux : j'ai refusé; ils ont voulu me tuer, mais j'ai sauté à l'eau et j'ai plongé. Une barque égyptienne m'a poursuivi.

J'ai reçu deux coups d'aviron sur la tête, et comme je plongeais encore et qu'il fait très-noir, ils m'ont cru mort et sont retournés. Nous devons être attaqués au matin, et les Égyptiens ont l'ordre de nous amener prisonniers au Pharaon. C'est tout. »

Là-dessus le brave matelot perdit connaissance. Mon premier mouvement fut de courir à ma cabine chercher les lettres du roi : les lettres n'y étaient plus. Elles avaient été volées pendant mon voyage à Jérusalem. Nous restâmes atterrés.

Hannon prit la parole le premier :

« Le plan de Bodmilcar est clair, dit-il. Il a volé les lettres. Hazaël a l'anneau du roi, tu te le rappelles. Ils ont ouvert les papyrus, les ont falsifiés, ont scellé avec l'anneau de l'eunuque, et comme le Pharaon est sans doute à ce camp là-bas, lui ont présenté les lettres comme si Bodmilcar était le chef et que toi, tu trahisses le roi et lui pour le compte des Pélusiens. Quand ils nous auront attrapés avec l'aide des Égyptiens, on nous fera mourir dans les tourments et on donnera Abigaïl au Pharaon.

— Donner Abigaïl au Pharaon ! s'écria Chamaï en frappant du pied. Il y aura des épées en l'air, d'abord, et des poitrines trouées !

— Oui, continua tranquillement Hannon, et Bodmilcar gardera Chryséis pour prix de ses honnêtes machinations.

— Tu as raison, lui répondis-je ; et tu as très-bien deviné le plan de Bodmilcar : c'est parfaitement clair. »

Chamaï frémissait et Hannibal tordait sa moustache avec fureur.

« Oui, continuai-je, c'est parfaitement clair. Mais tu es un jeune homme ; et tu n'as pas encore navigué avec les vieux poissons de mer de Tarsis, sans cela tu connaîtrais une chanson des marins de Sidon. »

Là-dessus je me mis à siffler l'air et Himilcon, partant d'un grand éclat de rire, entonna joyeusement le vieux refrain :

« Les têtes de bœuf d'Égypte n'ont jamais pendu personne
« avant de l'avoir attrapé ! »

« Tu vois qu'Himilcon la sait, repris-je. Eh bien, nous l'apprendrons aux Égyptiens tout à l'heure. »

Je faillis être étouffé du coup. Hannon s'était jeté à mes genoux, et me baisait une main ; Abigaïl me baisait l'autre ; Hannibal me serrait sur sa cuirasse d'un côté, et Chamaï m'étranglait de l'autre, à force de m'embrasser. L'Ionienne, qui avait compris quelques mots, me regardait avec ses yeux doux et intelligents, sans pouvoir exprimer sa reconnaissance et sa joie autrement que par ses regards.

Après m'être, à grand'peine, dégagé de l'étreinte de mes admirateurs, je leur montrai la masse confuse des navires égyptiens, qu'on voyait à l'aube blanchissante.

« S'il ne s'agissait que de couler une demi-douzaine de ces mauvaises tortues d'eau douce, leur dis-je, avec le *Cabire*, le *Dagon* et l'*Astarté*, elles seraient au fond du Nil avant d'avoir seulement compris si nous les avons abordées par la droite ou par la gauche. Mais ils sont nombreux, le fleuve n'est déjà pas trop large pour manœuvrer, ils ont des gens à terre, et je connais mon Bodmilcar ; c'est un vieux routier : il les dirigera. Heureusement, le *Melkarth* n'est pas taillé pour le combat ; mais il est bien commandé et monté par des Tyriens. Donc, pas d'impatience, et laissez-moi faire.

— Je suis maintenant ton homme jusqu'à la mort, s'écria Hannon. Mets-moi à l'épreuve.

— Je voudrais bien voir, gronda Hannibal, que quelqu'un s'avisât de désobéir. Nous sommes là, et tout marchera dans l'ordre, par ma barbe !

— Bataille ! s'écria Chamaï fou de joie, en serrant Abigaïl dans ses bras ; bataille pour Abigaïl ! Par le Dieu vivant, Abigaïl, pourvu qu'ils viennent à l'abordage et qu'on puisse se joindre de près. Le premier qui me vient à longueur de bras, quand ce serait le Pharaon en personne, je t'apporte sa tête et ses dépouilles. »

Amilcar, Asdrubal et son pilote Gisgon étaient venus à bord pour prendre mes ordres.

« Eh bien, dit Amilcar, il va falloir s'en tirer. Je m'étais toujours méfié du Tyrien. Nous allons en découdre : tant pis pour lui ; tout le monde est de bonne humeur à mon bord, et mes gens ne demandent que la bataille

— Ha! ha! Himilcon, dit Gisgon-sans-Oreilles, nous allons donc rire un peu.

— Oui, vieux Celte, répondit Himilcon, nous allons leur apprendre à nager. »

Je serrai la main à Asdrubal, à Gisgon et à Amilcar, qui retournèrent à leur bord. Le jour était tout à fait levé. Un coup d'œil jeté sur le fleuve me fit voir les dispositions de nos ennemis. En aval, les deux galères égyptiennes étaient sous rames. En face de nous, sur la rive gauche, il y avait une quarantaine de barques, montées chacune par quatre rameurs et cinq soldats. A côté de nous, sur la berge de la rive droite, il y avait une troupe d'environ cent archers, qui se rassemblaient en toute hâte. En amont, sur la rive droite, à environ deux stades de nous, je comptai six galères. Sur la rive gauche, deux assez grands navires, hauts de bord, mais lourds et pontés d'un pont volant, descendaient le fleuve à la voile, et dans le chenal, au milieu, je vis le *Melkarth*, avec ses hautes murailles de bois et son avant arrondi, dominer le pont d'un navire égyptien tout bas et non ponté qui le remorquait à force de rames. Le *Melkarth* avait sa voile carguée et ses avirons bordés. Le camp, dont nous n'avions vu que la lueur, était trop loin pour qu'on pût le distinguer maintenant. Des deux côtés, la berge était plate, déboisée et couverte de grandes prairies de trèfle et de blé mûr, car la moisson était proche. A deux traits d'arc du fleuve, sur la rive gauche, était une haute digue faite pour l'inondation, sur laquelle passait une chaussée. Au loin, vers le sud, on voyait la blancheur d'une ville, et au nord on distinguait très-bien la barre blanc-jaunâtre du fleuve et la surface verte de la grande mer. Nous n'étions pas plus loin de l'embouchure que d'environ six stades; sur le fleuve, nous avions pour nous le courant, et dehors le vent d'est continuait à souffler avec force. Une fois dehors, nous n'avions donc pas grand'chose à craindre.

Ma résolution fut prise immédiatement d'attaquer avant que le *Melkarth* ne pût nous dépasser. Si celui-ci se trouvait en aval de notre retraite, par ses hautes murailles, par sa solidité massive, il pouvait nous accabler de traits et de pierres, défier une tentative d'abordage et jeter une masse de monde sur notre pont, qu'il surplombait de cinq coudées. Je fis aussitôt larguer mes amarres, gagner le milieu du chenal, où j'étais à l'abri des traits des Egyptiens placés sur la rive, virer de bord le *Dagon*, la proue vers le nord, et je me plaçai à un demi-trait d'arc en amont, à gauche du *Cabire*, la proue tournée vers le sud. Hannibal posta ses archers à l'avant et à l'arrière et fit grouper ses hommes d'armes au milieu, autour du mât. Toutes nos voiles étaient carguées, nos rameurs sciaient l'eau à rester en place, et chaque pilote était venu se placer à côté des timoniers, pour mieux diriger les avirons de gouvernail. Je montai sur la proue avec Hannon, ayant à côté de moi mon sonneur de trompette. L'énorme Jonas restait avec Hannibal; il n'avait jamais voulu endosser de cuirasse, ni prendre d'épée ou de lance, mais il tenait sa grande trompette à la main et regardait curieusement tous ces préparatifs.

J'avais fait à l'avance garnir les scorpions et apprêter sur chaque navire des pots de terre remplis de poix et de soufre et des planchettes armées d'une broche aiguë, sur lesquelles on avait placé des outres bien graissées et pareillement remplies d'un mélange incendiaire. Tout était prêt, il ne me restait plus qu'à attendre.

Je n'attendis pas longtemps. Le son aigu des petites trompettes égyptiennes se fit bientôt entendre et les ponts de leurs navires se couvrirent de monde. Du haut de ma galère qui les dominait, je voyais les faces brunes et imberbes de leurs soldats, leurs grands boucliers triangulaires et leurs haches d'armes. Leurs rameurs demi-nus, n'ayant qu'une ceinture autour des reins, se tenaient debout avec leurs pagayes, car ils ne se servent pas d'avirons comme nous et pagayent debout. Leurs archers, vêtus de tuniques blanches rayées de bleu, les jambes nues, le poignard passé à la ceinture, s'alignaient sur les bordages. Sur l'avant du *Melkarth*, je distinguai très-bien Bodmilcar, s'agitant beaucoup et paraissant donner des explications à un officier égyptien vêtu de vert, coiffé d'une grande perruque. On voyait de loin la face et les bras de cet homme peints de cinabre, comme c'est la coutume chez leurs grands personnages.

Sur les barques il y avait des soldats demi-nus, n'ayant qu'une étoffe disposée en jupon sur leur corps bronzé, des poignards dans la ceinture, et armés de haches et de grands bâtons à deux bouts que les Égyptiens manient fort adroitement. Tout ce monde se donnait beaucoup de mouvement, mais n'avançait pas vers nous. Ils avaient l'air d'attendre quelque chose ou quelqu'un.

Je ne tardai pas à savoir à quoi m'en tenir. Une grande barque se détacha de la masse des navires en amont de nous. Sur l'arrière et l'avant, très-relevés, de cette barque, étaient huit rameurs, pagayant debout; au milieu, une douzaine de soldats, ayant une espèce de plaque de bronze carrée retenue au milieu de la poitrine par des courroies, et armés de lances, de courtes épées en forme de croissant, et de poignards. Parmi eux se tenait un officier égyptien de haut rang, ayant deux tuniques de gaze rayée croisées sur la poitrine, l'une par-dessus l'autre, une ceinture garnie de plaques d'émail et un grand oiseau les ailes étendues, fait d'or et d'émail, suspendu sur la poitrine par des chaînes d'or qui lui passaient par-dessus les épaules. Cet homme portait aussi un haut bonnet avec une plaque d'émail où le nom du Pharaon était inscrit en caractères sacrés égyptiens, et sa barbe était enfermée dans un étui d'étoffe rouge. Il tenait à la main une hache d'armes dorée, chargée de caractères et de figures d'animaux en émail; enfin il était très-somptueux. A ses côtés était un prêtre ou scribe égyptien vêtu de blanc, la tête complètement rasée; il tenait une écritoire avec des papyrus, et derrière eux, notre eunuque Hazaël en personne, armé de pied en cap à la syrienne. Sur la barque on voyait un tas de chaînes et de menottes, ce qui me fit rire quelque peu.

L'officier égyptien m'ayant crié, dans sa langue, qu'il voulait me parler, je le laissai approcher. Quand il fut contre nous, il monta sur mon bord avec assurance, suivi de son scribe et de cinq soldats. L'eunuque resta prudemment dans la barque. Je saluai poliment le seigneur égyptien, à la manière et dans la langue de son pays. Mais il se tint devant moi d'un air insolent et, sans me rendre mon salut, me dit brusquement :

Obéissez et tremblez.

« Voleurs phéniciens, prosternez-vous et implorez la grâce du Pharaon ! »

Voyant qu'il le prenait sur ce ton, je lui répondis sans me gêner :

« Nous ne sommes pas des voleurs, nous n'avons rien fait au Pharaon, et nous n'avons pas de grâce à demander de lui. Mais nous avons à réclamer sa justice et sa protection contre ceux qui nous ont calomniés auprès de toi.

— Obéissez et tremblez ! s'écria l'Égyptien, et n'essayez pas de me conter des mensonges. N'avez-vous pas tenté de fuir cette nuit ?

— Nous n'avons rien tenté du tout, répliquai-je. On nous a coupé nos amarres et nous avons dérivé. Nous sommes d'honnêtes gens, et j'avais pour le Pharaon des lettres du roi Hiram, qu'on m'a volées. Les voleurs, vous les avez parmi vous, c'est le transfuge Bodmilcar, et ce misérable eunuque que voici.

— Tais-toi, cria l'Egyptien avec impatience ; tais-toi, pirate. Je connais vos ruses, à vous autres, pirates sidoniens, et j'ai été informé des tiennes. Tendez les mains aux menottes, et on vous conduira vers le Pharaon, vous et l'esclave que vous lui volez, et ainsi vous aurez la vie sauve. Si tu dis vrai, le Pharaon te fera justice. »

Le scribe dégaina son écritoire pour inscrire nos noms Je partis d'un grand éclat de rire.

« Et tu crois, dis-je à l'Egyptien, que nous aurons la stupidité d'aller à terre, et de nous laisser enchaîner, et d'abandonner notre défense, nos bons navires, pour nous remettre à la justice de ton Pharaon et nous exposer aux calomnies de ces traîtres. Allons, allons, homme égyptien, pour un seigneur comme toi, vraiment, tu n'es pas sage. »

Mes paroles enflammèrent cet Égyptien de colère. Il frappa du pied, en s'écriant :

« Je vois maintenant clairement quels pirates et voleurs vous êtes. Misérables Phéniciens, vous périrez dans les tourments. »

Pendant que nous parlions, je ne perdais pas de vue les navires qui étaient en amont. Je vis qu'ils commençaient à manœuvrer. De mon côté, et sans répondre aux menaces de l'Égyptien, je dis à mon trompette de sonner l'alarme.

Aussitôt les soldats égyptiens croisèrent leurs piques pour protéger la retraite de leur chef et de leur prêtre qui sautèrent dans leur barque sans s'y faire inviter. Chamaï, Hannibal et Hannon, croyant que les soldats m'attaquaient, bondirent sur eux, l'épée haute. Le gigantesque Jonas, voyant qu'on se jetait sur les Égyptiens, courut après Hannibal, et, lâchant sa trompette, arracha la pique avec laquelle un Égyptien cherchait à le frapper, empoigna l'homme par les épaules et lui frappa deux ou trois fois la tête contre le bordage. On dit que les Égyptiens ont les os de la tête très-durs, mais je puis assurer que le crâne de celui-ci éclata comme une pastèque mûre.

Au même instant, Hannibal, parant avec son bouclier le coup de pique d'un autre Égyptien, avança le pied droit et riposta par un coup d'épée qui lui coupa la gorge, et Chamaï se jetant presque à plat ventre, tant il s'allongea, en éventra un troisième d'un coup furieux porté au-dessous de la ceinture. J'avais empoigné la lance d'un autre, et je cherchais à la lui arracher; mais à la vue de nos gens qui accouraient, il s'empressa de me l'abandonner et fit comme son camarade resté debout, qui sauta à l'eau comme une grenouille pour se sauver à la nage. Bicri, debout sur le bordage, perça un des nageurs d'un coup de flèche, et nos rameurs assommèrent l'autre qui passait à portée de leurs avirons.

Voyant la bagarre, une des galères égyptiennes de la rive droite se dirigea sur nous, et, des barques égyptiennes qui se groupèrent pour nous entourer, il nous arriva une volée de flèches dont les unes piquèrent dans les bordages et dont les autres nous sifflèrent au-dessus de la tête. Le combat commençait.

Je n'eus pas de peine à voir que le *Melkarth* se faisait remorquer vers la rive droite, pour descendre en aval de nous et nous barrer le chemin. En même temps, pour nous occuper, deux navires égyptiens suivaient la côte de la rive gauche et cherchaient à nous joindre, et toute la flottille des barques nous entourait en

Les Égyptiens croisèrent leurs piques.

nous lançant des flèches, prête à nous donner l'assaut. Sur mon ordre, Hannibal fit jouer ses machines et jeta par-dessus le *Cabire* des traits, des pierres et des pots de poix et de soufre enflammés sur les deux navires égyptiens, et tout de suite après, par un double mouvement en sens inverse, le *Cabire* et le *Dagon*, virant de bord, passèrent à ma gauche et à ma droite, le premier se dirigeant au nord vers les deux galères qui nous barraient le chemin, le second au sud, juste sur le remorqueur du *Melkarth*. Je vis Bodmilcar, se démenant sur l'avant de son gaoul, tâcher de faire comprendre aux Égyptiens le danger qu'ils couraient, et se dépêcher de faire mettre ses rames à l'eau; mais il était trop tard. Notre manœuvre les surprit complètement. Le *Dagon* passa de toute sa vitesse au milieu des barques égyptiennes, chavirant ou broyant celles qui n'eurent pas le temps de se garer sur son chemin. L'*Astarté*, dégagée par le mouvement du *Cabire*, courut sur les deux navires qui cherchaient à passer en aval, et le *Cabire*, filant vers le nord, jeta dans le courant cinq ou six brûlots qui dérivèrent vers les deux grandes galères chargées de nous barrer le chemin. Le coup réussit parfaitement. L'un des navires égyptiens, abordé en plein travers par l'*Astarté*, fut effondré et coula tout de suite. Son compagnon, accablé de pots à feu, effrayé par le tourbillon qu'il creusait en s'engloutissant, alla s'échouer sur la berge.

Le *Dagon*, se jetant sur le remorqueur par la droite de son avant, le défonça comme une planche pourrie, et me retournant, j'eus la satisfaction de voir les gens de Bodmilcar qui coupaient leur remorque en toute hâte. Aussitôt le *Dagon* et moi nous virâmes de bord et nous courûmes à toute vitesse sur la galère égyptienne qui avait renoncé à nous attaquer et qui se repliait sur le *Melkarth*. La froissant des deux côtés, en répondant à la grêle de flèches qu'elle nous envoyait, nous lui brisâmes les deux tiers de ses rames, puis nous filâmes vers le nord, dans la direction du *Cabire*, qui échangeaient des flèches avec les deux autres galères et laissait dériver sur elles un brûlot après l'autre.

L'affaire n'avait pas été longue. En moins d'une heure, nous avions mis le *Melkarth* hors de combat, coulé deux navires égyptiens, envoyé le troisième s'échouer sur la berge, où il avait fort à faire d'éteindre l'incendie allumé par nos pots à feu, écrasé ou chaviré une quinzaine de barques. L'eau était déjà couverte de débris, de nageurs qui dérivaient au fil du courant. Les navires égyptiens, stupéfaits par la soudaineté de l'attaque, s'empêtraient les uns dans les autres et ne faisaient que gêner le *Melkarth*, qui cherchait une remorque au milieu de tous ces maladroits. Sans m'occuper d'eux, je lâchai du coup une douzaine de brûlots, que les gens du *Cabire*, armés de gaffes, écartaient de leurs flancs pour les faire dériver vers les deux galères, et de concert avec le *Dagon*, je me dirigeai vers le nord, tranquillement et sans me presser, laissant vers le sud mes assaillants dans le plus parfait désordre et Bodmilcar, qui gesticulait sur la poupe de son *Melkarth* paralysé, dans la plus belle fureur. Bicri aurait bien voulu lui envoyer une flèche, mais il était décidément hors de portée.

« C'est partie remise, dit le brave archer en remontant vers l'avant.

— Oui, lui dis-je. Le coquin sent qu'il a mal emmanché sa journée. Mais il attendra son occasion, et nous nous reverrons.

— Je l'espère bien ! » dit Hannon.

En même temps, il se fit un grand mouvement dans les navires égyptiens, et trois d'entre eux, qui avaient réussi à se débrouiller, se remirent à notre poursuite, accompagnés d'une multitude de barques. Levant les yeux vers le rivage, je vis, sur la chaussée de la digue, un nuage de poussière dans lequel s'avançait rapidement une file de chariots étincelants de bronze et de dorures ; des cavaliers couraient le long de la berge et galopaient vers nous. C'était sans doute le Pharaon qui venait assister à notre défaite et à notre capture. Il arrivait un peu tard.

Des quarante ou cinquante brûlots que nous avions lancés, deux avaient fini par s'accrocher à l'une des galères, et l'on voyait l'incendie à son bord et son équipage qui courait, effaré, de droite et de gauche. Elle se jeta tout de suite sur la berge : c'est la grande manœuvre maritime des Égyptiens. Nous avions deux stades d'avance sur ceux qui nous poursuivaient lourdement et tout le temps d'arriver à notre aise sur la deuxième galère chargée de nous barrer la route : son compte était bon.

« A l'abordage, amiral Magon ! s'écria Hannibal. Tombons dessus, elle est à nous.

— A l'abordage ! répétèrent Hannon et Chamaï.

— Ce n'est pas la peine, répondis-je. Nous n'avons pas le loisir de nous amuser. Nous allons nous borner à la couler.

— Comme un caillou, » appuya Himilcon.

Le *Cabire*, voyant où nous en étions, passa tranquillement sous la proue de la galère qui lui envoya quelques flèches et pierres par

C'était le Pharaon.

acquit de conscience, et se dirigea vers la mer en hissant sa voile. Je fis le signal à Amilcar, et nous jetant sur le navire égyptien qui cherchait à fuir, le *Dagon* par l'arrière et moi par le travers, nous le coupâmes littéralement en deux. Il disparut aussitôt dans un tourbillon d'écume, et hissant nos voiles, nous sortîmes rapidement dans la mer, en sonnant toutes nos trompettes en signe de victoire et de défi.

Derrière nous s'éleva un concert de cris et de malédictions. Avec le *Melkarth* sans remorque et attardé, avec leurs coquilles de noix égyptiennes, c'était tout ce qu'ils pouvaient nous envoyer. Nous piquâmes vers le nord-est, et nos proues victorieuses fendirent les flots blanchissants d'écume. Nous n'avions que deux morts et une quinzaine de blessés, presque tous légèrement, et ils devaient en avoir trois ou quatre cents, embrochés par nos archers et nos machines, grillés par nos pots à feu, ou noyés par le Nil, fleuve du Pharaon d'Egypte.

En prenant la mer et en tournant vers l'ouest, je vis, derrière les côtes plates et basses, les mâts des navires rester immobiles.

Les Égyptiens, probablement sur le conseil de Bodmilcar, renonçaient à nous poursuivre. Nos avaries étaient peu de chose et faciles à réparer. Un aviron cassé à mon bord et deux à ceux du *Dagon* furent remplacés par des rechanges. Le pont fut nettoyé, les blessés installés en bas, les morts jetés à l'eau, après qu'on eut invoqué Menath, Hokk et Rhadamath [1], les trois juges du Chéol, du monde souterrain, pour les nôtres, et proprement dépouillé les corps des trois Égyptiens. On raffermit aussi les étais, on répara quelques cordages cassés par le choc, on recueillit les flèches piquées dans le gréement, le pont et les bordages. En deux heures tout était fait, et il n'y paraissait plus. Chryséis et Abigaïl, qui avaient assisté bravement au combat, ne pouvaient se lasser de se réjouir de leur liberté, en compagnie de Chamaï et d'Hannon, dont la verve était devenue intarissable.

Je fis venir Amilcar à mon bord, pour tenir conseil avec Himilcon et lui.

« Voici, dis-je. Ils nous poursuivront certainement. Comme ils ont des haleurs tant qu'ils veulent, ils remonteront la branche orientale du Nil, puis redescendront la branche occidentale, et ressortiront ensuite, soit par la bouche de Canope, soit par celle du Phare ; par terre, il leur est facile d'envoyer des courriers dans ces deux directions, pour qu'on nous y crée des obstacles. Le Pharaon a sans doute des vaisseaux à Canope et au Phare. Nous ne pouvons pas y être avant au moins vingt-quatre heures, en marchant à toute vitesse. Avec leurs courriers et leurs relais, ils auront prévenu déjà demain matin. De plus, nous n'avons pres-

---

1. Les Grecs ont fait de ces trois dieux phéniciens, qui jugent les morts dans le Chéol, c'est-à-dire dans le monde souterrain, Minos, Éaque et Rhadamanthe.

que plus d'eau. Hier soir, nous aurions dû en faire : mais enfin je ne m'attendais pas à tout cela et la bagarre nous a surpris.

— Nous avons du vin, insinua Himilcon.

— Mon avis, dis-je en haussant les épaules, est que nous fassions de l'eau à la bouche la plus proche, celle de Sebennys, où ils ne songeront pas à prévenir, car ils ne pensent pas que nous osions si tôt revenir à terre, et leur plus court, pour nous poursuivre, est de sortir par Canope ou par le Phare. Dans deux heures, nous serons à l'eau douce ; dans deux autres heures

Le conseil de guerre.

notre provision sera faite. Le point est une petite localité ; si on y est prévenu, eh bien, on prendra de l'eau de vive force.

— C'est bien vu, dirent Amilcar et Himilcon. Et après ?

— Après, repris-je, Bodmilcar sait très-bien où nous allons, à Tarsis. Il est homme à nous suivre jusque-là. Faut-il y renoncer, parce que nous n'avons plus le gaoul et la plus grande partie des marchandises ?

— Non, non, par Astarté, dame de la mer ! s'écrièrent mes lieutenants.

— S'ils nous manquent à Canope et au Phare, ils vont nous suivre tout le long de la côte, guettant une occasion favorable. Bodmilcar a dû recevoir des renforts du Pharaon, pour prix de sa trahison. Ils ne peuvent manquer de nous rattraper, d'une façon ou de l'autre.

— Tant pis pour eux, dit Amilcar.

— Oh! observai-je, ils nous causeront encore bien du trouble. Le mieux serait, à mon avis, de leur faire perdre complétement notre trace. Si c'est la volonté des dieux que nous les retrouvions plus tard, eh bien, nous les retrouverons, et que ce soit pour leur malheur.

— Mais comment faire? demanda Amilcar.

— Écoutez bien. En naviguant continuellement vers le nord-est, c'est-à-dire en tenant le grand Cabire devant nous et un peu à gauche la nuit, en réglant notre course sur le soleil le jour, nous pouvons, en quatre jours et quatre nuits, arriver à la grande île de Crète. »

Himilcon me regarda, plein d'admiration, ainsi qu'Amilcar.

« Voilà qui est beau, s'écria le capitaine du *Dagon*, mais on n'a jamais tenté, jusqu'à ce jour, d'aller d'Égypte en Crète par la pleine mer.

— On a tenté des choses plus difficiles, lui répondis-je. Nous avons bon vent d'est, et dans cette saison il ne change guère avant la prochaine lune. Si nous manquons la Crète, nous tomberons, soit sur la terre ferme, soit sur une des îles de l'Archipel, et de là je me charge, en doublant le cap Malée, d'arriver sans encombre en Sicile. Une fois en Sicile, nous arrivons aisément à Carthada, et nous sommes sur la bonne route de Tarsis.

— Astarté nous voit, s'écria mon lieutenant, ton plan est bien combiné. Pendant ce temps, ils barboteront dans les Syrtes.

— Jolie navigation! dit Himilcon; c'est la plus mauvaise partie de la Grande Mer. Nous avons failli y périr il y a deux ans. Que pareille chance arrive à Bodmilcar et à tous les Tyriens! O Tyriens maudits, quand vous verrai-je tous enfilés par les ouïes, comme des poissons fraîchement pêchés? »

Sur ces entrefaites, nous arrivâmes devant la petite ville de Sebennys. Le *Cabire*, envoyé à terre, nous rapporta que tout était tranquille. J'envoyai donc nos matelots faire provision d'eau, après avoir payé la redevance nécessaire au chef égyptien de la ville; on acheta aussi quelques paniers d'oignons et de la viande fraîche, et vers la fin du jour je tournai le dos à la terre et je mis hardiment mes proues au nord-ouest.

« Où allons-nous? me dit Hannon, voyant que nous changions notre route.

— Dans le pays de ta Chryséis, lui répondis-je. Allons, qu'on apporte les plats. J'ai faim. »

Nous nous assîmes joyeusement sur l'arrière. Tout le monde était content, y compris les matelots et les soldats qui avaient reçu une ration de vin pour fêter la victoire du matin. Notre cercle était grand maintenant, avec Chryséis et Abigaïl qui mangeaient en notre société.

« Il paraît, dit Hannibal, que nous changeons d'itinéraire et que nous allons dans la grande Ile?

— Tout juste, répondis-je.

— Et qu'est-ce qu'on voit dans cette grande île? demanda Chamaï; est-ce l'île de Kittim?

— Non, c'est une autre; et pour ce qu'on y voit, je t'apprendrai qu'elle est remplie de hautes montagnes, qu'on y trouve des boucs sauvages dont les cornes sont aussi grandes que celles des bouquetins de l'Arabie, et que les habitants sont fort habiles archers.

— Bon, dit Chamaï, Bicri trouvera à qui parler. Et quels peuples sont ces sauvages?

— Ce sont les Phrygiens et les Doriens, hommes grands, blancs et beaux de visage, et bien faits de corps. Ils savent bâtir des villes, et les Sidoniens ont des comptoirs et des marchands parmi eux. On y va par Kittim et l'île de Rhodes, pays des Rhodanim, et la langue des Doriens est la même que celle que parle Chryséis.

— Ah, vraiment! s'écria Chamaï, qui s'était pris d'affection pour Chryséis; je suis content que les Doriens soient parents des Ioniens et que Chryséis trouve des gens de sa nation. Savent-ils faire la guerre, Hannibal?

— Ma foi, dit celui-ci, je ne connais pas ce peuple. »

Chryséis, en se faisant aider un peu par Hannon, nous apprit que les Doriens, comme les Ioniens des îles et ceux de la terre ferme qui s'appellent Achéens, sont braves à la guerre et vigoureux à manier les armes, et qu'ils avaient fait de grandes guerres et conquêtes.

« Que le monde est donc vaste ! s'écria Hannibal. Voici un peuple que je connais à peine de nom, et je ne sais pas même l'histoire de ses batailles. Présentement, nous le verrons, et je m'en réjouirai. N'est-ce pas de Crète que viennent les épées de Chalcis ?

— Non, lui dis-je en riant; les épées de Chalcis viennent de Chalcis, une autre île, où les Phéniciens exploitent le plus beau cuivre et le plus propre à recevoir la trempe.

— Demande donc à la belle Chryséis, dit Hannibal à Hannon, quelle est la tactique et l'ordonnance des Ioniens et des Doriens, comment ils partagent et disposent les troupes de leurs gens de guerre, et comment ils les soldent.

— Que veux-tu qu'une femme sache de tout cela, capitaine Hannibal ? lui dit Abigaïl. C'est affaire aux hommes. Une femme sait que les hommes de son pays se battent fort et courageusement, qu'ils défendent la ville et les champs, et quand ils reviennent de leurs guerres, elle sait quel butin ils rapportent et les noms des plus vaillants, — et c'est tout. »

Chryséis approuva en souriant, et nous dit les noms de rois et de capitaines vaillants dans son pays. Je l'entendis nommer un roi qui s'appelait Agamemnon, et un autre, Achillis ou Achillès, et un autre aussi Aïak. Elle nous dit aussi qu'il y avait eu dans son pays deux fameux rois, qui avaient navigué extraordinairement et étaient experts en la navigation, et que l'un s'appelait Jason, et l'autre Odyssous.

« Oh ! pour ceux-là, dit Himilcon, ce seront quelques marins d'eau douce qui se seront traînés le long des côtes, d'une île à l'autre, aussi loin qu'un trait d'arc par jour. Je connais leurs canots. Je n'en voudrais pas pour aller de Sidon à Kittim, et leurs gens ne savent même pas lire leur route dans les étoiles. »

Chryséis avoua que dans son pays elle n'avait rien vu qui fût comparable, même de loin, aux navires des Phéniciens, et que les Phéniciens étaient vraiment semblables à des dieux marins.

« Alors, tu es la déesse Astarté en personne, s'écria Hannon, et tu commandes à la troupe des dieux. Mais nous sommes moins divins que cela, et si nous l'étions, je voudrais redevenir homme, pour être mortel comme toi.

— Tu aurais dû lui dire toutes ces belles choses en ionien, dit Hannibal, bâillant à se décrocher la mâchoire. Elle n'a rien compris à ton discours. »

Mais Chryséis fit très-joliment signe de la tête à Hannibal qu'elle avait compris, et dit en très-bon phénicien :

« J'ai compris, Hannon, ô guerrier! »

Là-dessus, tout le monde se mit à rire, Hannibal comme les autre, et le brave capitaine s'écria :

« Les femmes comprennent toujours quand on leur dit des paroles flatteuses.

— Je voudrais bien voir Hannon essayer de se faire comprendre par la femme celte de Gisgon, dit Himilcon. En voilà une belle langue, le celte : c'est comme le croassement des corbeaux de Bodmilcar. »

A ces mots, la nuit étant venue, Himilcon courut vers son poste à l'avant, et je m'assis attentif sur le couronnement de la poupe.

Cette nuit et le jour suivant, le vent fraîchit et souffla violemment, toujours dans la même direction. Je n'étais pas inquiet de cette bourrasque, qui servait mes desseins. Il n'en fut pas de même de mes passagers, effrayés de ne voir sans cesse que le ciel et l'eau, et secoués par des vagues énormes où ils croyaient s'abîmer à chaque instant, quand le navire descendait la lame et qu'ils le sentaient fuir sous leurs pieds. Je les entendis plusieurs fois invoquer leurs dieux, et ils mangèrent de mauvais appétit. La nuit suivante, la bourrasque augmenta encore, et le lendemain le vent tourna au sud, nous poussant franchement vers le nord, avec une rapidité que je ne puis pas estimer à moins de dix-huit cents stades en vingt-quatre heures. Nos trois navires tenaient très-bien la conserve et semblaient voler ensemble sur la surface agitée de la mer. Vers le soir, le vent tomba un peu, et le matin du quatrième jour il était devenu tout à fait maniable. Cette matinée-là, par un ciel très-clair, à la grande joie de nos passagers et à la mienne, le guetteur cria du haut de son mât : « Terre! terre droit devant nous! ». J'allai rejoindre Himilcon à la proue, et nous distinguâmes très-bien les sommets neigeux et dentelés des montagnes qui étincelaient au soleil. Dans l'après-midi, la terre devint visible pour des yeux moins exercés que les nôtres, et vers le soir nous commençâmes, à la clarté des étoiles, à longer une côte rocheuse qui ne nous présentait d'accès nulle part. Ce n'est qu'au milieu de la nuit que nous trouvâmes un mouillage dans une petite baie mal abritée, au fond de laquelle une rivière se jette dans la mer, à travers des plages de sable fin et brillant. A l'est, on voyait s'élever vers l'intérieur des terres le massif noir de hautes montagnes boisées, desquelles sortaient des montagnes plus élevées encore, et dont le sommet était blanc de neige. Le *Cabire* se hala sur la plage, à l'embouchure de la rivière, et les deux galères purent s'approcher assez près pour s'amarrer sur de gros rochers dont la plage est parsemée, car les fonds sont excellents dans cette baie. La côte était d'ailleurs parfaitement déserte et on n'y voyait pas trace d'habitations.

VI

De l'île de Crète et de ses habitants.

Himilcon et moi, nous allâmes prendre un peu de repos bien nécessaire, car nous avions passé toutes les nuits précédentes debout, pour bien veiller à notre direction. Tout le monde était accablé de fatigue, et je ne me réveillai que quand le soleil était déjà monté au-dessus de l'horizon.

Un coup d'œil jeté sur la plage nous montra qu'elle était parfaitement déserte. Il n'y avait pas trace d'habitation.

Les montagnes, rocheuses et très-escarpées, semblaient sortir de la mer, tant elles étaient près du rivage, et la petite vallée par laquelle passait la rivière s'étranglait tout de suite en gorge profonde, couverte de bois touffus de myrtes et d'yeuses. Je fis immédiatement descendre à terre une compagnie d'archers et de soldats, en cas de besoin, et des escouades de matelots pour remplir d'eau nos outres et nos barils. Bicri partit à la découverte avec dix archers et remonta le cours de la rivière, vers la gorge et les montagnes. Comme le bois ne nous manquait pas, je fis allumer les feux sur la plage, pour faire la cuisine à terre, et je fis dresser deux tentes, sous l'une desquelles on déballa quelques marchandises, dans le cas où Bicri trouverait des naturels. Le grand Jonas se montra très-utile, enlevant à lui seul un baril d'eau et portant sur son dos la charge de bois de trois hommes.

« Je voudrais, disait-il en portant ses barils, qu'ils continssent aussi bien du vin que de l'eau, et je porterais une charge encore deux fois plus lourde, si on me la laissait boire. »

Vers le milieu de la journée, Bicri revint avec ses hommes, très-fatigué; mais il avait réussi. Il avait vu dans les montagnes plusieurs naturels qui s'étaient sauvés à son approche, et il les avait poursuivis, étant lui-même un montagnard adroit à sauter d'un rocher à l'autre. Il avait fini par en attraper un qu'il m'amenait. Les autres leur avaient jeté des pierres, en les suivant de loin, mais sans leur faire de mal et sans oser les attaquer à fond. Sur mes ordres, Bicri était d'ailleurs resté sur la stricte défensive et ne leur avait pas répondu à coups de flèches. Le sauvage que m'amenait Bicri était un grand gaillard bien découplé; sa figure était aussi brune que celle d'un Madianite; il avait la face large, les pommettes saillantes, les yeux noirs et obliques et le menton pointu. Ses cheveux étaient lisses, épais et très-noirs. Il était vêtu d'une peau de bouc sauvage, retenue par une corde autour des épaules et autour des reins, et sur sa poitrine et ses bras nus il portait des colliers et des bracelets de coquillages. Bicri lui avait pris une hache, faite d'une pierre verdâtre, très-bien polie et emmanchée d'un manche de bois très-dur, avec laquelle il avait essayé de se défendre.

Quand on me l'amena, il se mit à gesticuler et à parler beaucoup, mais dans une langue que je ne comprenais pas. Je lui fis rendre sa hache et je lui fis présent d'un morceau d'étoffe rouge; puis, l'ayant conduit sous une tente, je lui montrai différentes marchandises, après quoi on le laissa libre. Il courut aussitôt vers ses montagnes et disparut dans les bois.

Deux heures après, il revint, accompagné de plusieurs autres sauvages, vêtus comme lui et portant de courtes lances, des arcs et des flèches mal faits. Ils s'arrêtèrent à cent pas de notre campement et agitèrent des branches de myrte. Je leur fis faire le même signe, et je m'avançai vers eux, accompagné de Hannon,

Le sauvage que m'amenait Bieri.

qui leur montrait des pièces d'étoffes et des rangées de perles de verre. Peu à peu ils se rassurèrent et vinrent jusqu'à notre campement. L'un d'eux, qui paraissait être leur chef, essayait de se faire comprendre. Il nous montrait le ciel et disait : *Britomartis;* puis il nous montrait toujours la même direction vers les montagnes, répétant : *Phalasarna, Phalasarna.* Il semblait aussi avoir déjà vu des Phéniciens, car il disait, en désignant les navires : *Sidon, Sidon,* et il nous montrait nos habits, qu'il appelait très-bien *kiton*.

Nous donnâmes au chef un vieux kitonet et aux autres des perles de verre, moyennant quoi ils nous apportèrent deux bouquetins et des perdrix, qu'ils appellent, dans leur langue, *hamalla*.

Vers le soir, il en vint un vieux, vêtu d'un kitonet par-dessus lequel il portait sa peau de bouquetin et chaussé de vieilles sandales. Il savait un peu de phénicien et nous expliqua que sa nation était celle des Kydoniens, qui possédait autrefois toute l'île ; mais qu'il était venu des Phrygiens de l'est et des Lélèges du nord qui leur avaient fait la guerre, et que maintenant ils s'étaient réfugiés dans ces montagnes que je voyais à l'ouest et qui étaient inaccessibles, et que dans les montagnes inaccessibles de l'est il y avait aussi d'autres Kydoniens. Tous les plateaux du centre et toute la côte, et toutes les vallées fertiles du nord et du sud, étaient occupés par ces Phrygiens et Lélèges, et par d'autres peuples qui étaient venus plus tard, gens de la nation des Doriens, et ils exterminaient la race des Kydoniens. Je m'expliquai alors pourquoi, n'ayant jamais abordé en Crète que par la côte nord, en venant de Carie et de Rhodes, je n'avais vu que des Doriens, et pourquoi d'autres capitaines de Tyr et de Sidon, ayant abordé à l'extrémité orientale de l'île, et ayant fondé des comptoirs où l'on achetait un peu de minerai, ou autour desquels on exploitait quelques mines fort peu riches, avaient été en relation avec des sauvages kydoniens.

Le vieux nous dit aussi que Britomartis, qui signifie dans leur langue « la douce Vierge », était leur déesse, et que Phalasarna était leur ville, sur un haut plateau des montagnes blanches Je lui fis boire du vin pour le remercier, et il fut enchanté. On lui donna en présent deux pointes de lances et un collier de perles de terre émaillée, et il nous promit que le lendemain il nous procurerait des vivres frais tant que nous voudrions.

Là-dessus, la nuit étant venue, les sauvages grimpèrent à leurs montagnes, et Hannibal fit doubler les sentinelles par mesure de précaution.

Nos Kydoniens arrivèrent, le matin, nous amenant quelques chèvres. Comme ils ne cultivent pas la terre, ils ne pouvaient nous apporter ni grains, ni légumes; mais ils avaient des fruits sauvages, assez aigres, et du miel doux et parfumé. Comme je leur demandais des bœufs et que j'essayais de me faire comprendre en leur montrant une figure de cet animal, ils me dirent qu'ils n'avaient pas de bêtes pareilles dans leurs montagnes et qu'elles étaient même inconnues dans l'île avant l'arrivée des Phrygiens. Leur déesse Britomartis est dans les bois, et c'est la déesse de la chasse. La nuit, ils me firent voir le croissant de la lune et me dirent que c'était Britomartis. Chryséis connaissait aussi cette déesse, mais elle l'appelait Artemis. Je crois que ce sont les Kydoniens qui ont appris à la révérer aux Doriens, lesquels l'auront appris aux Ioniens. Ils lui sacrifient des biches et des cerfs et aussi, autant que j'ai pu comprendre, des jeunes garçons; mais je n'en suis pas bien sûr. Bien que cette déesse soit la lune, ce n'est pas Astarté, parce qu'Astarté leur aurait certainement enseigné la navigation, et que Britomartis Artemis leur a enseigné la chasse : cela est certain.

Ils connaissent aussi le dieu des Phrygiens, de ceux qu'on appelle Kurètes et Korybantes, qui ont une ville appelée Knosse, avec un temple. Ce dieu est un taureau blanc, et on le voit aussi sous la figure d'un homme. Les Doriens disent que c'est le dieu de cette île, mais les Kydoniens croient que les Kurètes l'ont apporté avec eux. Toujours est-il que je ne connais pas ce dieu, et que ce n'est pas non plus l'Apis des Égyptiens, ni notre Moloch, quoiqu'il soit un bœuf. Chryséis le connaissait et disait qu'il avait traversé le détroit entre la mer Noire et la mer des Ioniens, avec une femme sur son dos, et elle l'appelait Dzeus. Les Phrygiens de la Crète l'honorent par des danses, des hurlements et le son des tambourins, et ses prêtres sont de la tribu des Korybantes, enfants de Korybas. C'est un très-grand dieu. Chryséis disait aussi qu'un taureau avait eu un enfant demi-homme, demi-bœuf, d'une reine de cette île, nommée Pasiphaï, mais que cet enfant avait été vaincu par un roi ou dieu de la nation des Doriens ou des Ioniens, je n'ai pas pu bien comprendre. Mais je pense qu'ils veulent rappeler par là quelque victoire des Doriens ou Ioniens sur les Phrygiens, Kurètes et Daktyles, lorsque les Doriens les chassèrent des plaines et des vallées en venant s'établir dans l'île, et j'infère aussi que ce taureau n'était pas Dzeus, ou que ce dieu n'est pas le Moloch; car autrement, comment le Moloch n'aurait-il pas donné la victoire à ses enfants contre des étrangers? Le Moloch n'est-il pas plus puissant que les dieux des Doriens et des Ioniens? Maintenant, il se peut que leurs dieux aient été plus forts que ceux des Phrygiens, ou que les Phrygiens n'ayant pas bien honoré leur dieu, le Dzeus taureau, que leurs danses, cris, hurlements et tambourins ne lui ayant pas été agréables, celui-ci ait passé du côté des Doriens et les ait protégés contre leurs ennemis, rejetant les Phrygiens du nombre de ses peuples. Cela est possible.

« Qu'est-ce que ces dieux? s'écria Chamaï. Il n'y a qu'un Dieu, le Dieu vivant, qui s'appelle El, et qui a encore un autre nom qu'on ne doit pas prononcer. Et tous ces dieux, le Moloch et Artemis, Dzeus et Melkarth, sont moins forts que lui. Est-ce que Kémos, le dieu de Moab, a protégé Moab contre nous? Est-ce que Dagon a défendu les Philistins de Gaza et d'Askelon? Est-ce que Nitsroc a pu faire triompher les Syriens de Tsoba, et Adramélec ceux de Damas? Et tous leurs Baal ont-ils pu faire résister les enfants de Hamalek, et les Iduméens et tant d'autres? Non; mais c'est El, le Dieu des armées et des guerriers, qui a fait le ciel, la terre et les mers, qui nous a délivrés de la puissance des Egyptiens et nous a donné la victoire sur tous les peuples depuis le torrent d'Égypte jusqu'au Liban et à l'Euphrate, et leurs dieux ne sont que des mauvais dieux. Ainsi, El est le seul, l'unique; c'est un Dieu fort, un Dieu jaloux, le Dieu de nos vengeances et de nos guerres.

— Je penserais volontiers, dit Hannibal, que El est un dieu de montagnes et aussi de vallées, car dans les pays montagneux il a toujours montré sa puissance. Mais on ne peut pas dire qu'Astarté n'ait pas manifesté sa grandeur sur mer en faveur des Sidoniens et de ceux d'Arvad. Et ainsi, on doit honorer Astarté sur mer, et El dans les montagnes ; et pour ce qui est des plaines, j'y ai vu El comme étant aussi un dieu très-puissant. Mais pour le Moloch et pour Melkarth, je ne les révère pas. Seulement, Achmoun, dieu d'Arvad, et Baal Péor, dieu de Béryte, ont grandement protégé les Phéniciens en Libye et en Tarsis, et il est bon de les honorer dans ces pays-là.

— Et les Cabires ! s'écria Himilcon. Qui donc conduirait les proues de nos navires, si les Cabires ne luisaient pas pour nous? Les Cabires sont les dieux favorables aux pilotes sidoniens.

— Ah! dit Chamaï, pour des dieux de pilote, moi, cela ne me regarde pas. Je me contente d'adorer El sur terre et sur mer ; mais les pilotes doivent connaître leur affaire mieux que moi. »

Là-dessus, nous allâmes nous coucher, après avoir chacun prié son dieu. J'étais décidé à partir le lendemain, ayant complété mon chargement en vivres frais et n'ayant pas grand'chose à retirer des sauvages kydoniens. De bon matin, on fit donc les préparatifs du départ, après avoir acheté encore quelques provisions aux naturels. Mon intention était de contourner la pointe occidentale de la grande île, de tourner vers le nord, de reconnaître la petite et la grande Cythère, de longer la côte de terre ferme jusqu'à l'embouchure de l'Acheloüs, où je comptais faire de l'eau et communiquer avec les naturels, puis de là passer entre Zacynthe et Céphallénie, et me diriger à l'ouest, pour passer entre la grande terre et l'île des Sicules. Une fois là, je n'avais plus qu'à longer la côte nord de l'île pour arriver au promontoire de Lilybée, d'où il est facile de passer au promontoire de Carthada, car il n'y a pas plus de trois cent quatre-vingts stades. Les dieux en décidèrent autrement. Quelqu'un d'eux fut-il irrité de ce qu'avaient dit Hannibal et Chamaï, ou voulaient-ils éprouver notre constance et la bonté de nos navires? Toujours est-il qu'au moment où nous partions le temps était lourd et menaçant.

Himilcon me fit remarquer la formation de petits nuages livides dans la région du sud-ouest.

« Raison de plus pour partir, lui dis-je. Le coup de vent qui s'annonce de ce côté va nous pousser à la côte, dont les atterrages sont fort dangereux, comme tu vois. Ici nous ne sommes pas abrités. Je sais qu'il n'y a guère, sur la côte du sud, de bon mouillage, et j'en connais sur la côte du nord. Hâtons-nous donc de passer à l'ouest de l'île avant que l'ouragan n'arrive, et précédons-le vers le nord, au lieu de nous laisser précéder par lui. »

Le temps était d'un calme inquiétant. Je mis tout le monde aux rames, et les trois navires coururent rapidement vers l'ouest. Il me fallut environ douze heures pour dépasser l'île dans ce sens, d'où j'infère que la distance est d'environ quatre cent cinquante stades. Le ciel était maintenant complétement couvert de nuages très-bas; l'ouragan ne pouvait tarder. Je continuai de courir à l'ouest, m'éloignant de terre vers la pleine mer, pour être plus en mesure de lutter. J'allais avoir besoin de toutes nos forces, car à la nuit la bourrasque nous arriva brusquement et la tempête éclata avec fureur. J'avais calculé que nous avions dépassé l'île d'environ cent cinquante stades; la tempête venait du sud-ouest; en nous abandonnant, nous devions donc être poussés au nord de l'île, en passant entre la Crète, assez au large, et la petite Cythère. Je fis donc hisser les voiles pour courir devant le vent.

Cette nuit, il nous fut impossible de savoir où nous étions. La pluie tombait à torrents, les coups de mer se suivaient rapidement, nous jetant des masses d'eau et d'écume par-dessus bord, et nos timoniers avaient fort à faire pour empêcher la lame de nous prendre par le travers. Le tonnerre éclatait incessamment, et à la lueur des éclairs nous voyions la mer, blanche d'écume, se déchirer et se creuser en gouffres noirs et profonds.

Nous embarquions beaucoup d'eau, mais les navires ne fatiguaient pas: ils se comportèrent admirablement. Je mis les soldats et les rameurs au travail des écopes, sous la direction du maître rameur et d'Hannibal, qui n'épargnèrent ni les encouragements ni les coups de bâton pour les faire bravement travailler.

« Eh bien! criai-je à Chamaï, car le vent, la pluie, le tonnerre, la mer, faisaient un tel fracas qu'on avait bien de la peine à s'entendre, eh bien! voici le moment de crier à ton Dieu.

— Sommes-nous vraiment en danger? demanda Bicri.

— La lame, dans l'Océan, est autrement grosse que cela, répondis-je. Ici elle est courte, mais rageuse. Les navires tiennent bon, et j'en ai vu d'autres dans les Syrtes et passé le détroit de Gadès. »

Abigaïl et Chryséis se tenaient étroitement embrassées, dans leur cabine. Chamaï et Bicri, quoique non habitués à la mer et fortement secoués, se conduisirent en hommes vaillants, aidant à raffermir les cordes et à maintenir l'arrimage tant qu'ils pouvaient; mais l'épais Jonas s'était laissé tomber dans l'entre-pont, où il roulait au gré du tangage et du roulis, comme un énorme ballot.

« Il faut m'arrimer cela, dit Hannibal en lui détachant un grand coup de pied dans les côtes. Il va défoncer quelque chose.

— Hélas, hélas! gémissait Jonas, que je regrette d'être venu! Hélas, qu'on mangeait de bon pain et de bonne viande dans mon village! Oh, oh, oh! les poissons vont nous manger, à présent! Ahi! on ne peut pas se tenir debout, et nous sommes sous l'eau. Aidez-moi mes bons frères. Ho, ho!

— Te tairas-tu, bœuf, chameau, chien crevé? lui cria Hannibal en colère. Attachez-le au pied du mât, vous autres. Il roule ici à droite et à gauche, et il a déjà manqué de me faire tomber. »

On attacha Jonas, qui se laissa ballotter comme une masse inerte. Je remontai sur le pont, où Himilcon, à côté des timoniers, faisait de son mieux.

« Je ne vois plus le *Dagon*, » me cria-t-il.

En ce moment, le *Cabire* faillit être jeté contre nous, par une vague qui le prenait trop en travers. A la lueur d'un éclair, je vis Amilcar et Gisgon encourageant leurs hommes du geste.

« Elle va bien, nous cria Gisgon en passant, c'est le commencement du voyage!

— Et ce ne sera pas la fin, lui répondis-je. C'est nous qui serons les plus forts. »

Hannon, cramponné à une corde, cherchait à percer l'obscurité.

« Bon courage, Hannon ! lui dis-je.

— Sois sans crainte, s'écria le vaillant scribe. J'en ai pour Chryséis et pour moi, mais je n'ai jamais vu de temps pareil.

— Attention ! cria Himilcon, attention à la voile ! »

Nous fûmes près d'être chavirés. Une vague nous avait jetés de côté et le vent plaquait la voile contre le mât. Nos matelots s'élancèrent sur la vergue.

Tout à coup, dans un éclair plus éblouissant que les autres, je vis un grand navire rond droit devant nous. Himilcon ne put retenir un cri :

« Le *Melkarth !* »

« Bodmilcar ! » s'écria Hannon à son tour.

Un second éclair me fit voir le navire : c'était bien le *Melkarth !* Je ne pouvais pas ne pas le reconnaître, et sur la poupe, la tête levée et bravant la tempête, Bodmilcar semblait commander à la mer.

Un troisième éclair, accompagné d'un violent coup de tonnerre, ne nous montra plus rien : le *Melkarth* avait disparu dans les ténèbres.

« Khousor Phtah[1] travaille ferme là-haut, avec son marteau, cria Himilcon. Va, Khousor Phtah, frappe, éclaire, gronde, tu ne me fais pas peur. Les Cabires sont pour nous. »

Il me semblait que la tempête infléchissait notre course vers le nord, mais je n'avais aucun repère pour me guider. Je passai près d'une heure dans l'angoisse. Les coups de mer menaçaient à chaque instant de nous défoncer ; le *Cabire* se tenait dans nos eaux et nous l'entrevoyions de temps en temps, tantôt au-dessus de nos têtes, tantôt au-dessous. Un paquet de mer, plus fort que les autres, vint subitement balayer le pont ; j'étais à ce moment à l'arrière, sur le toit de la cabine, avec Himilcon et les deux timoniers ; je me retins au bordage ; quand

---

[1]. Dieu du feu souterrain et du marteau. Comparez Phtah à l'*Hephaistos* des Grecs.

je me redressai, tout étourdi et aveuglé par la masse d'eau qui avait passé sur moi, Himilcon et l'un des timoniers avaient disparu.

Je me jetai aussitôt sur le timon, qui n'avait pas été emporté, et je donnai un fort coup d'aviron pour tenir le navire arrière à la lame. En même temps, un maître matelot sauta sur la poupe; je lui passai le timon, et me penchant vers le pont, je criai d'une voix forte :

« Himilcon, Himilcon ! »

Je ne vis que Chamaï, car le jour commençait à se lever, et on distinguait assez clairement. Au coup de mer qui avait manqué d'effondrer la cabine, il s'était jeté devant la porte, la couvrant de son corps et montrant les deux poings à la vague.

« Adonaï ! Notre Seigneur, Dieu des enfants d'Israël qui as fait le ciel et la terre, cria le brave capitaine, envoie la colère de tes eaux contre nous autres hommes, mais sauve les deux femmes qui sont ici ! »

Hannon accourut à moi, entendant mon appel.

« Le bon pilote a-t-il donc été entraîné par la mer ? s'écria-t-il.

— Je le crains, » lui dis-je.

Mais au même instant une voix joyeuse, partant de dessous, nous répondit :

« Il n'y a pas de mal : je suis tombé sur la tête ! » Et Himilcon émergea de l'entrepont, tenant une outre entre ses bras.

« Voilà ! dit-il ; la lame m'a jeté tout juste sur l'ouverture du panneau, par où je suis descendu dans la cale la tête en bas. Cette outre, mal arrimée, a paré le choc et, chose merveilleuse, n'a point souffert. Il y a des Cabires en cette affaire. Et où est le timonier Kadmos ? »

Je haussai les épaules et lui montrai la mer furieuse. Là-dessus, Himilcon s'assit sur le pont et se mit à teter consciencieusement son outre.

Tout à coup Bicri vint à moi.

« Amiral, me dit-il, puis-je parler ?

— Qu'as-tu à dire ? lui demandai-je.

— Je te demande pardon, seigneur, de mon audace de parler

C'était bien le *Melkarth*.

ici des choses de la mer ; mais j'ai les yeux excellents, et il me semble voir des sommets de montagne, là, derrière la poupe, un peu à droite. »

Himilcon, sans lâcher son outre, sauta sur ses pieds, et de son œil unique regarda attentivement dans la direction indiquée.

« L'archer a raison, dit-il, et mon œil ne m'a pas habitué à me tromper. Nous sommes sous le vent de la terre. »

La bourrasque faiblissait un peu, et malgré la pluie constante il me semblait aussi voir des montagnes derrière nous, à notre droite.

Je me fis ce raisonnement : le vent paraît tourner en cercle, du sud-ouest au sud franc, nous poussant vers le nord. La terre que je crois voir ne peut être qu'un promontoire de la côte nord de Crète. J'aurais donc ainsi la direction de l'est à ma droite. Faisons un effort pour sortir du tourbillon et nous diriger de ce côté.

Je fis aussitôt le signal au *Cabire*. Je doublai le nombre des rameurs, à l'aide des soldats, mettant deux hommes à chaque rame. Je m'assurai par moi-même de l'arrimage, qui avait presque partout tenu bon, et je fis pousser vigoureusement du côté supposé de l'est.

Je ne m'étais pas trompé. Bientôt nous sortîmes de l'action du vent. Au bout d'une heure, il diminuait sensiblement; au bout de deux heures, il tombait tout à fait; au bout d'une autre heure, la pluie cessait, et un rayon de soleil, dardant à travers les nuages, nous montrait en même temps la franche lumière et notre route.

« Vive le roi! cria Chamaï. Adonaï nous a sauvés, mais j'ai eu une belle peur.

— Permission de teter un peu l'outre avec l'archer Bicri, qui a vu le bon chemin le premier? demanda Himilcon en secouant son kitonet trempé.

— Va, lui dis-je, vous l'avez bien gagné. »

Hannon et Chamaï firent sortir de la cabine les deux femmes, qui tremblaient bien encore un peu, mais qui souriaient déjà.

« Les voilà comme le temps, dit le scribe gaiement : moitié effarouché, et moitié riant.

— C'est égal, c'est égal, dit Chamaï ; j'aimerais encore mieux avoir affaire à une douzaine de guerriers qu'à la mer en fureur.

— Tu t'y feras, capitaine Chamaï, lui dis-je, et pour une première épreuve, tu t'en es fort bien tiré : mais il ne faut plus médire des dieux. »

Hannibal sortant de l'entre-pont, son casque d'une main et sa cuirasse de l'autre, s'écria d'une voix retentissante :

« J'ai craint, pendant toute cette nuit et affreuse tempête, que mon armure ne fût perdue ou bosselée tout au moins. Mais j'avais tant à faire pour maintenir une stricte discipline et bâtonner les esclaves rameurs afin de leur donner de l'ardeur et du courage, que je n'ai pu visiter mes armes que ce matin. Les voici saines et sauves, grâce à Adonaï El, à Astarté, à Achmoun, aux Cabires amis d'Himilcon, et à tous les autres dieux qui auront bien voulu s'en mêler. Maintenant, j'ai très-faim. Salut, belles jeunes filles ! j'espère que vous avez très-faim aussi ? »

Disant cela, Hannibal aperçut l'outre d'Himilcon et de Bicri et se dirigea sur-le-champ de leur côté.

A mesure que nous avancions, le beau temps venait à notre rencontre. Dans l'après-midi, les nuages se dissipèrent tout à fait, et un soleil radieux éclaira la mer bleue et des côtes verdoyantes à moins de trente stades de nous. J'envoyai le *Cabire* en avant, à la recherche d'un mouillage, car nous avions bien du dégât à réparer. Bientôt, comme nous étions assis au soleil et que nous nous séchions, en prenant notre repas, qui se composait de quelques figues sèches et de pain sans levain, avec de nos oignons tout crus, je vis, à ma grande joie, le *Dagon* derrière nous. Il avait été entraîné par la bourrasque et avait vigoureusement lutté, ayant eu sa vergue et sa voile emportées. Heureusement que nous avions des voiles de rechange. A la hauteur d'un cap assez élevé, nous trouvâmes le *Cabire* qui nous annonça qu'au sud de ce cap se trouvait une belle baie, dans laquelle une rivière descendait d'une vallée large et verdoyante. Nous longeâmes de conserve la côte du nord au sud, et au soir nous arrivâmes au fond de la baie, où la côte se dirige vers l'est. Le mouillage était excellent, le temps superbe. On jeta l'ancre sur-le-champ et le

Hannibal, son casque d'une main.

Cabire fut tiré à la côte. Nous nous couchâmes rompus de fatigue, à la nuit tombée. On voyait dans les terres les feux de plusieurs villages, ce qui nous réjouit grandement, et cette nuit-là tout le monde dormit de bon cœur.

VII

**Comment la belle Chryséis préféra le scribe Hannon
à cinquante vaches.**

Dès le matin on se mit à l'œuvre pour réparer nos avaries. La cargaison, parfaitement arrimée et emballée, n'avait pas souffert; je fis transporter dans une prairie verdoyante et émaillée de fleurs les marchandises qu'on étala sous un bouquet d'arbres, et je fis descendre Jonas et sa trompette.

Quand le sonneur se vit à terre, il manifesta sa joie par des sauts et des cris formidables.

« Où sont-ils ? s'écria-t-il. Maintenant je ne suis plus sous l'eau, dans la gueule du Léviathan. Où sont les bêtes curieuses qui doivent lutter avec moi ? Maintenant je n'ai plus peur. Sur la terre solide, il n'est pas de bête que je craigne, si curieuse qu'elle soit. »

J'ordonnai à Jonas de sonner de sa grande trompette, aussi fort qu'il pourrait, et le fracas qu'il fit ne tarda pas à nous amener les habitants d'un village qu'on voyait de loin et de nombreux bergers dispersés dans la campagne. Tous ces gens accouraient vers nous sans défiance, voyant nos préparatifs pacifiques, et de loin ils s'appelaient les uns les autres, criant « Pheaki! Pheaki! » pour se dire qu'il y avait là des marchands phéniciens. C'étaient des hommes Doriens, hommes grands et bien faits, blancs de visage, ayant le nez très-droit, le front élevé, les cheveux noirs et bouclés; la plupart étaient sans armes. Les uns étaient vêtus d'un vieux kitonet, de provenance évidemment phénicienne; d'autres avaient essayé de s'en faire un avec la toile grossière qu'ils tissent : mais leurs imitations étaient informes et mal cousues. Le plus grand nombre avait la tête nue; quelques-uns étaient coiffés d'une espèce de parasol fait avec de la paille tressée. Il y avait

Jonas sonna de la trompette.

aussi des femmes avec eux, belles de corps et de visage. Elles étaient vêtues de longues robes sans manches, faites de deux morceaux de toile cousus ensemble, à peu près comme un sac, dans le fond duquel on aurait fait trois trous pour passer la tête et les bras, et par-dessus ces robes elles avaient une robe plus courte, fendue sur les côtés, qui leur descendait un peu au-dessous de la ceinture. Ils n'avaient d'ailleurs ni bijoux ni ornements.

Je fis aussitôt, à l'aide de piquets, tendre une corde autour de nos marchandises, et je dis à Hannon d'expliquer aux naturels qu'ils ne devaient pas franchir la corde, ce qu'ils comprirent très-bien. Ils me parurent, en toutes choses, très-réservés et très-intelligents.

L'un d'eux, qui avait autour de la tête un bandeau d'étoffe et portait à la main un long bâton terminé par une pomme de cuivre, pour faire reconnaître qu'il était leur chef, se mit à parler pour tous les autres. Les siens l'écoutaient dans le plus profond silence. Ce chef se tint devant nous, les yeux baissés et les mains croisées, et nous fit un long discours, car les Doriens sont grands parleurs et amis des harangues. Je le comprenais assez bien, et d'ailleurs j'avais Hannon pour m'aider. Il nous souhaitait la bienvenue et nous faisait beaucoup de compliments, nous appelant des demi-dieux, et célébrant tout ensemble les dieux nos parents et nos navires, ce qui fait toujours plaisir à des marins. Finalement, il nous demanda de faire voir, à lui et à son peuple, les belles choses que nous avions apportées de la ville divine de Sidon.

Je connaissais depuis longtemps l'idée qu'ont les Doriens, les Ioniens, et en général tous les peuples qui s'appellent entre eux du nom commun d'Hellènes. Ils croient que les Phéniciens ne sont pas des hommes comme les autres et pensent volontiers que nous sommes d'origine ou de parenté divine. Le lointain mystérieux de nos villes, nos navires, nos voyages, les marchandises que nous leur apportons, toutes choses extraordinaires pour eux, leur ont donné cette idée, et on comprend bien que ce n'est pas nous qui les détrompons : au contraire. Ce qui finira par les détromper, c'est la vue de nos colonies, les coups de main de nos capitaines et matelots et les collisions qui s'ensuivent quelquefois. Toujours est-il qu'ils nous regardent comme une espèce d'hommes bien supérieure et qu'ils avalent, avec la plus parfaite candeur, toutes les bourdes que nous leur racontons.

Je fis répondre à ce chef, par Hannon, que nous rapportions toutes sortes de choses extraordinaires du Caucase, où habitent des géants, de la Cilicie où sont des montagnes enflammées et les bouches du monde souterrain, de Sidon, ville divine, d'Arabie où sont les plus justes des hommes, qui vivent trois cents ans, d'Égypte où vivent les dieux et les crocodiles, serpents de deux stades de long.

« En attendant, ajoutai-je, si vous avez des cuirs de bœuf, du cuivre de Chalcis, de la laine filée, des cornes de bouquetin, apportez-les-moi. Je vous donnerai en échange des habits, des perles de verre, des parfums, du nectar, ou toute autre chose que votre cœur pourra désirer.

— Qu'est-ce que tu leur racontes là, me disait Chamaï, stupéfait, à mesure que je parlais? Les Madianites sont les plus justes des hommes, et les enfants d'Ismaël vivent trois cents ans, et on rencontre des dieux qui se promènent en Égypte? »

La stupéfaction de Chamaï m'amusait beaucoup.

« Tais-toi donc, lui dit Himilcon, tu en entendras bien d'autres.

— Mais ce sont des mensonges gros comme des montagnes!

— Du moment qu'ils font plaisir à ces sauvages et qu'ils leur font acheter nos marchandises, ce ne sont plus des mensonges. »

Le chef envoya aussitôt des hommes vers le village pour chercher ce qui pourrait être à ma convenance. Il me proposa aussi des *pilegech* ou jeunes filles esclaves, qu'ils appellent *pellex*, car ils ne savent pas bien prononcer notre langue; ils écorchent les mots, disant pellex pour pilegech, kiton pour kitonet, kephos pour koph, kassiteros pour kastira, ou bien ils allongent les mots et en défigurent le sens. Par exemple, quand on leur parle de la grande mer qui est passé Gadès et qui fait le tour du monde, au lieu de l'appeler mer de Og, ils la prennent pour une rivière nommée Ogeanos ou Okeanos, et ils croient aussi que c'est un dieu. C'est ce qui arrive toujours avec des gens demi-sauvages, qui ne comprennent pas bien ce qu'on leur explique. Enfin, le chef me proposa donc des pilegech, me disant qu'ils avaient fait des prisonnières dans une expédition de guerre récente sur la terre ferme et qu'on leur en donnait aussi en tribut. Mais je les refusai, n'ayant pas à m'embarrasser d'esclaves femelles qui ne sont pas de défaite dans nos colonies de Libye, ni en Tarsis.

On m'apporta bientôt une assez grande quantité de bon cuivre, des peaux de bœuf et de grandes cornes propres à faire des arcs et des manches de couteaux. J'eus tout cela à bon compte, ainsi que de bonne laine filée qui venait de terre ferme. Pour ne pas être continuellement encombré sur la plage, j'envoyai des marchandises dans l'intérieur du pays, sous l'escorte de Bicri, qui ne demandait qu'à courir, et en compagnie de Jonas dont la trompette retentissante devait annoncer nos produits et attirer les chalands. Cette trompette fit l'admiration des Doriens, qui ne pouvaient se lasser d'écouter ses fanfares. Je mis toute l'expédition sous la direction du maître matelot Hadlaï, que je chargeai de la vente, car il s'y entendait fort bien, avec recommandation d'être de retour dans les quarante-huit heures : c'était le temps qu'il me fallait pour réparer nos avaries.

Dans la journée, j'envoyai huit hommes m'abattre un chêne dans une forêt, sur les flancs de la vallée, pour refaire une vergue au *Dagon*. Les Doriens me laissaient couper tout le bois que je voulais, sans rétribution. Ils se croyaient assez récompensés quand on les laissait regarder nos travaux de charpentage, qu'ils suivaient avec une vive curiosité, et quand ceux de nos matelots, qui savaient un peu leur langue, leur contaient des histoires de voyages, mêlées de contes faits à plaisir. Ils nous aidaient à transporter notre bois de cuisine et de construction, notre eau, tout ce que nous voulions. Ce sont de fort bonnes gens pour les marins phéniciens : j'ignore ce qu'ils peuvent être avec les autres.

Chryséis, heureuse d'entendre parler sa langue, ne pouvait suffire à satisfaire la curiosité de ces Doriens. Ils voulaient savoir comment était fait le pays des Phéaciens, leur ville, leur roi, et se pâmaient de surprise quand elle leur disait les splendeurs des palais et les magnificences des temples. Ils n'ont d'ailleurs aucune idée juste de la Phénicie, qu'ils prennent pour une île, la confondant avec notre colonie de Kittim, et même avec nos établissements de Chalcis, qui sont pourtant bien près de chez eux. Ils voient d'ailleurs des Phéniciens partout. Ainsi, ils appellent la côte de Carie, le pays des Lélèges Cariens, où nous avons des comptoirs, « Phénicie. » Ce sont ces Lélèges Cariens et les Phrygiens qui les ont précédés dans l'île, commençant à refouler les Kydoniens dans les hautes vallées ; ils disent même que sur la terre ferme les Lélèges et les Pélasges vivaient avant eux, et qu'il en reste beaucoup. Je crois volontiers que les Cariens, Eoliens et autres, que nous avons chassés des côtes, ont pu venir en Crète, d'autant plus que les Cariens connaissent un peu la navigation, et que dans cet archipel, semé d'îles, le voyage de la côte d'Asie en Crète n'est pas bien difficile, même pour les barques de ces gens-là. Toujours est-il que la plus grande montagne de leur île de Crète porte un nom pélasge-éolien, le même que celui de la montagne qui est en Éolie, au fond du golfe en face de l'île de Mytilène : elle s'appelle le mont Ida. Ainsi, les Pélasges et les Lélèges, de la nation des Cariens, Éoliens, Lyciens, Dardaniens et autres, auraient occupé autrefois, non-seulement tout le pays et la côte depuis le détroit des Traces et l'île de Mytilène jusqu'en face de l'île de Rhodes, mais aussi les îles et la terre ferme depuis le pays des Traces jusqu'au cap Malée. Encore y aurait-il eu d'autres habitants avant eux, dont les Kydoniens sont un reste. Les Doriens, Ioniens et autres ne seraient venus qu'après eux, et maintenant ils viennent aussi, en sens inverse, s'établir de terre ferme dans les îles et à la côte d'Asie. La chose me paraît vraisemblable; car tout le monde sait que nos ancêtres connaissaient les Pélasges bien avant de connaître les Doriens et les Ioniens, et qu'il y a encore des villes pélasges, mal bâties et fortifiées, mais grandes, populeuses et anciennes, comme *Plakia* et *Skylaké* en Propontide, au nord de la Dardanie et de la petite île de Ténédos.

Je n'expliquerais point toutes ces choses si je ne croyais utile, pour un bon marin phénicien, de connaître non-seulement la configuration des terres et des mers, la marche des astres, le commerce et la navigation, mais aussi la parenté des peuples, leur langue, leurs dieux et leurs coutumes. Mon expérience m'a toujours appris que c'étaient là des choses très-utiles sur terre et sur mer et que les capitaines de navires devaient s'en informer et l'apprendre aux gens de leur ville, en le cachant, comme de juste, aux peuples étrangers.

Les Doriens se reconnaissent frères des Ioniens; ils font partie d'une seule et même famille de peuples qui se désignent entre eux par le nom d'*Hellènes*, et aussi de *Ræki* ou *Græki*. Les Hellènes ou Græki comprennent douze peuples ou tribus, comme les enfants d'Israël. Ce sont les *Thessaliens*, les *Béotiens*, les *Do-*

riens, les *Ioniens*, les *Perrhébiens*, les *Magnètes*, les *Lokriens*, les *Étéens*, les *Achéens*, les *Phokiens*, les *Dolopes* et les *Maliens*. Il en est encore parmi eux qui, au lieu d'Hellènes, se servent du nom plus ancien de *Helli* et de *Graï* ou *Græki*. Toujours est-il qu'ils sont d'accord pour dire que leurs douze tribus, en arrivant au sud du pays des Traces, habitèrent d'abord le pays d'*Hellopia*, qu'ils possèdent encore maintenant, d'où ils se sont répandus dans la presqu'île et dans les îles. C'est le pays qui entoure le fleuve d'*Acheloüs*, bien connu des marins, ce fleuve qui débouche sur la côte ouest, au nord du golfe, dans le canal qui sépare l'île de Céphallénie de la terre ferme. Leur plus ancienne ville est dans le pays d'Hellopia : c'est *Dodone*, et, après celle-ci, ils ont aussi *Delphi*. Ce sont leurs deux villes sacrées, où sont leurs dieux les plus puissants. C'est de là que nous les appelons tantôt Ioniens, enfants de *Ion* ou *Iavan*, parce que nous connaissons plutôt les Ioniens des îles et de la côte d'Asie, et tantôt *Dodanim*, gens de *Dodone*, à cause de leur ville de Dodone en Hellopia ; mais entre eux ils se désignent par les noms de Helli ou Hellènes, et de Graï ou Græki.

Tous les Helli reconnaissent entre eux les quatre fraternités suivantes :

Fraternité de sang et de race ;

Fraternité de langage ;

Fraternité par l'habitation de leurs dieux et les sacrifices qu'ils demandent, parce que les douze tribus ont les mêmes dieux ;

Fraternité de coutumes et de caractères.

Tous les Helli envoient à Dodone, et peut-être à Delphi, leurs plus sages Anciens et Chefs, qui jugent leurs différends communs. C'est là qu'ils prêtent un serment et qu'ils jurent de ne détruire aucune ville de celles qui sont entrées dans le serment et la fraternité ; de n'empêcher aucune de ces villes de communiquer avec l'eau courante ; de punir par la main et le pied ceux qui feront chose pareille. C'est ainsi qu'ils jurent.

Leur plus grand dieu est Dzeus, qui habite à Dodone. Ils croient que c'est le même que le Dzeus des Lélèges et des Pélasges, que les Kurètes de la Crète honorent par des danses, chants et hurlements. C'est un dieu comme Baal Chamaïm, dieu des cieux et des éléments de l'air, fils du temps, du ciel et de la terre. C'est lui aussi qui, sous la forme d'un taureau, porta la déesse des Phrygiens, Europê, dans cette île de Crète ; les Doriens ont sur le versant sud des montagnes, dans la vallée du petit fleuve Léthé, une ville qu'ils appellent *Hellotis* ou ville des Helli, que je n'ai point vue. Ils disent que dans cette ville, à côté d'une source, est un platane sous lequel se reposèrent Dzeus et Europê. Dans l'île est encore une autre ville, *Knosse*, que je crois fondée par les Phrygiens, et où Dzeus habite aussi.

Le plus grand dieu des Helli, avec Dzeus, est Apollo, devin et lanceur de flèches. C'est le dieu particulier des Doriens, qu'il a conduits sur mer sous la forme d'un dauphin, et il habite à Delphi. C'est là qu'il prédit l'avenir et révèle toutes choses ; c'est pourquoi il s'appelle le *Pythien* ou devin. Peut-être est-il le même que le *Baal Chillekh*, dieu lanceur de flèches, que nous connaissons en Phénicie et est-ce nous qui avons appris à l'honorer aux Helli. Ainsi penseraient-ils qu'il est un dauphin, leur ayant enseigné la navigation.

Ils révèrent aussi Hermès, dieu mystérieux des forces cachées de la nature, et à moins qu'ils ne l'aient connu des Égyptiens, je pense que ce dieu les a protégés et s'est fait connaître à eux de toute antiquité.

Les Kydoniens leur ont appris le culte d'Artémis, et nous leur faisons tous les jours connaître Astarté, qu'ils apprennent ainsi à vénérer par-dessus les autres.

Pour ce qui est de Baal Zébub, de Baal Péor, de El Adonaï, de Kémos, ils ne les connaissent point, ni les Cabires non plus. Ils ne savent pas même reconnaître les Cabires au ciel et ne naviguent point les yeux fixés sur le septième Cabire, qui est le pôle autour duquel tournent les autres étoiles. Aussi ce sont des marins timides qui n'osent pas perdre la terre de vue et rampent péniblement le long des côtes, sur leurs grandes barques non pontées, mal construites, mal lestées, mal gréées, et manœuvrant aussi pitoyablement à la voile qu'à la rame. Le moindre gros temps, le plus faible courant, sont des obstacles pour eux. Ils ignorent les distances et la figure des terres. Pour la navigation, ils sont tout à fait sauvages.

Leurs villes sont fortifiées grossièrement, par des amas de pierres non liées avec du ciment, et placées dans des lieux d'accès difficile, dont l'escarpement les défend. Leurs maisons sont faites de pierres sèches ou de briques cuites au soleil : ce sont des cabanes, à vrai dire. Ils n'ont point d'industrie et savent, tout au plus, travailler un peu le cuivre, dont ils font, tant bien que mal, des pointes de lance, des haches, des casques informes, mais couverts d'ornements, et des plaques de cuirasse. La lance est leur vraie arme de combat : leurs chefs la jettent du haut de leurs chariots, ou à pied. Ils ont très-peu d'archers et point de cavaliers, et ne se battent point avec l'épée. Corps à corps, ils se servent d'une espèce de poignard, qui est, chez les Doriens, recourbé en forme d'hameçon et tranchant par la face concave. Hannibal et Chamaï, qui se divertissaient à montrer à Hannon le maniement de l'épée, étaient toujours entourés d'un cercle d'admirateurs doriens, en extase devant les parades, les voltes, les coups de pointe subtilement lancés, et autres adresses d'escrime en usage parmi les gens d'Assur et de Chaldée, les Phéniciens, les Philistins et les enfants d'Israël.

Les boucliers des Doriens sont ronds et faits de peaux de bœufs. Ceux des chefs sont revêtus de lames de cuivre et portent des ornements et des peintures. Pour un bouclier de bronze travaillé et repoussé au marteau, le roi des Doriens de Hellotis, qui vint nous voir avant notre départ, nous proposa vingt-cinq bœufs. Je le lui cédai pour une bonne provision de pierres d'agate, propres à être employées en bijouterie, et pour deux énormes défenses de sanglier qu'il avait rapportées de la terre ferme, pièce curieuse qu'on peut voir dans le temple d'Astarté, à Sidon, à côté du troisième pilier à main droite.

Le troisième jour après notre arrivée dans l'île, un de nos matelots, blessé d'un coup de flèche pendant le combat que nous avions livré aux Égyptiens, mourut des suites de sa blessure. Je fis, suivant l'usage, tendre les navires d'étoffes noires, et je m'informai, auprès des Doriens, s'il se trouvait quelque caverne dans le voisinage. Ils m'en indiquèrent une, sur une montagne, à une vingtaine de stades de notre mouillage. Nous y portâmes le défunt, au milieu d'un grand concours de Doriens, parmi lesquels les femmes s'affligeaient et se lamentaient. Ce peuple a beaucoup de respect pour les morts et les inhume avec soin : ils ont même une peur effroyable qu'on ne fasse pas les cérémonies religieuses autour de leur corps, et c'est une des choses qui les font tellement craindre de périr en mer, d'être engloutis dans les eaux loin de leurs proches et de la terre et d'être privés des rites funéraires. La caverne était petite, mais profonde. Nous y déposâmes notre mort, après l'avoir bien lavé, et avec le corps on laissa les deux avirons et la planche sur lesquels on l'avait porté. On boucha ensuite l'entrée de la caverne avec de grosses pierres, et Hannon invoqua, à haute voix, Menath, Hokk et Rhadamath, qui jugent les morts dans le Chéol.

Les Doriens connaissent ces trois dieux, mais ils prononcent mal leurs noms, disant : Minos, Éaque et Rhadamante. Ils croient aussi qu'avant de juger dans le monde souterrain, Minos était roi de toute leur île, très-expert dans la navigation, et que ses vaisseaux allaient en terre ferme, chez les Ioniens, qui lui payaient un tribut de jeunes filles et de jeunes garçons. Pour Rhadamanthe, ils croient que des Phéniciens demi-dieux l'ont emmené sur leurs navires dans l'île de Chalcis. Ayant appris à les connaître par des capitaines sidoniens, ils ont tout brouillé ensemble, et ont confondu les dieux et les marins qui les leur avaient apportés. C'est ainsi que je pense aussi que la reine Pasiphaï, qu'Europê, la déesse apportée par le taureau Dzeus, et même Ariadnê, espèce de déesse qu'un de leurs rois ou demi-dieux connut en Crète, et qui connut ensuite Dionysos, dieu de la vigne et du vin, ne sont que des noms différents d'Astarté et des souvenirs de ce que leur avaient dit les Phéniciens qui leur apportent du vin. De même encore leur avons-nous enseigné Khousor Phtah, dieu du feu et du marteau, qu'ils nomment Phtos ou Phaistos. Enfin, tout ce que savent ces peuples, ils l'ont appris des Sidoniens. Les Sidoniens leur ont enseigné l'usage des métaux, du vin, et leur enseignent l'usage des lettres.

Nous y portâmes le défunt.

Nos anciens ne disent-ils pas que nous-mêmes, il y a longtemps, bien longtemps, nous apprîmes la connaissance des dieux et de la navigation de Uso, le chasseur sauvage, et de Tannat, déesse et reine égyptienne, et qu'ainsi nos connaissances nous viennent des Egyptiens? Et celles des Egyptiens eux-mêmes viendraient des Atlantes, plus anciens encore, des Atlantes de l'ouest qui passèrent du couchant et des terres disparues, en Libye, puis en Égypte, et jusqu'en Éthiopie, quand la Grande Mer était encore au sud de la Libye? Tout cela prouve que les nations se succèdent et que les dieux sont éternels.

Après avoir inhumé notre matelot, dont les Doriens nous promirent de respecter le sépulcre, nous retournâmes à nos vaisseaux, que je laissai tendus de noir jusqu'à la nuit. Vers le soir, Hadlaï revint avec son monde, ayant fait quelques bonnes acquisitions. Jonas, bouffi d'orgueil, était entouré d'une suite d'admirateurs qui l'escortaient depuis la montagne; il portait un veau sur son dos.

« Que prétends-tu faire de ce veau? lui dis-je.

— Je prétends le manger. Je l'ai bien gagné.

— Et comment as-tu gagné un veau? Est-ce en sonnant de la trompette?

— Non. Leurs hommes forts ont voulu s'essayer avec moi, et je les ai terrassés l'un après l'autre. Alors ils m'ont donné un veau. S'ils veulent m'en donner toujours ainsi, je les terrasserai tant qu'ils voudront. Tant qu'ils auront des veaux, je ne me lasserai pas de les terrasser; c'est un fameux pays! »

Là-dessus, voyant le roi des Doriens accompagné d'un troupeau de bœufs, Jonas lui cria :

« Si tu veux me donner un bœuf, je te renverserai et je te battrai dos et ventre; et pour deux bœufs, je te casserai bras et jambes. »

Le roi, qui ne comprenait pas le phénicien, demandait ce que disait Jonas. J'eus beaucoup de peine à faire taire l'obtus sonneur de trompette et à lui faire comprendre sa sottise.

« Puisque c'est leur plaisir d'être jetés par terre, disait-il, et qu'ils vous donnent de bonnes choses à manger quand on les bat! Quel beau pays que ce Dodanim! si je m'avisais de battre quelqu'un de la tribu de Dan, ou de Juda, il me frapperait avec son couteau. Chez nous, on donne des coups de couteau, et ici on donne des veaux. Je suis bien content d'être venu : c'est un fameux pays! »

Cette nuit-là, le vent se mit à souffler des régions du nord et du nord-ouest, mais non point assez fort pour nous inquiéter sur notre départ. Au matin, les Doriens étaient bien étonnés quand ils nous virent nous préparer à prendre la mer; avec leurs canots ils n'auraient jamais osé le faire.

« Allez-vous donc partir maintenant, contre la volonté du vent et des flots? nous dit celui de leurs chefs qui savait un peu le phénicien.

— Sans doute, lui dis-je.

— J'aurais dû penser, fit-il, que vous êtes arrivés par cette tempête épouvantable et qu'il fallait être des demi-dieux comme vous pour conduire sûrement vos noirs navires sur cette mer déchaînée. La nuit où la tempête était dans son fort, vous étiez sur les flots furieux.

— Nous y étions assurément, homme Dorien, lui dis-je, et nous tenions tête aux coups de mer, comme doivent le faire des enfants d'Astarté et des Cabires.

— A telles enseignes, ajouta Himilcon, qu'au milieu de la tempête, l'eau salée m'ayant fort altéré, les Cabires m'envoyèrent une outre du meilleur vin.

— Les dieux marins protègent les Phéniciens, qui sont leurs enfants, s'écria le chef; je le sais, je le sais. Je les ai vus, dans cette terrifiante tempête, voler au sommet des flots, à la lueur des éclairs. Oui, j'ai vu leur char qui courait sur la crête des vagues, pour aller à votre secours, et je me le rappellerai toute ma vie.

— Et comment est-il fait, le char des dieux? exclama Himilcon, surpris à son tour.

— Tu le sais bien, dit le chef d'une voix émue. Il est fort élevé, et rond, en forme de coquillage multicolore, et des monstres marins le traînent sur les lames, blanches d'écume.

— Il a vu le gaoul de Bodmilcar, dis-je à voix basse à Himilcon. A la lueur des éclairs, il lui aura paru de toutes les couleurs.

— Si je pouvais tordre le cou à ce dieu marin là, me répondit Himilcon de même, je consentirais bien volontiers à boire de l'eau pendant un mois. »

En ce moment, je vis qu'Amilcar, Gisgon et quelques autres examinaient attentivement des épaves que la mer jetait sur la plage. J'allai les voir avec eux, et nous reconnûmes des débris du couronnement de poupe et de l'avant d'un navire.

« Ce n'est pas un phénicien, pour sûr, dit Amilcar en me montrant les débris de chevillage que conservait une planche.

— Non, lui répondis-je, et je me tromperais fort si ce n'était pas un égyptien. Voilà bien leur manière d'assembler les planches, avec des chevilles sans taquet, et leur épaisseur de bois.

— Et tiens, dit Asdrubal, tiens, le cou d'oie, là-bas : c'était un égyptien.

— Vraisemblablement, Bodmilcar en a emmené en sa compagnie, dis-je aux autres. La partie de plaisir a mal commencé pour eux et paraît s'être terminée dans ces parages.

— C'est bien fait, dit Gisgon. Mais je mentirais si je disais que j'en souhaite autant au tyrien. Il a les trois quarts des marchandises dans ses flancs, et si nous le rejoignons, je tiens à le rejoindre non endommagé. La destinée de ces coquins étant de périr, je suis d'avis qu'une bonne corde est préférable pour eux à vingt-quatre heures de séjour au fin fond de la mer. Voilà ce que je pense.

— Et tu penses bien, lui dis-je. Présentement, embarquons. Nous allons dans l'île des Sicules, voir si tu n'y retrouverais pas par hasard tes oreilles, et jusqu'à ce que le vent change, il va falloir courir des bordées et louvoyer comme des hommes. »

Au moment où l'on terminait les préparatifs du départ, le roi dorien, qui se trouvait là en compagnie de tous ses gens, vint à moi brusquement, et comme quelqu'un qui a des choses importantes à dire :

« Tu es un Phénicien, un roi des navires et de la mer, me dit-il. Moi je suis un Dorien, un roi des peuples. Nous pouvons nous entendre. Tu vois ces bœufs, ces chevaux, ce char, tout cela est à moi. Je commande à trente villages et à douze mille guerriers. Je suis puissant et favorisé des dieux.

— Il a quelque chose à me demander, celui-là, » pensai-je.

Regardant autour de moi, je vis nos vaisseaux tout prêts, quarante hommes d'Hannibal à terre, outre Hannon, Chamaï, Bicri et Jonas; Abigaïl et Chryséis ne comptant pas; et autour du roi, une trentaine d'hommes à lance.

« Bon, pensai-je encore. En tout cas, il ne me le prendra pas de vive force.

— Roi des Phéniciens, reprit mon Dorien, veux-tu me vendre la Pilegech qui est ici, Chryséis l'Ionienne? Je t'en donnerai ce ce que tu voudras. »

Hannon fit vivement deux pas en avant. Je le retins.

« Roi des Doriens, répondis-je, Chryséis n'est pas à vendre. Toutefois parle-lui : si elle veut venir avec toi, je passerai marché. En considération de la bienveillance de ton peuple, je consens à te la céder, à la condition expresse qu'elle y consente elle-même. »

Hannon regarda Chryséis d'un air effaré, puis me regarda moi-même. Le Dorien s'avança vers elle, et élevant le bras, il lui dit :

« Fille hellène, sœur par le sang, veux-tu être la reine des Doriens d'Hellotis? »

Chryséis, les yeux fixés à terre, ne répondit pas.

« Que Dzeus et Apollo le devin t'inspirent ta réponse, s'écria le roi. Vois, les filles des Doriens m'admirent quand je passe. Heureuse, disent-elles, la femme que Dzeus lui fera choisir! Tu auras douze jeunes filles esclaves qui te serviront et fileront la laine autour de toi. Tu choisiras ta nourriture parmi mes trois cents chèvres, et cinquante vaches te donneront du lait. Ma maison est bâtie en pierres, comme les maisons des Égyptiens, et j'ai dans un coffre des colliers et des épingles de tête en or que m'ont vendus des Phéniciens pareils à ceux-ci. Chryséis, tu seras honorée entre toutes les femmes des Doriens de la Crète! »

Chryséis leva les yeux, et regarda le Dorien d'un air assuré.

Puis, mettant la main sur l'épaule d'Hannon, elle dit fermement :

« Dzeus m'a donnée à celui-ci ; c'est avec lui que je veux rester. »

Le Dorien frappa du pied avec dépit.

« Ce n'est qu'un petit parmi les Phéniciens, et je suis un grand roi parmi les Hellènes ! s'écria-t-il.

— Le scribe d'un navire sidonien, répondit fièrement Hannon, est l'égal des rois de la terre. Je ne reconnais au-dessus de moi que les dieux et mon capitaine.

— Quand il serait le dernier des matelots, dit Chryséis, mon cœur est à lui. Dzeus le veut ainsi, et sa déesse Astarté m'a déjà sauvée du péril.

— Tu veux donc encore, s'écria le Dorien, t'exposer à la fureur des mers et courir au-devant de la colère des dieux qui envoient des monstres ? Regarde là-bas, la mer sombre et menaçante, et ici, les fraîches montagnes, les riantes prairies, les forêts ombreuses.

— Roi des Doriens, dit Chryséis en souriant, la mer contient des merveilles que tu ne connais pas, et la déesse Astarté, qu'Hannon m'apprit à révérer, la déesse qui m'unit à lui, me montre dans les vagues des pays aussi riants que les prairies et les montagnes.

— Vive Astarté ! s'écria Hannon en attirant Chryséis sur sa poitrine. Un marin de Sidon, n'eût-il que son écritoire, lui plaît davantage qu'un roi entouré de guerriers. Chryséis, Chryséis, regarde nos navires qui se balancent là-bas ; vois comme ils sont beaux et gracieux ! N'entends-tu pas la déesse t'appeler du fond des eaux ? Fi de la terre !

— Et toi, roi des Phéaciens, me dit le Dorien, t'en tiens-tu là ? C'est ton dernier mot ?

— La fille a parlé, répondis-je. La volonté des dieux s'est révélée par sa bouche. J'en rends grâce à mon Astarté et à ton Dzeus ! »

Le roi monta sur son char avec colère, et s'éloigna rapidement, sans détourner la tête.

« Aujourd'hui, dit Hannon à Chryséis en revenant à bord, je

t'ai vraiment conquise. Maintenant, que pouvons-nous craindre? La dame des cieux t'a faite sa prêtresse, et tu protéges nos navires.

— Haute la voile! criai-je de mon banc, et vous, rameurs, nagez ferme! »

Nos vaisseaux s'éloignèrent vers le nord-ouest, courant largement des bordées pour prendre le dessus du vent. Cinq heures après, nous avions connaissance de l'extrémité occidentale de l'île, et dans la nuit nous rangions par le nord les rochers de la petite Cythère.

Deux jours d'une navigation fatigante, mais sûre, nous conduisirent à l'embouchure du grand fleuve Achéloüs, que nos marins appellent la rivière Blanche, à cause de la couleur de ses eaux. Nous passions entre les côtes agréablement découpées et verdoyantes de la terre ferme et les îles de grande Cythère, Zacynthe et Céphallénie. Nous rencontrâmes aussi un assez grand nombre de barques hellènes, grandes et petites, car dans ces parages d'une navigation facile, où l'on ne perd jamais la côte de vue, les gens du pays font un cabotage très-actif, alimenté par les productions naturelles de leur sol et par nos produits manufacturés.

J'arrivai à l'embouchure de l'Achéloüs par une mer tranquille et une jolie brise du nord-est, qui me servait à souhait pour me rendre au détroit de Sicile. Je ne comptais pas longer la côte jusque vers l'île de Corcyre, comme on fait quelquefois pour avoir moins de pleine mer à traverser, et les circonstances favorables me décidèrent à profiter du vent. Je renonçai donc à visiter la métropole des Helli, et comme j'avais de l'eau et des vivres en abondance, je m'abandonnai au vent grand largue et je fis voile pour la pointe méridionale de l'Italie. En passant dans le canal entre l'île de Céphallénie et la petite île d'Ithaque, je rencontrai deux grands gaouls sidoniens et une galère, avec lesquels je communiquai. Leur capitaine, qui s'appelait Bodachmoun, me proposa de m'arrêter à la pointe d'Ithaque, pour prendre nos commissions, car il retournait à Sidon. J'y consentis bien volontiers, et je me rendis à bord d'un de ses gaouls. Il revenait du fond de la mer de Iapygie, des bouches de l'Éridan, où il s'était procuré une bonne quantité d'or, tant en poudre qu'en pépites. Il avait aussi du cristal de roche, que les riverains de l'Éridan se procurent chez les habitants des hautes montagnes d'où ce grand fleuve descend. Comme le capitaine Bodachmoun n'était pas très-encombré, je lui offris un échange, après lui avoir raconté la trahison de Bodmilcar et la perte de mon gaoul

Mon récit indigna Bodachmoun.

« Pareille trahison, s'écria-t-il, n'est jamais arrivée entre Sidoniens et Tyriens. Je la dénoncerai par toute la Phénicie, et je la raconterai au roi Hiram, de façon que si Bodmilcar revenait pendant ton voyage, soit en Phénicie, soit dans une colonie voisine, à Kittim, à Rhodes, à Melos, à Thera ou à Thasos, il reçoive le châtiment qu'il mérite. Quant à l'échange que tu m'offres, je suis tout disposé à le traiter avec toi.

— J'ai, lui dis-je, du cuivre de Crète, des peaux de bœuf, de la laine filée et des cornes de bouquetins sauvages d'une grandeur peu commune. Je pense que tu te déferas avantageusement de ces objets en Egypte et en Phénicie. En outre, et comme renseignement, ils ont en Crète des jeunes filles esclaves à vendre, que tu auras à bon compte.

— Je ferai mon profit du renseignement, répondit Bodachmoun, et pour ce qui est du marché, il me convient. Nous allons le régler ensemble au plus juste prix. Maintenant, si tu as un peu de vin, je serai bien content d'en boire, car le mien est épuisé depuis six mois, et ce n'est pas chez les Iapyges, les Ombres et les Hénètes que j'en ai pu trouver. »

J'invitai aussitôt Bodachmoun, ses deux capitaines et ses pilotes à venir manger de la viande fraîche, des oignons, des figues sèches, des fromages, et à boire du vin à mon bord, car nous étions surabondamment ravitaillés de vivres et de boisson. Avant le repas, nos compatriotes visitèrent nos navires, dont ils louèrent grandement la construction, le gréement et l'aménagement. Bodachmoun visita aussi les marchandises que je voulais lui céder et m'en donna un prix fort avantageux en pépites d'or et en cristal de roche.

Au moment où nous allions nous asseoir pour manger, Bodachmoun s'écria :

« Par Astarté! il faut, puisque tu nous régales de vin, que je te régale d'un spectacle curieux. J'ai ici, à mon bord, un vieil Héllène, à moitié aveugle, que j'ai embarqué à Corcyre pour le débarquer en Crète, où il veut aller. Ce vieux est tout à fait vénérable, et il connaît toutes les histoires du monde aussi bien que Sanchoniaton le Tyrien et Elhana l'homme d'Israël. Il chante, en s'accompagnant d'une cithare, les histoires des dieux et des guerriers de son pays, et me paye son passage en chansons. Il nous chantera des choses extraordinaires. »

On alla chercher le vieillard, qui s'appelait Homéros. Il avait une grande barbe blanche et l'air tout à fait majestueux, et il portait dans sa main sa cithare, qui était faite d'une écaille de tortue.

« Phéaciens, nous dit-il, rois de la mer, vous qui voyez les merveilles du monde, que les dieux conduisent vos vaisseaux noirs. Pour moi, mes yeux sont fatigués. Je ne puis plus voir les campagnes, les troupeaux, les guerriers et leurs belles armures. A peine puis-je apercevoir la lumière du soleil. Mais les déesses Mousae, qui habitent le fleuve Pénée et ses fraîches montagnes, m'ont appris les chants et l'harmonie, et je vais partout, célébrant les exploits des guerriers et des rois conducteurs de peuples. »

Je fis boire du meilleur nectar au vieil Homéros et il eut le cœur tout réjoui. Je comprenais peu de chose de ce qu'il nous chantait, mais Hannon, qui comprenait tout, était transporté d'admiration.

« Je n'ai jamais entendu rien de pareil, s'écria le scribe, et ce vieillard est vraiment divin. Les peuples qui ont de pareils hommes ne sont point si sauvages, encore qu'ils ne sachent point naviguer, fabriquer ou trafiquer comme nous. »

Dans la joie qu'il avait de connaître ces beaux chants, Hannon fit présent au vieillard de son propre manteau, qui était de la laine la plus fine d'Helbon et brodé à grands ramages.

« J'ai, dit Hannibal, vu dans la ville de Our en Naharan un homme extraordinaire. C'était un Égyptien qui voyageait, comme celui-ci, mais il n'était point si vieux. Il avait un singe, il jouait de la flûte et il chantait, et toutes les actions qu'il chantait, le singe les faisait. Ainsi tout le monde comprenait ses chants.

Homéros chante les exploits des guerriers et des rois.

Quand Chryséis chante les exploits des guerriers, je ne comprends point ses paroles, mais à son ton, à je ne sais quoi, je me sens transporté d'ardeur. Mais ce vieux, je n'entends pas un mot de ce qu'il dit. Il devrait avoir un singe comme l'Égyptien.

— La sagesse d'Hannibal, dit Hannon, m'a toujours rempli

Homéros.

d'étonnement : j'ai la conviction qu'il serait tout à fait propre à servir de singe à ce chanteur.

— Nous sommes tous comme cela à Arvad, répondit modestement Hannibal. Si je comprenais le langage du vieillard, je pourrais parfaitement faire tous les gestes, aussi bien et même mieux que n'importe quel singe. »

VIII

Des prouesses que nous fîmes contre les Phokiens.

Dans l'après-midi, après avoir fait nos adieux à nos compatriotes qui se chargèrent de nos commissions et d'une lettre que je fis écrire pour le roi Hiram, je fis voile vers l'est, profitant du vent favorable. Je me dirigeai d'abord au nord, pour passer entre Céphallénie et Leucade. De là je n'avais plus qu'à courir directement à l'est, pour arriver sur la pointe sud du grand golfe des Iapyges. Le *Cabire*, qui nous précédait d'environ dix stades, contourna le premier la pointe nord de l'île de Céphallénie. Comme nous arrivions à notre tour et que la pointe de l'île nous masquait encore le *Cabire*, il me sembla que j'entendais, dans sa direction, au loin, des cris et des appels de trompette. Je fis mettre les rameurs en place et forcer de vitesse. En dépassant la pointe de l'île, les cris et les sonneries devinrent plus distincts. Je fis aussitôt sonner l'alarme à mon tour et faire les préparatifs de combat. Quand la côte de Céphallénie m'eut démasqué la vue, j'aperçus le *Cabire*, à moins de six stades de nous, entouré de plus de vingt grandes barques hellènes, qui grouillaient autour de lui. Il y en avait bien une cinquantaine d'autres, qui arrivaient en débandade du sud de l'île. Elles l'avaient contournée par l'ouest, pendant que nous la longions par l'est, ce qui nous avait empêchés de les voir; le *Cabire*, en doublant la pointe, était tombé au milieu d'elles, comme dans une embuscade, sans quoi sa vitesse lui aurait permis de se tenir aisément hors de portée et de ne pas se laisser entourer.

Le tonnage du *Cabire* était trop faible pour qu'il pût être muni d'un éperon, de sorte qu'il se défendait à coups de flèches et de traits, tournant sans cesse en cercle pour éviter les tentatives d'abordage. Il avait d'ailleurs été complétement surpris, n'ayant

Le *Cabire* nous précédait d'environ dix stades.

vu les Hellènes qu'au moment où il se trouvait déjà au milieu d'eux.

Il n'y avait pas de temps à perdre. Le *Dagon* se dirigea immédiatement vers les barques qui arrivaient du sud, le long de la côte de l'île, et je courus droit sur les assaillants du *Cabire*.

Les barques sur lesquelles le *Dagon* se jetait ne paraissaient pas des adversaires bien redoutables. Elles étaient chargées de monde à couler bas, et encombrées de bestiaux, de sacs, d'instruments aratoires, de grands tonneaux de terre cuite. C'était évidemment un convoi d'émigration dans lequel nous tombions. Asdrubal s'en aperçut comme moi. Je le vis, du geste, faire signe à ses hommes de ne pas tirer; puis, son navire décrivant un grand cercle pour prendre le dessous du vent, je le vis arriver à toute vitesse sur la foule pressée des barques hellènes.

Mes adversaires étaient moins nombreux, mais plus redoutables. Il n'y avait de ce côté-là que des hommes armés. J'eus beau me hâter, je n'étais pas encore à deux stades du *Cabire* qui se débattait au milieu d'eux, qu'ils trouvèrent enfin moyen d'y grimper. En un instant, le pont de mon brave petit navire fut couvert de monde. Au milieu d'un fourmillement de têtes et de lances, je pus distinguer Amilcar, couvert de son bouclier, l'épée au poing, lançant de grands coups de pointe au milieu d'un cercle d'assaillants, et Gisgon, adossé au couronnement, tenant sa grande hache à deux mains et fendant le crâne d'un homme qui voulait se jeter sur lui pour le prendre au corps.

Cinq ou six grandes barques se mirent en travers de nous, pour nous empêcher d'arriver au secours de nos camarades. J'entendais les cris de défi des guerriers qui les montaient et les chants avec lesquels ils s'excitent les uns les autres, criant sans cesse d'une voix aiguë : « Io Péane! Io Péane! » Sur l'avant de la plus haute de leurs barques était grimpé un grand gaillard qui paraissait être le chef. Il avait un casque à panache, un bouclier revêtu de lames de cuivre, des jambières revêtues de cuivre pareillement, et se démenait en gesticulant et en brandissant sa lance. Je n'eus pas besoin de le faire remarquer à Bicri; le bon archer, un genou sur le bordage et sa flèche sur la corde, ne le perdait pas des yeux; dès qu'il fut à portée, il ramena vivement la corde à son oreille : l'arc vibra, la flèche partit, et le chef hellène, étendant les deux bras, tomba dans la mer la tête la première.

« Allons, à l'eau les sauvages! criai-je aussitôt. Appuyez à gauche et tombons dessus. »

Un choc violent ébranla l'*Astarté*, qui heurtait de tout son poids la grande barque hellène; celle-ci fut effondrée du coup et s'abîma dans un tourbillon d'écume. Je passai rapidement à côté d'une autre barque qui se trouvait à ma droite. Les gens de cette barque eurent la sottise de se jeter tous du même côté, pour grimper sur mon navire, de sorte qu'en virant de bord, et en passant du côté opposé, la poussée que je lui donnai au passage la chavira sur place. Des barques si mal construites et tellement chargées de monde chavirent au plus petit choc, quand elles sont prises dans un faux mouvement. Je courus un grand demi-cercle, pour me dégager des assaillants et prendre de l'élan afin de mieux culbuter ceux qui entouraient le *Cabire* : je voyais, sur celui-ci, qu'on se battait vigoureusement. Hannibal prit en même temps ses dispositions avec intelligence. Il plaça ses archers sur l'élévation de l'arrière et ses hommes d'armes en deux groupes : l'un, à l'avant, sous ses ordres, devait sauter sur le pont du *Cabire*, quand nous arriverions à nous rapprocher, pour balayer ses agresseurs ; l'autre restait sous les ordres de Chamaï, prêt à nous défendre contre toute tentative d'abordage.

Du côté du *Dagon*, il n'y avait rien à craindre. Du haut de mon banc de commandement, je le voyais, à chaque instant, reculer, ramant arrière, pour prendre de l'élan, puis se jeter en avant de toute sa vitesse, écrasant, effondrant, chavirant la cohue inerte de ses adversaires. Je voyais voler les pots à feu et les faisceaux de gros traits, et j'entendais les cris et les hurlements de rage et de désespoir qui sortaient de ce fouillis : le *Dagon* travaillait terriblement.

Hannibal, parlant à ses hommes d'une voix brève, leur dit :

« Tout à l'heure nous allons nous prendre corps à corps. Les plus alertes, ceux qui sont habitués aux vaisseaux, sauteront avec moi sur le pont du *Cabire*. Les autres combattront ici de pied ferme avec Chamaï Dans cette presse, on n'a pas de place pour manier la lance : donc, bas les piques, et aux épées !

— Attention ! criai-je, tenez-vous bien ; nous allons choquer : rame avant, rame ! »

Au même moment, nous bousculâmes deux des barques qu'ils avaient détachées et qui cherchaient à se placer contre nous.

« Aux machines, et vivement ! commandai-je. Archers, tirez ! »

Bicri, ses archers, et les gens des machines firent pleuvoir sur les barques qui se jetaient sur nous, de droite et de gauche, une grêle de pierres, de traits, de flèches et de pots à feu. Hannibal et ses hommes se pelotonnèrent sur l'avant, l'épée en main, le bouclier pendu au cou, et prêts à bondir. Chamaï et les siens, groupés autour du mât, n'attendaient que la vue de l'ennemi pour charger. Bicri et ses archers jetèrent leurs arcs et tirèrent leurs épées et leurs couteaux. Jonas, cessant de souffler, plaça proprement sa trompette à ses pieds et saisit un énorme levier que deux hommes remuaient difficilement et qui servait à tirer l'ancre du fond.

« S'ils m'ont, s'écria-t-il, donné un veau pour quelques tapes amicales et étreintes sans conséquence, que vont-ils me donner à présent, quand je vais leur décharger cette barre sur la tête et sur les épaules? Il faut qu'ils me donnent dix bœufs, trente gâteaux et cinq outres de vin, car je vais les assommer par douzaines. Dodanim, préparez votre cuisine; je vais vous faire voir le moulinet de Samson, l'homme fort!

— Va de l'avant, commandai-je, et choquez! »

Un flot d'écume se souleva jusque par-dessus l'avant. Un craquement formidable se fit entendre, au milieu de cris de terreur et de fureur. Des mâts oscillèrent à nos côtés, une grande barque, l'avant soulevé, s'engloutit par l'arrière, une autre s'abîma à notre gauche, une troisième tournoya et chavira à notre droite. Je vis, à un demi-trait-d'arc devant nous, Asdrubal, la tête ensanglantée; Gisgon les cheveux épars et la hache levée; une douzaine de nos matelots, réfugiés tout contre l'arrière du *Cabire*, et repoussant, d'un dernier effort, le flot acharné des envahisseurs.

« A nous, Magon! à nous, les Sidoniens! cria Amilcar d'une voix terrible.

— Tiens bon! m'écriai-je; nous voilà! Rame à droite, à droite, timonier, et lève rames; laisse arriver. »

Une barque hellène s'effondra sous notre choc; notre avant s'éleva un moment, soulevé par la barque que nous abordions, comme si nous la tenions sous nos genoux.

« En avant! » cria Hannibal.

Je vis, bord à-bord, et au-dessous de nous, le pont du *Cabire*, et les gens d'Hannibal, leur chef en tête, qui, empoignant des cordages pour se laisser glisser, ou se donnant de l'élan par-dessus les bordages, sautaient à corps perdu sur le pont, dans la masse grouillante des Hellènes.

« A toi, Magon, les voilà ! » cria Hannon, se précipitant l'épée haute.

Deux barques s'étaient collées, l'une à nos flancs, l'autre sous notre arrière, et les Helli sautaient de tous côtés sur notre pont. D'un coup de pointe, lancé à bras raccourci, je crevai la poitrine au premier qui venait sur moi, la lance levée. Je vis Hannon, qui profitait bien de ses leçons d'escrime, parer du bras gauche le coup de lance d'un autre et riposter d'un coup d'épée, porté la main haute, qui le frappa entre le cou et l'épaule. Je vis Chamaï moulinant son épée, se baissant et se relevant avec une agilité extraordinaire, un Hellène qui reculait devant lui s'abattre lourdement sur le pont ; un autre qui, se comprimant le ventre, chancela, puis tomba sous les pieds des combattants, et un troisième qui s'accroupissait en se tenant la tête à deux mains, pendant que le sang coulait entre ses doigts. Je vis Bicri qui sautait du haut de l'arrière au milieu d'un groupe de trois ou quatre hommes et qui roulait pêle-mêle avec eux, puis se relevait tout seul, son épée ensanglantée d'une main et son poignard de l'autre ; je vis Himilcon qui, saisissant un homme à la gorge, le collait au mât et lui enfonçait son épée dans le flanc. J'entendis les mugissements de Jonas et le bruit de son levier qui tournoyait avec un sifflement de tempête, défonçant les crânes, cassant les bras, effondrant les poitrines, broyant les omoplates, fracassant les côtes, brisant les jambes, ruinant les colonnes vertébrales et réduisant les clavicules en bouillie.

« Rangez-vous ! tonnait le sonneur ; faites-moi de la place ! J'ai besoin de place pour bien manier mon bâton ! Écartez-vous de mes coudes ! Où sont-elles, les bêtes curieuses ? Préparez votre vin, vos bœufs, vos fromages et vos gâteaux ! Je suis un homme qui gagne ses repas en conscience ! »

Trois ou quatre Doriens se jetèrent en même temps sur moi.

Le *Cabire* était entouré de barques hellènes.

Je reçus un coup de lance dans mon bouclier, si violent qu'il me le fit lâcher. Tandis que d'un revers je taillais la figure à l'homme du coup de lance, un autre me saisit par la gorge et me renversa contre le bordage; je vis devant mes yeux briller son épée en faucille, avec laquelle il allait me saisir le cou pour me couper la tête, quand Hannon, se jetant sur lui et l'empoignant par le bras, lui plongea son épée sous l'aisselle. En tombant, il entraîna Hannon avec lui, et tous deux glissèrent sur moi. Je vis briller la lance d'un troisième près de la poitrine d'Hannon; mais au même instant Chamaï lui lança un si terrible coup de pointe qu'il le jeta à la renverse à deux pas de nous. Je me relevai, et Hannon, mettant le pied sur le dos de celui qu'il avait tué, retira son épée, profondément engagée dans le corps de l'Hellène. En me relevant, je pus voir Chryséis, toute pâle, mais ferme, debout, les mains jointes, près de la poupe, et Abigaïl, qui, en vraie fille de Juda, avait empoigné une épée et frappait à tort et à travers, d'estoc et de taille, sur un Dorien qui avait perdu sa lance et qui s'abritait d'un air effaré sous son bouclier, stupéfait d'être attaqué par une femme. Chamaï, voyant le jeu, passa comme un taureau à travers les combattants, renversant amis et ennemis, pour courir à l'arrière, et Hannon le rejoignit en deux bonds. Cependant Himilcon et une quinzaine de mes matelots, s'étant fait un passage, se placèrent autour de moi, le coutelas et la hache à la main. A leur tête, je balayai le pont jusqu'à l'avant, renversant ou jetant par-dessus bord tous ces Doriens, empêtrés dans leurs grandes lances, trébuchant dans les cordages, dans les manœuvres et dans les agrès. Sur l'avant, je me retournai, et je pus voir que Chamaï et Hannon avaient débarrassé l'arrière et se précipitaient vers le mât où Bicri, avec les autres, se battait furieusement contre un nouveau flot d'assaillants qui escaladaient les bordages. Au-dessus de la masse confuse des têtes, des lances, des haches, des boucliers et des épées, on voyait tournoyer le levier de Jonas, et par-dessus les cris, les hurlements, le cliquetis des armes et le fracas du bronze, on l'entendait mugir :

« Arrivez, arrivez donc, Dodanim ! Vous n'aurez jamais trop

de bœufs pour moi ! Apportez vos têtes et vos dos, en attendant que vous apportiez vos gâteaux et vos fromages. »

Un cri général de triomphe me remplit l'âme de joie. Je vis, sur le pont débarrassé du *Cabire*, Hannibal, ses gens, Amilcar, Gisgon et le reste de nos matelots l'épée ou le coutelas en l'air, acclamant Asdrubal et le *Dagon*, qui arrivaient comme le tonnerre et entraient avec un fracas formidable dans la masse, déjà bien réduite, des barques hellènes.

L'une de ces barques s'engloutit, brisée par le choc; une grêle de pierres, de traits et de pots à feu tomba, du haut du *Dagon*, sur la fourmilière qui montait à l'assaut de l'*Astarté*.

Je fis un signal aux timoniers et à quelques matelots qui étaient remontés à l'arrière, déblayé d'ennemis. D'autres se jetèrent aux rames, par les panneaux; le peu d'ennemis qui avaient osé descendre dans l'entrepont furent écharpés en un instant, et l'*Astarté*, virant brusquement de bord, bouscula les barques pressées autour d'elle et vint ranger le *Dagon*, puis, tournant encore, nous allâmes prendre le *Cabire* au milieu de nous. Hannibal remonta sur notre pont avec une vingtaine d'hommes et aida à dépêcher les Hellènes qui s'y trouvaient encore et qui firent une défense désespérée. Puis nous coulâmes une grande barque; deux autres furent abandonnées par leur équipage qui se jeta à la mer, saisi de frayeur, et nagea vers celles des barques qui s'enfuyaient en toute hâte, accompagnées par les flèches de Bicri et de ses archers.

Nous nous dirigions vers le grand convoi dont trois barques, abandonnées par leur équipage, se balançaient au gré des flots. En me penchant par-dessus la poupe, je vis, à ma grande surprise, notre barque, attachée derrière nous, qui était remplie d'Hellènes armés. Je fis signe à Bicri, qui accourut avec quelques archers. L'un des Hellènes, sa faucille à la main, allait justement couper la remorque; une flèche, qui lui traversa la gorge, l'en empêcha.

« Bas les armes, vous autres ! » criai-je en ionien.

Les hommes qui s'étaient malencontreusement jetés dans la barque pour monter à l'abordage, et qui n'avaient pas eu le temps de s'en aller, me répondirent par une nouvelle tentative de couper la remorque, mais elle n'eut pas plus de succès que la première ; une nouvelle flèche de Bicri l'arrêta court.

« Faut-il les enfiler tous ? me dit l'archer en remettant une flèche sur sa corde.

— Non pas, lui répondis-je. Ce sont des hommes vigoureux. Cela se vend très-bien à Carthage. Ne gâtons pas la marchandise. »

Je les sommai encore une fois de se rendre, mais inutilement. L'un d'eux me jeta sa lance, qui me rasa l'épaule, et un autre, voyant l'affaire désespérée, sauta à la mer, où il s'est vraisemblablement noyé, car nous étions encore assez loin de la côte.

Il en restait quinze. Je les fis haranguer en leur langage par Chryséis et par Hannon, dont l'éloquence eut plus de succès. Hannon, sur mes ordres, leur promit qu'on les conduirait dans un pays dont le roi les prendrait à sa solde comme guerriers, et qu'ils y seraient bien traités et bien nourris. Il me livrèrent alors leurs armes, que je fis hisser par un grelin, puis, leur ayant jeté un bout de manœuvre, ils montèrent sur le pont un à un, très-humiliés et médiocrement rassurés.

Quant au reste de nos agresseurs, ils s'en allaient aussi vite qu'ils pouvaient, les uns entiers, les autres avariés, se cahotant et se traînant péniblement sur la mer, dans le plus beau désordre, sans crier ni se vanter. Mais on entendait de loin des hurlements et des gémissements de femmes qui pleuraient les morts, les guerriers tués ou noyés. La nuit tombait tout à fait, et pour ces gens-là une navigation de nuit est une terrible affaire. Ceux qui avaient réchappé à la bataille devaient se croire perdus une seconde fois, à l'approche des ténèbres.

On voyait, dans la masse confuse de ces barques, la lueur de plusieurs incendies allumés par les pots à feu du *Dagon*. Amilcar et Asdrubal obtinrent de moi de se mettre à la poursuite du gros de la flotte : je fis passer à leur bord trente hommes avec Chamaï et Bicri, et en les attendant, je m'occupais d'amariner les deux barques d'escorte qu'ils avaient abandonnées devant nous et les trois du convoi qui restaient à notre portée. Il n'y restait plus un homme debout ; je n'y trouvai qu'une quinzaine de morts, que je fis jeter à l'eau après les avoir dépouillés. Je remis au lendemain matin l'inspection du butin que nous avions conquis, et je fis débarrasser le pont de l'*Astarté* des cadavres des Hellènes et d'une douzaine de leurs blessés qu'on jeta à l'eau. Onze de mes hommes avaient été tués et vingt-trois blessés dans cette vive affaire. Nos morts furent enveloppés d'étoffes et placés à l'avant, les uns à côté des autres, pour être confiés aux flots le lendemain, après qu'on aurait fait les invocations et les prières nécessaires. Malgré notre fatigue, nous dûmes encore passer cette nuit à recueillir les armes et les flèches éparses sur le navire, à tout remettre en ordre, à laver les flaques de sang sur le pont, enfin à réparer le désordre inévitable après un si rude combat. Le *Dagon* et le *Cabire* revinrent avec trois prises et vingt-deux prisonniers. Je fis passer les quinze que j'avais déjà sur le *Dagon*, qui avait le moins souffert; et tous les prisonniers ensemble, après avoir été liés, furent enfermés provisoirement dans la cale. Le *Cabire* avait huit morts et dix blessés; le *Dagon*, trois morts et sept blessés. Vingt-trois morts et quarante blessés étaient une grosse perte pour nous; elle prouvait le courage et l'acharnement des Hellènes. Si ces gens avaient eu la moindre notion des choses de la mer, si leurs bateaux n'avaient pas été si mal aménagés et si incapables de manœuvrer, s'ils avaient eu un peu l'habitude de combattre sur des vaisseaux et des armes plus appropriées que leurs grandes lances à ce genre de combat, nous eussions été certainement perdus : ils nous auraient tous massacrés. Parmi nos blessés se trouvaient Amilcar, Gisgon, Hannon qui avait une estafilade à l'épaule, Chamaï, un coup de lance dans le bras, et Himilcon, la tête contusionnée. Les blessures des deux premiers, quoique graves, n'étaient pas dangereuses, et celles des trois derniers assez légères pour ne pas les empêcher de faire leur service. Le maître matelot Hadlaï avait été tué raide, et Hannibal avait eu toutes ses armes faussées. Le grand Jonas avait cinq coups de lance, qu'il qualifiait d'écorchures. Il se frotta tout le corps d'huile et d'onguent et déclara que cette lutte, accompagnée d'une petite saignée, lui avait fait le plus grand bien et donné un prodigieux appétit et une soif extraordinaire. Quant aux Hellènes,

Je les fis haranguer par Hannon et Chryséis

ils avaient eu au moins cinq cents hommes tués ou noyés. J'avais trouvé vingt-six cadavres sur le pont de l'*Astarté*, et le *Cabire* en avait jeté trente-huit à l'eau.

Je pris une heure de repos à la fin de la nuit, et le matin, par une belle brise de l'est, nos navires tendus de noir se dirigèrent sur la côte d'Italie, emmenant nos huit prises, sur lesquelles j'avais fait passer quelques hommes pour alléger la remorque à la voile et à la rame.

Après avoir invoqué Menath, Hokk et Rhadamath pour nos morts, je fis immoler sur chacun des navires un bœuf, de ceux pris sur les barques du convoi hellène. On les hissa à l'aide d'un grelin, on les abattit, pendant que chaque capitaine et Hannon, qui connaissait bien les rites, faisaient les prières voulues en l'honneur d'Astarté. On fit fumer la graisse et une partie de la chair, et avec le reste on apprêta un repas funéraire. Les enfants d'Israël, qui voulaient sacrifier à leur dieu El Adonaï, reçurent un mouton et sacrifièrent à leur manière. Je fis ensuite faire une distribution de vin, puis, avant le repas, nous jetâmes nos morts dans la mer au son des trompettes ; après quoi on enleva les tentures noires des navires et on mangea. Chacun se racontait, pendant que nous mangions et buvions, les épisodes du combat, et, la gaieté nous revenant avec nos forces, nous oubliâmes nos fatigues, nos blessures et le chagrin de nos morts.

« Hannibal, dis-je au capitaine des gens de guerre, toi et les tiens vous vous êtes vaillamment comportés. Il importe maintenant de partager le butin suivant la charte partie qu'a rédigée Hannon avant notre départ.

— Je cède volontiers, dit Hannibal, la part qui me revient dans le butin en échange d'une armure neuve, car ma cuirasse est brisée et faussée et mon casque a perdu son cimier et son panache. Tu as, dans le bagage, une bonne armure lydienne ; donne-la-moi, et prends ma part de prise.

— J'y consens, dis-je à Hannibal, et j'ajoute à l'armure une mesure de vin de Sarepta.

— Bien dit, s'écria Himilcon, et puisque nous faisons des marchés, je vends ma part pour trois outres de vin de Béryte.

— Et moi, dit Chamaï, j'imite Hannibal et Himilcon. Si tu estimes que ma part de ce butin vaille un bracelet et des pendants d'oreilles syriens, tu n'as qu'à les remettre à Abigaïl, et je te tiens quitte envers moi.

— Et toi, Hannon, dis-je au scribe, feras-tu aussi quelque marché? et contre quoi veux-tu troquer les bœufs, moutons, habits, armes ou captifs que la chance de la mer t'a donnés?

— Par Astarté! dit le scribe, je ne sais vraiment de quoi je puis avoir envie en ce moment. Garde donc ma part, capitaine, et divise-la entre ceux qui sont gravement blessés. Ils seront ainsi consolés de leurs blessures, et j'aurai le cœur plus content. »

Un sourire de Chryséis et la cordiale étreinte de Chamaï et d'Hannibal récompensèrent la générosité du scribe. En même temps, un des pilotes vint me dire, de la part de l'équipage, que tout le monde s'en remettait à moi pour la répartition et me priait de vendre le butin en bloc, suivant l'occasion, et d'en faire le partage en argent, selon estimation de la valeur que je penserais en tirer. Je fis aussitôt dresser par Hannon l'état du butin avec le prix que je donnais en sicles de chaque objet et je fis afficher, en triple expédition, cet état aux mâts des trois navires. Tout le monde s'étant déclaré satisfait, je fis faire la paye le soir même. Nos hommes avaient préféré de l'argent monnayé, pensant bien en faire usage à Utique, à Carthada et à Gadès, où le bon argent phénicien a cours et où ils comptaient se divertir.

Chryséis et Abigaïl passèrent la nuit à soigner nos blessés. Le lendemain, au matin, je fis venir devant moi les prisonniers hellènes pour les interroger, après qu'on leur eut donné quelque nourriture. Ces hommes arrivèrent très-abattus et l'air inquiet. Hannon se tint à mes côtés comme interprète et je fis avancer celui qui me parut le plus considérable et le plus intelligent de la bande.

« Voyons, toi, lui dis-je, de quelle nation êtes-vous?

— Nous sommes Helli, de la nation des Phokiens, répondit l'homme.

— Et de quelle ville?

— Nous sommes de la campagne, du mont Parnasse; nous n'avons pas de ville.

— Et d'où venez-vous? et où alliez-vous?

— Apollo le devin nous a ordonné de quitter notre pays et d'aller chercher d'autres établissements. Nous allions au nord, vers l'Épire et vers l'île de Corcyre la Brune, où sont déjà de nos

Interrogatoire du prisonnier.

frères les Ioniens; nous allions, avec nos femmes et nos enfants, chercher un séjour heureux. »

A ces mots, les larmes vinrent aux yeux de cet homme, et tous les autres éclatèrent en pleurs et en sanglots.

« Voyons, vous autres, leur dis-je, votre destinée n'est pas si mauvaise, pour larmoyer de la sorte. Vous êtes tombés entre mes mains, et je ne suis point un méchant homme. Ne vous a-t-on pas donné à manger tantôt?

— Si, si, me dirent-ils tous.

— Eh bien, alors! leur dis-je. Vous êtes des hommes, et vous vouliez faire la guerre.

— Si nous avions été en expédition de guerre, répliqua celui qui paraissait le chef, tu ne nous verrais pas pleurer ainsi; tu nous verrais te défier. Mais nous avions avec nous nos femmes et nos enfants, dont plusieurs ont sans doute péri dans les flots, et leur souvenir nous vient à la mémoire. Voilà ce qui nous fait pleurer.

— C'est bon, lui dis-je. Dzeus l'a voulu ainsi, vous n'y pouvez rien changer. Pourquoi nous avez-vous attaqués?

— Écoute, répondit l'homme. Un grand navire phénicien et plusieurs autres nous ont croisés il y a trois jours et ont demandé à nous acheter des vivres. Comme nous traitions amicalement avec eux, comme nous avons toujours fait avec les Phéniciens, que nous regardions comme des hommes divins, plusieurs montèrent à bord du grand navire avec les bœufs, le grain et les fruits que nous lui vendions. Hélas! parmi eux était mon fils. Voici tout à coup que les Phéniciens, profitant du vent favorable, déployèrent traîtreusement leurs voiles et firent force de rames. Nous eûmes beau les poursuivre : tu sais mieux que moi que nos bateaux ne peuvent pas lutter de vitesse avec vos grands navires. Alors, nous jurâmes de venger les nôtres sur les premiers Phéniciens que nous rencontrerions, et les premiers, c'était vous.

— Que Moloch brûle, que Khousor Phtah écrase Bodmilcar! s'écria Himilcon qui nous écoutait. C'est lui, encore lui, qui aura causé la mort de vingt-deux braves marins sidoniens et du vaillant maître Hadlaï.

— Comment était fait le grand navire? demandai-je vivement au chef. Et les autres avec lui?

— Il était rond et plus élevé au-dessus de l'eau que celui-ci. Et les gens qui étaient sur les autres étaient bruns de visage et vêtus différemment de ceux qui étaient sur le grand; et ces navires plus petits étaient terminés par l'image taillée de la tête et du cou d'une oie.

— Le *Melkarth* et ses bons alliés les Égyptiens! m'écriai-je. Bodmilcar, il n'y a pas à en douter, c'est Bodmilcar qui a fait le coup! »

Le chef regardait mon agitation avec surprise.

« Écoute, homme, lui dis-je : as-tu ici, parmi ces prisonniers, quelques hommes solides et sur lesquels tu comptes?

— J'ai mon frère, me répondit-il, et mes cinq cousins, dont l'un a perdu sa femme, enlevée sur le grand navire.

— Fais-les avancer, » lui dis-je.

Je regardai les six hommes ; ils étaient jeunes et vigoureux.

« Veux-tu ravoir ton fils ou le venger? » dis-je encore au chef.

Il bondit en avant, les yeux étincelants.

« Peux-tu faire cela, dieu phéacien ? me demanda-t-il.

— Donnez des kitonets et des armes à ces sept hommes, m'écriai-je. Hannibal les prendra parmi les siens. Quant aux autres, qu'on les mette avec les rameurs auxquels ils aideront ; on les vendra à Utique ou à Carthada, où ils ont toujours besoin de soldats mercenaires et de rameurs.

— Mon fils, mon fils ! me répétait le chef. Tu m'as dit que je pourrais retrouver mon fils?

— Tu retrouveras ton fils quand je retrouverai mon mortel ennemi, car c'est lui qui te l'a enlevé, lui répondis-je. D'ici là, toi et tes six hommes, obéissez exactement à ce grand guerrier que vous voyez ici, et servez-moi loyalement. »

Les sept Phokiens m'entourèrent, me baisant les mains et pleurant de joie. Les autres descendirent dans l'entrepont, beaucoup plus gais qu'ils n'étaient montés de la cale, quand Hannon leur eut annoncé qu'ils seraient traités et nourris comme rameurs sur nos vaisseaux.

IX

La terre des troupeaux.

Le lendemain matin, deux jours et demi après le combat, nous reconnûmes les montagnes de l'Italie. Nous arrivions au sud du grand golfe, au nord duquel se trouve la presqu'île des Iapyges. Nous ne tardâmes pas à reconnaître l'embouchure d'une rivière qui serpente à travers une belle plaine coupée alternativement de pâturages et de bois de haute futaie, de pins élégants entremêlés de lauriers-roses. A une centaine de stades dans les terres s'élevaient de hautes montagnes grises, passablement boisées et surmontées de crêtes de rochers gris déchiquetés et bizarrement découpés. Les fonds n'étaient pas mauvais, et je me décidai à mouiller tout de suite, ayant un besoin urgent d'eau et de fourrage pour mes bestiaux. Le travail fut long et pénible, car il fallut mettre tout le bétail à terre. Je fis descendre aussi mes prisonniers helli, les chargeant de pâturer les bêtes sous la surveillance de Bicri et d'une vingtaine d'hommes armés. Je comptais me faire suivre de toutes mes bêtes le long de la côte, jusqu'au détroit de Sicile, où je les embarquerais de nouveau, si je ne trouvais pas une occasion de m'en défaire avantageusement d'ici là.

« Nous aurons de la peine à les vendre ici, me dit Himilcon. Ne sommes-nous pas dans la Vitalie, dans la terre des troupeaux comme l'appellent les indigènes? Si nous leur apportions des chèvres, comme celles que nous avons introduites dans le pays des Ioniens, ces animaux, nouveaux pour eux, leur plairaient sans doute. Mais des bœufs, ils en ont à nous revendre.

— Tâchons d'abord, dis-je à Himilcon, de trouver quelque endroit habité. Cette côte me paraît entièrement déserte. Nous devons pourtant y rencontrer des Vitaliens ou Italiens, et aussi

des Iapyges, car il y en a au sud comme au nord du grand golfe. Sais-tu le iapyge, toi, Himilcon?

— Non, mais je sais un peu de la langue des Vitaliens, aussi bien du dialecte des Opski, Marses, Volskes, Samnites et autres Ombres et Sabelliens de la montagne et de l'est, que de celui des Latins de la côte ouest. Pour ce qui est de la langue des Rasennæ du nord-ouest, Gisgon la sait passablement. »

Le chef des six Phokiens que j'avais pris comme soldats, et qui s'appelait Aminoclès, vint à moi timidement.

« Puis-je parler, roi des Phéniciens? me dit-il.

— Tu sauras d'abord, lui répondis-je, maintenant que tu sers sur nos vaisseaux, que je ne suis pas roi, et qu'on m'appelle capitaine et amiral Magon. A présent, qu'as-tu à dire?

— Capitaine amiral Magon, reprit Aminoclès, je voudrais savoir sur quelle terre nous sommes, et quels gens l'habitent?

— Nous sommes, lui répondis-je, sur la terre ferme, une très-grande terre qu'on appelle le pays d'Italie ou Vitalie, ce qui veut dire la terre des bestiaux et des troupeaux. Les gens qui l'habitent sont par ici les Vitaliens et leurs nations et tribus; par là-bas, au nord-est, de l'autre côté du golfe, les Iapyges, dont il y a aussi quelques-uns au sud du golfe; et là-bas, là-bas, fort loin d'ici, tout à fait au nord, les Rasennæ, qui bâtissent de grandes villes et ont un royaume au pied des montagnes et dans les vallées fertiles.

— Je ne connais pas ce pays et ces nations, et personne parmi nous ne les connaît, dit Aminoclès.

— Attends un peu, s'écria Himilcon, je vais le faire comprendre tout de suite. Écoute ici, l'homme helli : connais-tu les Opski?

— Nos pères nous ont raconté, répondit Aminoclès, qu'autrefois, il y a tant d'âges d'homme qu'on ne peut pas le savoir, les Helli avaient avec eux le peuple des Opiki. Et nos anciens se sont transmis que c'était encore avant que nous n'eussions bâti Dodone, et même avant que tous les Hellènes ne fussent réunis sur l'Acheloüs, mais que nous étions encore bien loin, au nord, dans un pays où il faisait froid, et voisin des Traces. Alors il y avait, sur la terre ferme et dans les îles, des Lélèges, des Pélasges et des géants, et il y avait aussi des nains et des monstres. Les dieux les ont tués, et nous sommes venus. Si les Opski sont les mêmes que les Opiki, je les connais.

— Tu vois bien qu'il ne comprend pas, dis-je à Himilcon. Laisse-le tranquille.

— Patience, me répondit le pilote. Tu vas voir s'il ne va pas comprendre. Ouvre bien tes oreilles, Aminoclès. Connais-tu les Tyrséniens?

— Non, je ne connais pas ceux-là.

— C'est étrange! observa Himilcon. J'ai entendu des Hellènes me désigner assez bien la terre ferme de Vitalie, et m'y nommer un peuple des Tyrséniens ou Tyrrhéniens. Eh bien, voyons : connais-tu les Sicules?

— Les Sicules? répéta Aminoclès d'un air effrayé.

— Oui, les Sicules, reprit le pilote ; et les Kyklopes, et les Lestrigons?

— Oh! s'écria le Phokien tout effaré, sommes-nous dans le pays de ces peuples-là?

— Tout juste! répondit Himilcon triomphant. Nous sommes ici dans le pays des Lestrigons, et là-bas, vers l'ouest, de l'autre côté du canal, est la grande île des Kyklopes, des Sicaniens et des autres Lestrigons, où nous allons directement après que nous aurons passé la Charybde et fait connaissance avec Scylla.

— Oh! gémit Aminoclès, pendant qu'Himilcon se tenait les côtes, oh! quelle destinée nous envoient les dieux? Hélas! pourquoi n'avons-nous pas péri dans le combat, sous les coups de ces Phéaciens! Pourquoi sommes-nous leurs esclaves, pour qu'ils nous emmènent dans le pays des monstres! Oh! malheur, malheur! Quelles effrayantes apparitions allons-nous voir, et qu'allons-nous devenir! »

Le rire d'Himilcon me gagna moi-même, quand je vis l'ignorance et les lamentations de cet homme.

« Allons, tais-toi, imbécile, lui dis-je. Pour aujourd'hui, les Lestrigons ne t'ont pas encore avalé, et tu en verras bien d'autres avant que nous soyons en Tarsis et que j'aie rattrapé Bodmilcar. »

En ce moment, une sentinelle donna un signal et je vis s'approcher dans la plaine une cinquantaine d'hommes. Ces gens semblaient très-méfiants. Ils s'arrêtèrent sur la lisière d'un bois, nous considérant attentivement, mais ne se décidant pas à venir vers nous. Suivant ma coutume, j'allai seul vers eux, en leur faisant des signes d'amitié. Enfin, deux d'entre eux prirent leur parti et s'avancèrent à ma rencontre. C'étaient des hommes robustes, de taille moyenne, trapus avec des épaules carrées, la barbe forte, les cheveux frisés, le front bas et la face large, blancs de visage d'ailleurs. Ils avaient les bras et les jambes nus, la tête découverte, et étaient vêtus d'une espèce de kitonet en laine foulée très-grossière, et d'une grande couverture qu'ils portaient en sautoir, passée sur l'épaule. Tous étaient armés, chacun tenant à la main deux courtes lances à pointe de cuivre et portant un poignard, un couteau ou une espèce d'épée à la ceinture. Une douzaine d'entre eux avaient des arcs et des frondes.

L'un des deux qui s'avançaient me cria en langue italienne :
« Qui êtes-vous? que voulez-vous? »

Himilcon, qui m'avait suivi, lui répondit dans la même langue :

« Nous sommes des marchands venus des pays lointains : nous voulons commercer.

— Ne venez-vous pas pour prendre nos troupeaux? N'êtes-vous pas des Rasennæ? cria l'autre.

— Non, non, reprit Himilcon. Nous sommes de l'Orient; nous sommes des Phéniciens. Venez près de la mer : nous vous ferons voir les belles choses que nous avons apportées. »

Les deux hommes retournèrent vers les leurs et parurent se consulter ensemble. Au bout d'un instant, ils revinrent.

« Voyez-vous ces deux arbres-là, à ma droite et à ma gauche? nous cria l'un. Vous ne devez pas aller plus loin. »

Là-dessus, l'homme s'avança jusque sur la ligne des deux arbres et d'un geste vigoureux piqua sa lance en terre.

« Vous ne devez pas franchir ma lance, dit-il, ou je la déterrerai, et nous serons ennemis ensemble.

— C'est bon, répliqua Himilcon. Nous ne voulons pas vous faire de mal. »

L'homme avança tout à fait vers nous, d'un air hardi.

« Nous sommes des Samnites Sabellins, dit-il. Que payerez-vous pour l'herbe que mangent vos troupeaux? »

Sur mon ordre, Himilcon leur promit qu'on leur ferait un présent. Puis on tendit des cordes sur des piquets, et j'interdis à mon tour aux Samnites de franchir la limite.

Ils se montrèrent satisfaits et vinrent en grand nombre regarder nos vaisseaux, les marchandises qu'on déballait, nos visages et nos habits. Ils nous parurent, en tout, plus rudes et plus méfiants que les Helli. Avec beaucoup de patience, j'arrivai toutefois à organiser un commerce avec eux. Ils nous apportèrent des légumes en petite quantité, car ils cultivent peu la terre et élèvent surtout des bestiaux, bœufs, moutons et porcs assez sauvages. Les porcs, que Chamaï et Bicri voyaient pour la première fois, leur causèrent une grande surprise. Ils ne connaissent point non plus l'usage du pain, mais mangent une bouillie qu'ils appellent *masa;* ils cherchaient beaucoup à s'enquérir auprès de nous comment nous faisions le pain, dont les navigateurs phéniciens leur font quelquefois goûter, ainsi que le vin. Toutefois ils aiment le vin moins que les Helli.

Le lendemain, dès le matin, ils vinrent en grand nombre. J'avais vu, toute la nuit, des feux allumés dans les campagnes et sur les montagnes, par lesquels ils s'appelaient. Par mesure de précaution, je fis doubler la garde. Mais les Samnites venaient dans des intentions tout à fait pacifiques, et, sur mon injonction, ils ne se présentèrent à notre limite que par groupes de cinquante ensemble. Les autres attendaient derrière leur limite à eux que les premiers arrivants eussent fini de trafiquer avec nous. Ils sont beaucoup plus patients et moins bruyants que les Helli, moins questionneurs, mais aussi moins gais. Ils m'apportèrent, ce jour-là, de bonnes quantités de corail qu'ils recueillent sur les côtes après les gros temps, ou qu'ils cherchent avec des plongeurs montés sur de méchants radeaux, car ils ignorent absolument la navigation, mais sont bons nageurs. Les meilleurs plongeurs et pêcheurs de corail sont les Iapyges, tant ceux qui vivent au milieu des Samnites et des Brettiens que ceux de la Iapygie du nord-est du golfe. Quelques-uns de ces Iapyges, que je vis parmi eux, étaient des gens grands, la tête ronde, imberbes, bruns de peau, ressemblant assez aux Kydoniens. Ils me parurent plus doux, plus gais et plus communicatifs que les autres Italiens. Ils ressemblent aussi beaucoup aux Sicules, et je crois que les Iapyges, Sicules, Kydoniens et les anciens habitants de Malte la Ronde, que virent nos pères quand nous occupâmes l'île, sont les habitants primitifs de ces pays. Les Pélasges et les Lélèges, si semblables aux Lydiens, Lyciens, Cariens, vinrent après, de la côte d'Asie dans les îles, et aussi dans le Dodanim,

Vous ne devez pas aller plus loin.

puis, en dernier lieu, les Italiens et les Helli, qui sont arrivés du nord, du côté du pays des Traces. Quant aux Rasennæ, je ne sais pas d'où ils viennent. Toutefois des navigateurs phéniciens qui ont visité les montagnes au nord de l'Éridan, tout au fond de la mer des Iapyges[1], ces montagnes d'où vient le cristal de roche, m'ont dit qu'il y a là un peuple qui s'appelle les Rètes, et dont le langage ressemble tout à fait à celui des Rasennæ.

Je passai deux jours à trafiquer, achetant du corail ; j'arrivai ainsi à me débarrasser très-avantageusement de tout mon butin, qui me gênait fort. Je fis briser les barques dont je n'avais que faire et je fis enlever seulement les planches, mâts et madriers dont on pouvait faire des espars de rechange. Quand mon butin fut usé, je payai en vieux habits, en perles de verre et d'émail, en pointes de lance et en lames d'épée, dont ils se montraient extrêmement avides. Pour quatre lames d'épée qui valaient bien quatre sicles, j'eus pour une valeur de quatre cents sicles de beau corail. Je m'étonnais de leur en voir de si fortes provisions, mais ils m'expliquèrent qu'ils les accumulaient depuis longtemps pour aller les porter à un des comptoirs phéniciens que nous avons échelonnés dans le golfe et sur la côte ouest, et qu'ainsi je leur épargnais le voyage. Ils me demandèrent aussi si je n'avais pas de chèvres et me dirent que celles que nous apportions commençaient à se répandre dans les montagnes plus au nord, chez les Marses et chez les Volskes.

Les Samnites n'ont pas de villes, mais habitent dans des hameaux épars, se composant de quelques maisons faites de boue et de branches et couvertes de chaume. Ils cultivent mal et peu. Les meilleurs cultivateurs sont les Latins de la côte ouest, particulièrement ceux de la vallée du Tibre. Ils ont là déjà une ville, placée dans un accès difficile entre une montagne et un petit lac, et qu'ils appellent Albe. Sur la côte, je ne connais qu'une seule ville port de mer : c'est Populonia des Rasennæ. Mais les Rasennæ ne sont point de mauvais marins ; ce sont même de

---

1. L'Adriatique.

hardis pirates comme je le savais depuis longtemps, et comme je devais l'apprendre ici, sur cette côte des Samnites.

Le troisième jour de mon arrivée, comme j'avais acheté aux Vitaliens tout ce que je pouvais leur acheter, et que je m'apprêtais à partir après avoir embarqué mon chargement, un Samnite arriva en courant, et cria de loin quelque chose aux autres, qui les mit tous en émoi.

« Qu'est-ce qu'ils ont? demanda Himilcon. Est-ce que Nergal court après eux, avec son bec de coq et sa crête de feu? Qu'est-ce qui leur prend?

— Apprêtez-vous, apprêtez-vous, Phéniciens! nous crièrent les Samnites. Voici les forbans qui approchent sur leurs vaisseaux; voici les Tyrrheni!

— Ils contournent la pointe; ils ont pillé les villages de nos alliés, là-bas au nord, et les ont emmenés en esclavage, criaient d'autres; ils mettent tout à feu et à sang. Aux armes et à la montagne!

— Jonas! m'écriai-je; Jonas, souffle dans ta trompette, brute! sonne l'alarme; tout le monde à bord!

— Bon! dit Chamaï en grimpant sur le pont. Et moi qui ai le bras droit tout endolori! Heureusement que je suis bon gaucher! Je crois qu'il va en cuire à ces Tyrrheni. »

Hannibal se dépêcha de coiffer son casque et de grouper ses hommes, avec lesquels il mit nos sept Phokiens. Les maîtres rameurs, le bâton à la main, gourmandant et battant leurs rameurs, eurent bientôt fait de les ranger sur leurs bancs. En quelques instants nous avions appareillé et nous nous tenions sous rame à trois stades de la côte, prêts à tout événement. Les Tyrrheni pouvaient venir.

« Qu'est-ce que c'est que ces nouveaux animaux-là? me demanda Bicri en débouclant le couvercle de son carquois et en tendant son arc.

— Ce sont les Tyrrheni ou Rasennæ, gens du nord-ouest de la Vitalie, lui répondis-je, assez habiles marins et faisant sur ces côtes le commerce et la course. Mais ni eux ni leurs vaisseaux ne sont encore taillés à lutter sur mer contre les Sidoniens, et j'espère que cette course qu'ils font pourra bien finir à notre avantage, si les flancs de leurs navires sont suffisamment garnis de cargaison et de butin.

— Pour des Tyrrhéniens ou Rasennæ, dit Hannibal, je dois déclarer que je n'ai jamais battu ce peuple-là. Mais s'ils ont seulement de la chair et des os, des côtes qu'on puisse casser et des crânes qu'on puisse fendre, nous allons leur donner une leçon de tactique et d'art militaire à la manière d'Arvad. Je vais essayer sur eux la masse d'armes chaldéenne que m'a donnée le bon roi David. »

Le *Cabire*, sur mon ordre, se porta rapidement en avant, en serrant la côte autant que possible, pour ne pas être aperçu.

Il contourna la pointe d'où il avait vue le long de la côte et revint bientôt me rapporter qu'il avait aperçu cinq assez longs navires qui suivaient la côte sans avoir l'air de se presser, marchant à la rame et à la voile, pour tenir le dessus du vent, et avançant en courant de petites bordées. Nous avions largement une demi-heure devant nous avant qu'ils ne pussent nous voir. Ils tombaient tout droit dans notre embuscade.

En regardant autour de moi, je vis deux de nos barques hellènes qu'on n'avait pas encore coulées. On avait démoli toutes les autres, et on avait négligé celles-ci; ceci me donna une idée.

« Combien de fond? demandai-je à Himilcon.

— Dix coudées et fond de roche, me répondit le pilote.

— Les Tyrrhéniens calent six coudées pour leurs bateaux de course, dis-je.

— Oh! dit Gisgon, qui était venu me faire le rapport et qui était encore sur l'*Astarté*, six coudées au moins. Ils sont très-bas sur l'eau, mais ils enfoncent beaucoup. C'est pourquoi ils roulent peu et sont lourds à la manœuvre.

— Bon, dis-je aussitôt. Vous allez me saborder ces deux mauvaises carcasses et me les couler là, coque, quille et mâts par mon travers.

— Compris, s'écrièrent ensemble Himilcon et le Celte sans oreilles. Ils vont être bien attrapés. »

En quelques instants, les deux barques furent coulées, faisant estacade de leurs débris à trois coudées sous l'eau. Le *Cabire* abattit sa voile et dépassa lentement la pointe, se traînant comme un bateau qui a des avaries.

Le *Dagon* se plaça à deux stades au large de moi, et je restai en place, la voile abattue, les rames traînantes, les boucliers rentrés, après avoir fait coucher tous les hommes d'armes à plat pont. J'avais l'air d'un inoffensif marchand qui a souffert dans son gréement. Le *Dagon* resta sous voile, courant de petites bordées, comme s'il venait à mon secours.

Nous étions prêts quand nous vîmes les cinq navires tyrrhéniens au large de la pointe.

« Capitaine, me dit Chamaï en levant un peu la tête, à quel singulier jeu jouons-nous là?

— Au jeu du pêcheur qui prend une murène pour un thon, lui répondis-je. Attends un peu. Tu vas voir tout à l'heure. »

Les Rasennæ ne tardèrent pas à nous apercevoir. L'un d'eux se mit tout de suite à la poursuite du *Cabire*, qui prit chasse; deux autres suivirent le *Dagon* qui courut au large, et les deux derniers se dirigèrent vers moi, qui restais en place comme un pauvre désemparé.

Quand ils furent à un stade, on put voir à l'aise leurs longues barques à un seul pont, armées de trente rameurs et assez mal construites. Elles ont l'arrière élevé, mais le reste du pont très-bas et comme à fleur d'eau. A l'avant, on voit peints deux gros yeux blancs et rouges qui regardent la mer. Les hommes montés sur ces barques étaient grands et massifs, avec une grosse tête, la face plate et large, le visage rougeâtre, la barbe rare et clair-semée, les bras gros et l'allure pesante. Ils étaient armés de grandes lances, de haches et de boucliers ronds, et portaient des colliers et des bracelets. Sur leurs têtes étaient des casques ronds et sans cimier; à leurs pieds des sandales ou des brodequins à bout pointu. Ils étaient vêtus de robes de couleur sombre, faites sans couture, moins courtes que nos kitonets, mais moins longues que les robes des Syriens, et leurs ceintures étaient très larges et garnies de plaques de bronze brillant.

A la vue de ces Rasennæ, Abigaïl ne put retenir une exclamation :

« Seigneur dans le ciel! s'écria-t-elle, qu'ils sont laids! J'aimerais mieux mourir que tomber entre les mains de gens aussi laids! »

Comme elle disait ces mots, les Rasennæ nous crièrent quelque chose, mais nous nous gardâmes de bouger. Reconnaissant que leurs sommations restaient sans réplique, l'un d'eux courut sur mon travers et l'autre fila sous ma poupe pour passer entre la terre et mon navire. Mal leur en prit, car celui qui se jetait sur moi talonna violemment sur une des barques coulées et, après deux ou trois efforts pour se dégager, resta sur place, couché sur le flanc et son arrière s'enfonçant visiblement. Au même instant je fis mettre mes rames à l'eau, sonner mes trompettes et lever tous mes gens qui poussèrent des cris de guerre et de victoire.

L'autre Tyrrheni, stupéfait, voulut virer de bord pour nous échapper, mais son mouvement fut si maladroitement exécuté qu'il alla échouer son arrière à la côte. Je m'approchai tout à mon aise, et je fis tomber sur lui la plus jolie pluie de traits, de flèches et de cailloux qu'il eût certainement reçue jusqu'à ce jour.

« Tenez, Tyrrheni ou Rasennæ, ou qui que vous soyez, criait Hannibal, dirigeant le jet de ses scorpions ; prenez pour vous ce paquet de traits en bois de chêne ; prenez aussi cette manne de cailloux de rivière : je l'ai fait ramasser en Crète à votre intention! Et si vous n'êtes pas encore satisfaits, j'y joins ce faisceau de pieux pointus qui en ont déjà éborgné d'autres que vous. »

Bicri, qui avait une marque à ses flèches, choisissait ses victimes avec le plus grand soin, ne s'adressant qu'à ceux qui avaient une belle ceinture, des bracelets d'argent ou un casque à sa convenance.

« En voici un, disait-il, qui porte un collier avec des perles d'or, des pierres bleues et des pierres jaunes. Celui-ci me plaît; je vais le viser à la tête pour ne pas gâter sa robe noire à broderies rouges et blanches, qui est aussi bonne à prendre. »

Les Rasennæ, sans défense contre ce déluge de projectiles, car quelques archers qu'ils avaient ne pouvaient rien faire contre nous à cause de la position où étaient leurs navires, et aussi du peu de hauteur de leur pont que nous surplombions de plusieurs coudées, prirent le parti de se réfugier dans la cale. Aussitôt Hannibal, Chamaï, Bicri, le grand Jonas et quelques autres sautèrent sur leur bord. Le grand Jonas tomba sur le pont avec fracas, mais, se relevant aussitôt, il saisit un Rasennæ qui n'avait pas eu le temps de se cacher, l'empoigna par les pieds, le fit tournoyer en l'air comme une fronde et lui brisa la tête contre le plancher du navire. En quelques instants, tous ceux qui restaient furent dépêchés, et les nôtres, sortant du panneau, reparurent, conduisant avec eux vingt hommes, parmi lesquels, à ma grande surprise, je reconnus, à leurs visages et à leurs habits, onze Phéniciens. En me retournant vers la mer, je vis que le *Dagon* avait coulé l'un des Tyrrheni et que lui et le *Cabire* chassaient vivement les deux autres qui fuyaient vers la côte. Je me mis aussitôt à la poursuite et, grâce à mon aide, l'un des Tyrrheni fut entouré et enlevé après un court combat qui ne nous coûta que deux hommes, car nous avions d'abord balayé le pont avec nos projectiles de façon à rendre toute résistance illusoire. L'autre profita de ce répit pour s'échapper. Nous revînmes ensuite rapidement vers nos deux prises, près de la côte, et je les fis garnir tout de suite de monde, à la vue des Samnites qui avaient observé le combat de loin et qui se précipitaient de tous côtés pour piller les navires abandonnés. Mais j'y fus avant eux. Ils se tinrent alors à distance, attendant les miettes du festin.

On vida en premier lieu le Tyrrheni qui s'était heurté sur une des barques coulées. Comme il avait déjà deux coudées d'eau dans la cale à l'arrière et qu'il enfonçait visiblement, il pouvait couler d'un moment à l'autre.

On n'y fit pas de prisonniers; les uns avaient pu se sauver dans une barque qu'ils avaient, les autres avaient gagné la côte à la nage, mais ils s'y firent prendre par les Samnites. Le *Dagon* et le *Cabire* avaient trente-trois prisonniers qui, avec neuf que j'avais, faisaient quarante-deux. On les répartit entre les trois chiourmes, après leur avoir enlevé tous les objets de valeur qu'ils pouvaient avoir sur eux, en attendant qu'on les vendît à nos colons de la côte de Libye, qui achètent à de bonnes conditions les adultes pour en faire des manœuvres ou des soldats.

Les onze Phéniciens que j'avais délivrés étaient au comble de la joie. Ils m'apprirent qu'ils faisaient partie de l'équipage d'un gaoul sidonien qui avait naufragé en Sardaigne. Ils avaient pu échapper au naufrage dans leur barque et avaient essayé de gagner un des établissements que nous avons dans cette île. Mais un très-gros temps les avait rejetés vers la pleine mer, et finalement à la côte de terre ferme. Ils se dirigeaient vers un de nos comptoirs du Sud quand les Rasennæ les avaient enlevés, il y avait de cela huit jours. Je fis donner à ces hommes, parmi lesquels se trouvaient un timonier et un maître matelot, de la nourriture et des vêtements, car ils étaient affamés et tout déchirés, puis, à leur grande joie, je les reçus parmi nos matelots aux conditions et charte partie des autres. Avec les sept Phokiens que j'avais enrôlés, nos pertes se trouvaient ainsi à peu près compensées, tous nos blessés allant d'ailleurs très-bien et leur état nous faisant espérer une prompte guérison.

Le dépouillement des morts, la récolte, l'inventaire, l'emballage et l'arrimage du butin nous retinrent jusqu'au soir. Le soleil se couchait quand, par un coup de vent favorable, je pris, en longeant les côtes, la direction du détroit de Sicile, laissant derrière moi les deux bateaux capturés, car le troisième avait entièrement disparu. Les Samnites s'y précipitèrent aussitôt, avec des cris de joie, pour s'emparer des objets trop encombrants ou sans valeur que nous leur abandonnions. Je fis servir le repas, qui fut naturellement des plus joyeux après les opérations fructueuses que nous avions traitées en corail et les bonnes prises que nous venions de faire.

« La ruse de guerre que tu as montrée à ces Tyrrheni, s'écria Hannibal aussitôt que je vins m'asseoir, les attirant dans une embuscade navale et disposant des barques sur lesquelles l'un d'eux s'est coulé, est digne de louanges. Je proclame qu'elle est tout à fait agréable, et j'aurai toujours du plaisir à la raconter.

— C'est un vieux tour, dit Himilcon, un vrai tour de poisson de mer sidonien. Nous l'avons déjà joué aux Cariens en face de l'île de Rhodes, quand nous prîmes onze de leurs vaisseaux avec un butin considérable. Ah! c'est que nous connaissons les malices et les stratagèmes, nous autres les anciens de Tarsis, et tu en verras encore plus d'une!

— Capitaine, me demanda Chamaï en me faisant voir des bracelets et un grand collier faits en façon de corde tordue, et le collier orné d'une très-grande plaque en forme de croissant, ces bracelets et colliers, que j'ai pris sur un Rasennæ, sont-ils de l'or?

— De l'or le plus fin, capitaine Chamaï, lui répondis-je. De l'or de l'Eridan ou du Rhône, et tu as bien choisi ton homme pour t'approprier ces bijoux.

— Moi, dit Hannon, je n'en ai tué aucun, de sorte que je me contenterai de ma part générale de butin. Mais j'y ai vu un grand vase de terre avec des peintures et une coupe qui me plairaient fort. Les peintures qui sont dessus sont tout à fait réjouissantes, et ces Rasennæ si laids me paraissent d'habiles artisans.

— Tu auras ton vase et ta coupe, dis-je à Hannon. Je veux que tout le monde soit content. En attendant, donne-moi l'inventaire de ce que nous avons trouvé. »

Je remarquai que sur cet inventaire il y avait beaucoup plus d'objets d'or que d'objets d'argent, ce qui n'est pas étonnant, quand on songe que les Tyrrheni n'ont pas de communications avec Tarsis et les autres pays argentifères, et qu'ils en ont avec l'Éridan qui roule des sables d'or, et avec le Rhône, car, en passant les montagnes, ils trouvent la grande route que nous avons fait construire dans le pays des Ligures, par des esclaves et des condamnés, depuis ce fleuve du Rhône jusqu'à la Péninsule. Ils avaient aussi quantité d'objets en bon cuivre, qui vient de la basse Vitalie, et, parmi ces objets, des images que je reconnus tout de suite comme étant des dieux.

Je fis venir à mon bord Gisgon-sans-Oreilles et je lui ordonnai d'interroger les prisonniers.

Ceux-ci répondirent, de ce ton sourd particulier à leur langue, qu'ils montaient des navires de course venant de leur port de Populonia, et qu'ils étaient sujets du roi Tarchnas, qui règne sur vingt villes de la Tyrrhénie. « Populonia, me dirent-ils, était leur seule ville maritime, d'où ils faisaient la course, ayant des Rasennæ pour guerriers et des Ligures pour matelots et rameurs. »

Ils m'apprirent encore que leurs deux chefs, qui avaient péri, s'appelaient Vivenna et Spurinna. Himilcon pensait que c'étaient des noms de Vitaliens, qui disent autrement Vibius et Spurius.

Ils reconnurent tout de suite leurs dieux que je leur présentais, et me les nommèrent. C'étaient Turms, qui est le même que le Hermès des Helli; Turan, que je crois être notre Astarté; Sethlans, qui est le même que Khousor Phtah; Fouflouns, qui est le Dionysos des Helli, et Menrva, que je ne connais pas. Himilcon prétendait que Menrva était une déesse des Vitaliens, qui la nomment Minerva, mais je l'ignore. Ils me dirent qu'ils faisaient la guerre contre les Samnites et qu'ils étaient alliés des Latins et des Opski, dont le nom veut dire dans notre langue les travailleurs. Les Samnites, disaient-ils, avaient attaqué la ville des Latins, Novla, qui signifie la ville neuve, et commis des déprédations sur le fleuve qui roule, sur le Volturnus. Ainsi, eux, Rasennæ, exerçaient des représailles contre ces Samnites demi-sauvages, à cause de leurs alliés latins et opski, bien que ces Opski ou Oski soient de même race et langue que les Samnites. En ayant assez appris, je fis renvoyer mes Rasennæ à la chiourme, et nous allâmes nous reposer.

Un peu avant le jour, je me levai et je pus voir à notre gauche et derrière nous les éclairs, les flammes et les tourbillons de fumée rougeâtre que lance la montagne d'Etna. Chamaï, Bicri, les deux femmes. Aminoclès, tous ceux qui n'avaient pas encore vu ce spectacle se tenaient sur le pont, les uns surpris, les autres effrayés. Hannibal n'était pas le moins étonné de tous.

« On penserait, disait-il, que c'est ici l'entrée du Chéol, si les navigateurs n'assuraient pas que c'est simplement une montagne qui jette du feu. Il serait ingénieux de recueillir tout le feu que cette montagne jette inutilement et de le lancer à l'aide de machines de guerre. Voilà qui serait une belle invention, capable de consumer des villes entières.

— Tu n'as pas vu, lui dis-je, les montagnes de Cilicie? Je les ai vues embrasées comme celle-ci.

— Non, dit Hannibal; j'y aurai passé dans un mauvais jour, car lorsque je les ai vues, elles ne brûlaient pas. »

On entendait distinctement le grondement de la montagne. Les deux femmes, terrifiées, allèrent se cacher dans la cabine.

« A combien sommes-nous de ce brasier qui tonne si fort? me demanda Hannon.

— A soixante stades au moins, lui répondis-je.

— Et on le voit de si loin?

— Parfaitement; c'est parce que la montagne est très-élevée et qu'elle s'éclaire tout à l'aise, comme tu peux t'en apercevoir. Le jour, nous la verrons moins bien. Je m'en suis rapproché plus que d'habitude, car je tiens à serrer la côte de l'île des Sicules, pour donner droit dans la passe. »

Jonas, fort effrayé d'abord, ne put contenir sa joie, une fois qu'il fut bien sûr que nous n'allions pas à la montagne.

« Et nous n'y allons pas? C'est bien avisé! De loin, j'aime voir ces tourbillons, s'écria-t-il. C'est ici la cuisine de Nergal, le coq flamboyant, où il ne rôtit que des Léviathans et des Béhémoths! Le moindre de ses plats est deux fois plus grand que notre vaisseau; mais quand El Adonaï détruira tous ces dieux abominables et jugera tous les hommes, c'est Nergal qui sera bien attrapé, lui le coq dont la tête touche au ciel et les pieds à la terre, et les Béhémoths, et les Léviathans! El Adonaï les servira tout cuits aux enfants d'Israël et c'est nous qui les mangerons!

— Ne te tairas-tu pas, tête de bœuf? s'écria Chamaï en colère,

Tous se tenaient sur le pont.

et nous rapporteras-tu ici les sottises de vos gens de Dan et les visions des ivrognes d'Ephraïm ?

— Seigneur des cieux ! mugit Jonas, ce ne sont pas là des visions, capitaine, et tu peux l'apercevoir comme moi. Que vont-ils dire, à Eltéké, quand je leur raconterai que j'ai vu la cuisine de Nergal ? Voici qui est plus curieux que toutes les bêtes curieuses ! »

Chamaï lui ferma la bouche d'un fort coup de poing.

« Bon, bon, grogna Jonas ; je me tais, je me tais ; du moment que cela te déplaît, je ne dirai plus rien. »

Nous avancions rapidement vers le nord, au grand désespoir d'Aminoclès et de ses Phokiens, qu'Himilcon et les matelots se divertissaient à effrayer.

« Tiens, disait Himilcon, maintenant que tu as vu la montagne des Kyklopes et que le jour se lève, regarde bien, là-bas, à droite et à gauche. C'est la Charybde qui avale les navires, et c'est Scylla qui les mâche avec ses gueules. Les vois-tu ? Entends-tu leurs hurlements ?

— Moi, dit un matelot, j'ai vu la Charybde qui reniflait trois gaouls et cinq galères aussi aisément que je bois une coupe de vin.

— Et moi, répliqua un timonier, j'ai vu les têtes de Scylla qui secouaient une flotte au milieu de l'écume, tellement fort que le corps de l'amiral, ayant été lancé en l'air, alla retomber dans le grand fourneau des Kyklopes, là, derrière nous.

— Et moi, déclara Himilcon qui tenait à garder le dernier mot, je les ai vues de bien plus près. Étant assis de nuit sur l'avant du navire, par un ciel nuageux, et cherchant à distinguer la constellation des Cabires, voilà qu'une des gueules de Scylla s'approche tout doucement derrière moi et me saisit mon bonnet, croyant trouver ma tête dedans, et comme je me retournais, la Charybde m'avala d'un coup une outre du meilleur vin de Béryte et trois fromages secs de Judée.

— Et que lui as-tu dit, pilote ? que lui as-tu dit ? demanda Jonas stupéfait. Moi, je lui aurais donné un grand coup de poing sur le museau !

— Je ne lui ai rien dit, répondit gravement Himilcon ; elle ne m'aurait pas compris, car elle n'entend pas le phénicien ; elle ne sait absolument que le lestrigon. »

Les six Phokiens, épouvantés, s'enfuirent à fond de cale, et Aminoclès, accroupi sur le pont, se cacha la tête sous son manteau et se boucha les oreilles, à la grande joie d'Himilcon et des matelots.

X

Où Gisgon retrouve ses oreilles.

Nous passâmes le détroit sans difficulté, malgré le courant très-fort qui porte contre le cap qui le termine à droite, et qui a donné lieu à toutes ces histoires de Charybde et de Scylla que nos Phéniciens s'amusent à raconter aux gens pour les effrayer. Mais je connaissais si bien le bon chenal, mes navires étaient si propres à la manœuvre, que je ne diminuai pas sensiblement ma vitesse. Bientôt je doublai le cap et je longeai la côte vers l'ouest, laissant à ma droite les montagnes enflammées des îles volcaniques.

Toute cette côte, des deux côtés, est couverte de belles montagnes boisées, couronnées par des rochers gris, à pic et déchiquetés comme des créneaux de forteresse. Elle présente partout de très-beaux mouillages, surtout la baie magnifique qui est sur la côte de l'île dans le détroit. J'avançais rapidement, comptant arriver vers la rade qui précède le promontoire de Lilybée avant la nuit. Les Sicules ont quelques cabanes dans cette rade, où les Phéniciens ont l'habitude de se rendre régulièrement pour acheter du soufre et des pierres de lave; car les Sicules de la côte nord sont moins farouches que ceux de la côte ouest et sud. Le contact fréquent des navigateurs, le flot croissant de l'immigration des Italiens-Latins, les ont beaucoup adoucis, tout en réduisant leur nombre, et je crois que les Sicules finiront par disparaître entièrement devant les Latins.

A la nuit, je reconnus ma baie, et j'y mouillai commodément, sur bon fond, à deux traits d'arc de la côte. Comme il faut néanmoins se défier un peu dans ces parages, je n'envoyai ni marchandises ni hommes à terre, me réservant de communiquer le lendemain. Mais il vint encore des hommes avec des torches qui nous firent des signes d'amitié sur le bord. Je leur répondis, en langue italienne, que j'entrerais en relation avec eux au matin et que, s'ils avaient du soufre, du corail, de la nacre, je leur en achèterais à de bonnes conditions. Ils insistèrent pour venir à bord; mais, voyant que j'étais inflexible, ils s'en allèrent, en me promettant de revenir de bonne heure avec leurs marchandises.

Peu après, Himilcon me signala plusieurs bancs de thons à notre portée et me demanda la permission d'aller à la pêche. Comme il y avait longtemps que nos équipages n'avaient eu de poisson frais, je la lui accordai volontiers. Quelques matelots, adroits pêcheurs, descendirent dans la barque avec des tridents et des harpons. Bicri se joignit à eux avec deux archers; nos harponneurs leur avaient donné des flèches à pointes barbelées et leur avaient enseigné à les attacher à une ligne, pour ne pas perdre le poisson piqué. Jonas les accompagna par goinfrerie, dès qu'il entendit parler de grands poissons bons à manger. On lui fit emporter sa trompette et les torches qui servent à attirer le poisson curieux.

Aminoclès, qui, paraît-il, était bon pêcheur, se décida lui-même, quand on lui eut bien promis qu'il ne verrait aucun monstre.

« Mais, dit-il à Himilcon, comment avons-nous échappé à la Charybde? J'ai bien regardé un petit peu par-dessous mon manteau, et je n'ai rien vu.

— Moi non plus, répondit Himilcon d'un air sérieux. La Charybde n'y est pas tous les jours. Elle s'était probablement cachée: peut-être a-t-elle eu peur de la trompette de Jonas, ou du panache du capitaine Hannibal. On ne sait pas : ces monstres sont si bizarres!

— Elle a bien fait d'avoir eu peur, s'écria Jonas. Moi, maintenant que j'ai vu la cuisine de Nergal, je n'ai plus peur de rien. Je l'aurais assommée, si elle avait eu l'audace de se montrer.

— Ces flammes que nous avons vues là-bas en passant, demanda encore Aminoclès, effrayé de nouveau au souvenir du volcan, sont-elles bien loin?

— Oh! très-loin, reprit Himilcon A six cents stades au moins.

Nous n'avons vu que leur reflet dans les nuages, et non pas les montagnes elles-mêmes.

— Ne crains donc rien, dit Jonas. Ce sont les autres cuisines de Nergal. Il cuit et fricasse sans relâche; il a des cuisines partout de ce côté. C'est un fameux cuisinier. »

Himilcon traduisit à Aminoclès les propos insensés de Jonas, ce qui redoubla l'hilarité de nos matelots.

La pêche fut très-fructueuse. On nous ramena, à trois reprises, la barque pleine de poisson. Au matin, nos pêcheurs allèrent se reposer, après une nuit si bien employée. Dès l'aube, nos hommes de la veille arrivèrent avec bon nombre d'autres, et l'un d'eux, s'étant mis à la nage, traversa hardiment et vint à mon bord. C'était un homme de haute taille, le front déprimé, le nez et les lèvres minces, le crâne allongé, la face cuivrée et le menton imberbe, un vrai Sicule. Il parlait l'italien des Latins, et commença par nous informer tout de suite que les Latins occupaient toute la partie orientale de l'île et étaient leurs ennemis.

Je lui répondis que j'étais Phénicien et qu'Italiens-Latins ou Italiens-Samnites, Ombres et Sabelliens m'étaient complétement indifférents ; que je voulais simplement du corail, du soufre, de la pierre de lave, et que ce qu'ils apporteraient serait bien payé.

« Nous sommes, me dit le Sicule, sujets du roi Morgés, qui ne veut pas qu'on prenne les marchandises autrement qu'à terre. Nous avons quantité des objets que tu désires. Vous n'avez qu'à venir sur la montagne, là-bas, avec vos marchandises, et nous ferons l'échange. »

Cette insistance pour nous faire venir à terre éveilla sur-le-champ ma défiance, mais je n'en fis rien voir. Je feignis de me rendre aux raisons du Sicule et je descendis avec des ballots et soixante hommes bien armés. En même temps, je fis monter tous les archers sur le *Cabire*, qui put se rapprocher à quelques coudées du rivage, machines prêtes et paquets de flèches posés sur le pont.

« Pourquoi tant d'hommes? dit le Sicule. Nous porterons très-bien vos ballots.

— Oh! lui répondis-je, nous ne voulons pas vous donner cette peine. Portez les vôtres simplement de la montagne à la plage, car nous n'irons pas plus loin dans les terres. »

Le Sicule retourna vers les siens, de fort méchante humeur, à ce qu'il me sembla. Je profitai des négociations qu'il avait l'air d'entamer avec eux pour faire remplir nos barriques au beau ruisseau qui est au fond de la rade.

Bientôt mon sauvage revint avec deux camarades et me fit de nouvelles invitations.

« Ne craignez pas de vous fatiguer pour monter, nous disaient ils. Nous vous porterons, vous et vos bagages. Venez là-haut, nous vous ferons voir de belles choses : nous y avons tout le corail, la nacre et le soufre que vous pouvez désirer.

— Cela nous est impossible, leur répondis-je ; il faut que nous partions ce soir même, et nous n'aurions pas le temps d'aller et de venir. Apportez vous-mêmes vos objets. »

Disant cela, je fis étaler devant eux tant de chaudrons brillants, tant de verroteries et d'émail, tant de flacons, tant d'étoffes chatoyantes, que la convoitise fut plus forte et qu'ils se décidèrent à nous apporter de quoi trafiquer avec nous.

C'étaient des gens rudes et brutaux, marchandant beaucoup, puis essayant de nous arracher brusquement des mains l'objet qui les tentait, ou de l'escamoter subtilement s'il était de petite dimension. Mais nous les connaissions, et ils étaient bien surveillés. A mesure que j'avais un chargement de barque complet, je l'envoyais tout de suite au *Dagon* et à l'*Astarté*, pour ne pas être pris à l'improviste sur la plage. Peu à peu le nombre de ces gens-là grossissait, ils devenaient plus arrogants et les contestations se multipliaient. Je fis rejoindre Chamaï, Bicri, Himilcon et vingt hommes. Mes Sicules devenaient de plus en plus menaçants, et je m'attendais à une attaque d'un moment à l'autre.

Tout à coup Gisgon, qui les observait assis sur la plage et sans dire un mot, se leva brusquement, et mettant la main sur l'épaule d'Himilcon, lui désigna du doigt un remous qui se faisait dans la foule des Sicules. Je suivis des yeux la direction qu'indiquait le pilote, et je vis s'avancer, parmi les autres qui s'écartaient sur son passage, un de leurs chefs ou rois, devant lequel on portait des bâtons peints de rouge et ornés de corail, de nacre et d'autres objets voyants. Au bout d'un de ces bâtons, du plus grand, pendillait un objet informe, qui me fit d'abord l'effet d'une guirlande de feuilles d'arbre. Mais Gisgon était plus clairvoyant que moi.

« Mes oreilles ! capitaine, me dit-il d'une voix étranglée par l'émotion, en me montrant le bâton.

— Tes oreilles ? lui répondis-je surpris. Où vois-tu des oreilles ?

— Là, sur le bâton, enfilées parmi les autres. Ce sont leurs trophées de guerre, murmura le pilote. Oh ! je les reconnais bien. »

J'écarquillai les yeux pour voir à quoi Gisgon pouvait reconnaître ses propres oreilles parmi les cartilages desséchés qu'exhibaient les Sicules, mais je dus lui déclarer que je ne voyais absolument rien qui me prouvât que c'étaient ses oreilles à lui plutôt que les oreilles d'un autre.

« Oh! dit vivement Gisgon, je reconnais l'homme qui me les a coupées : c'est le chef; cela me suffit. »

Le chef, propriétaire des oreilles de mon pilote, m'apportait une bonne quantité de soufre et de nacre, que je lui achetai. Mais quand on commença à les embarquer, la contestation recommença. Le chef voulait absolument avoir une cuirasse comme celle d'Hannibal en sus du marché, et je ne voulais pas la lui donner. Là-dessus, il saisit le bord de celle que portait Hannibal et se mit à la tirer à lui de toutes ses forces, croyant qu'il pourrait l'arracher. Le capitaine le repoussa si rudement qu'il trébucha et tomba. Il nous arriva aussitôt, et comme à un signal convenu, une grêle de lances et de pierres. Je fis donner le signal à mon tour, et le *Cabire* commença de balayer vivement la plage, envoyant ses projectiles par-dessus nos têtes dans la masse des Sicules. En même temps, Hannibal et Chamaï, prenant à droite et à gauche, les chargèrent rudement à la tête de leurs hommes.

Mais quelqu'un avait été plus rapide que le *Cabire* et qu'Hannibal; c'était Gisgon. Avant que le roi des Sicules ne fût relevé, il était sur lui, la hache au poing. Son ami Himilcon le rejoignit, et l'un maniant son épée, l'autre sa hache, en deux tours de main ils eurent fendu le crâne du roi et jeté par terre, tués ou grièvement blessés, deux de ses porte-bâtons.

Pour moi, voyant mon chargement terminé et la barque prête à partir, je fis sonner en retraite à mes hommes d'armes qui avaient fait reculer les Sicules d'un bon demi-stade. Ils revinrent, et les Sicules firent volte-face et les suivirent, leur jetant des lances et des pierres, mais sans oser les aborder. Je fis embarquer peu à peu mes hommes sur le *Cabire* et sur la barque. Comme celle-ci faisait son dernier voyage et que nous n'étions plus qu'une quinzaine sur la plage, les Sicules nous serrèrent d'assez près, et sans la protection du *Cabire*, qui leur lançait ses projectiles dès qu'ils se groupaient à bonne portée, ils se seraient certainement jetés sur nous. Enfin, nous nous embarquâmes les derniers, le *Cabire* démarra et la barque fit force de rames. Les Sicules nous suivirent dans l'eau aussi loin qu'ils purent, poussant des cris furieux et jetant des pierres à la main. Sans notre prudence et les précautions que j'avais prises, ils nous auraient attirés dans une embuscade ou enlevés sur la plage. Enfin, tout s'était bien terminé. Je n'avais perdu qu'un Phokien tué, un autre était grièvement atteint et huit des nôtres étaient légèrement blessés ou contusionnés, mais j'emportais pour quinze cents sicles de corail, de nacre et de soufre.

Le plus content de tous était Gisgon. Il vint sur l'*Astarté* me faire voir les deux bâtons conquis sur le roi. A chacun d'eux était une paire d'oreilles fraîchement coupées et encore saignantes : le brave pilote avait vengé les siennes.

Au reste, il fut persuadé qu'il avait retrouvé ses cartilages à lui, et il les conserva précieusement dans sa bourse, ce qui est une façon comme une autre de les porter.

Dans la nuit, nous passâmes au milieu des îles Ægates, où les Phéniciens ont une station maritime, au large du promontoire de Lilybée. Après avoir communiqué au passage avec l'un des stationnaires, je me dirigeai vers le sud-ouest, par une mer favorable et un vent d'est assez faible. Je comptais arriver dans l'après-midi à la grande baie où se trouve, d'un côté, la rade d'Utique, et de l'autre celle de Botsra la ville neuve, ce nouvel établissement qui commence à rivaliser avec Utique, métropole et place d'armes de tous nos établissements de Libye.

Au matin, tout le monde était sur le pont, impatient d'arriver à notre première étape.

« Ha! ha! dit Hannibal; je vais donc enfin voir Utique et Carthada. Il y a longtemps que j'ai envie de voir ces deux places. Carthada n'a-t-elle pas été fondée il y a une vingtaine d'années, et ne s'appelait-elle pas d'abord Botsra?

— Si fait, lui répondis-je. C'était d'abord une botsra, une citadelle. Mais Utique existe depuis plus de cent ans, à l'embouchure du grand fleuve Macar, qu'on appelle aussi Bagrada. C'est une belle et grande ville et la rade est magnifique. Le Cothôn ou port de guerre contient soixante cales sèches et autant de magasins construits au-dessus ; et la ville, du côté de la terre, est fortifiée par une triple enceinte, tellement que la place passe pour imprenable. »

Avant de débarquer, je voulus visiter mes esclaves pour voir s'ils étaient en bon état. Je les fis nettoyer, et on leur donna double ration, pour qu'ils eussent meilleure apparence. Les Rasennæ, qui ont toujours l'imagination remplie de toutes les images effroyables de leurs dieux et de leur Chéol, et qui ne voient partout que nains, géants, tortures et supplices, n'étaient pas rassurés du tout dans la demi-obscurité de la cale, pensant que nous allions les sacrifier à quelque dieu. Ils s'attendaient à voir apparaître Turms avec ses grandes ailes qui conduit les âmes dans le séjour des morts, et croyaient déjà sentir les fouets et les serpents avec lesquels les nains les torturent dans le monde souterrain. Je leur annonçai que j'allais les vendre dans une grande ville, où ils seraient employés comme guerriers ou comme travailleurs, suivant leurs aptitudes, qu'ils seraient bien vêtus, bien nourris, et que, s'ils se conduisaient bien, on leur ferait plus tard des présents et qu'ils auraient une petite part du butin ramassé à la guerre. Tous furent dans une grande joie et mangèrent de bon appétit, sauf le regret qui leur était commun, aux Helli comme aux Rasennæ, d'être loin de leur Hestia, déesse de leur foyer, car les Vitaliens, qui ont une Hestia comme les Helli, ont appris à la révérer aux Rasennæ. Mais ils comprirent aussi que sur la terre lointaine ils auraient une autre Hestia, car les dieux sont partout, et ainsi ils se consolèrent. Je promis aussi aux Phokiens d'Aminoclès, enrôlés sous Hannibal, de leur procurer un terrain où ils pourraient donner la sépulture à leur mort suivant leurs rites, car ils l'avaient emporté avec eux sur le vaisseau. Quand ils furent assurés qu'à proximité de terre nous ne laisserions pas leurs morts sans sépulture, ils se réjouirent beaucoup et se déclarèrent prêts à affronter tous les dangers avec nous. Ce qui les avait aussi beaucoup encouragés, c'est qu'Himilcon leur avait expliqué que les Sicules, les gens qu'ils venaient de combattre, n'étaient autres que les Lestrigons : mais ils eurent quelque peine à le croire.

XI

Pourquoi Adonibal, amiral d'Utique, nous voulait faire décoller.

Quand je remontai sur le pont, on distinguait déjà très-bien le promontoire d'Utique, que l'on nomme aussi promontoire d'Hermès, pointe extrême de la Libye, vis-à-vis l'île des Sicules. Je revêtis mon plus beau kitonet et je coiffai mon bonnet brodé. Tout le monde fit toilette, content d'arriver, et Hannibal mit son casque à panache et une tunique magnifique sous sa cuirasse.

A mesure que nous avancions, nous voyions distinctement la pointe d'Hermès, la Grande Baie, la ville d'Utique, et à l'autre pointe de la baie, au sud, une blancheur confuse, qui était Carthada. Nous courions maintenant à l'ouest franc et nous entrions droit dans la baie, laissant Carthada à notre gauche et Utique à notre droite. Après avoir contourné la pointe extrême du cap qui fait face au cap Hermès, je longeai la côte basse qui conduit aux ports d'Utique et je vis bientôt la blanche ville qui s'élève en gradins, depuis les eaux bleues de la mer jusqu'à la Botsra placée sur les hauteurs du côté des terres. Les dômes rouges et bruns des maisons et des édifices, les hauts créneaux de la citadelle se découpant sur l'azur du ciel, les massifs de verdure qui entourent la ville faisaient ressortir la blancheur des murs, peints à la chaux par-dessus une couche de goudron.

Quand j'eus laissé derrière nous l'île couverte d'édifices imposants et séparée de la terre ferme par un canal qui sert de port marchand, j'entrai tout droit dans le port de guerre, au centre duquel s'élèvent, au-dessus de la mâture des vaisseaux, les murailles massives et percées de meurtrières, les tours, les créneaux et les coupoles du palais amiral. J'amenai mes navires au quai de gauche où il y avait de la place, et prenant avec moi Hannon, je descendis tout de suite dans la barque pour me rendre au fond du port, à la jetée qui réunit le palais amiral à la terre, faisant suite aux quais qui entourent tout le palais. Nous montâmes sur cette jetée, qui est dallée, d'une belle largeur et toujours encombrée de gens affairés qui vont au palais ou en viennent.

Nous franchîmes entre deux tours une première porte haute et voûtée par laquelle on pénètre dans l'avant-cour. Là des gardes, nous ayant demandé qui nous étions, nous firent passer par une autre porte haute et étroite dans une salle tendue de tapisseries alternativement rouges et jaunes, puis dans un couloir sombre, au bout duquel, à travers la porte entre-bâillée, on voyait la grande cour intérieure. On nous la fit traverser, puis nous entrâmes dans un autre couloir pareil à celui par lequel nous étions venus. Par la porte latérale de ce couloir on entre dans une grande salle basse, carrée et voûtée, au fond de laquelle se trouve une autre porte, petite et carrée; on nous introduisit par là dans une grande salle très-sombre, ronde et en dôme. De cette salle nous passâmes, par un escalier très-étroit et par un couloir très-sombre, à deux autres escaliers tout aussi étroits et à des couloirs non moins sombres. Enfin nous arrivâmes sur une petite plate-forme, au pied d'un dôme et aux deux tiers d'une haute tour. Nous entrâmes dans cette tour, nous redescendîmes quelques marches, nous traversâmes un autre couloir, et ayant, au fond de ce couloir, monté encore un escalier, nous arrivâmes finalement dans une belle salle ronde, voûtée et largement éclairée par les meurtrières qui sont percées tout autour. Nous étions dans la tour de gauche de la façade nord du palais dans laquelle sont engagées quatre tours pareilles, deux de chaque côté de la porte et deux aux extrémités. Elles donnent sur le bassin réservé de l'amiral, par-dessus lequel je reconnus, dans le Cothôn, nos navires à quai. Cette salle haute est tendue de tapisseries alternativement rouges et jaunes, et son dallage est recouvert de nattes. Devant une fenêtre, je reconnus tout de suite, assis dans sa chaise de bois peint, le suffète amiral, le vieux Adonibal. Les gardes qui nous avaient accompagnés restèrent à la porte de la salle et je m'avançai avec Hannon au-devant du suffète.

On sait que nos villes de Libye ne sont pas gouvernées par des rois comme les autres nations, mais par des suffètes, comme l'étaient les enfants d'Israël il n'y a pas longtemps, avant Saül, leur premier roi. On sait aussi que le conseil des suffètes, nommé par le peuple, choisit deux des siens, révocables par lui, qui gouvernent par-dessus les autres et qui sont le suffète amiral, qui juge des choses de la mer, et le suffète sacré, qui juge des choses de la terre. Ce que tout le monde ne sait pas, c'est que, depuis une dizaine d'années, les suffètes de Libye ne sont plus soumis à la sanction des rois de Tyr et de Sidon et qu'ils sont choisis par les Sidoniens, Tyriens et leurs descendants parmi les plus anciennes familles sidoniennes, avec exclusion des Tyriens pour Utique, colonie sidonienne, et des Sidoniens pour Carthada, colonie tyrienne, car ce sont les Tyriens qui ont agrandi notre ancienne Botsra, bâti tout autour et fondé la ville neuve. Adonibal, fils d'Adoniram, était à notre passage suffète amiral pour Utique et Carthada depuis huit ans, et on peut dire qu'il tenait sa magistrature dignement et d'une main ferme.

Ce vieux, après beaucoup de traverses et d'aventures sur terre et sur mer, était venu s'établir à Utique, d'où il avait fait, avec succès, le commerce et la course. Il avait commandé les armées de la ville contre les Libyens, avait guerroyé sur les côtes de Tarsis et contribué, dans le pays des Celtes, à la fondation de Massalie ou la ville des Salies, à l'embouchure du Rhône. Les gens d'Utique, en considération des grands services qu'il leur avait rendus, et pleins de confiance dans son expérience, sa justice et sa fermeté, avaient voulu l'avoir pour suffète amiral :

ils n'auraient pu en choisir de meilleur, et entre ses mains la ville et ses dépendances prospérèrent extraordinairement. Je connaissais de longue date la sagesse d'Adonibal et j'avais eu occasion de converser avec lui plusieurs fois dans mes voyages. C'était un habile commerçant, courageux navigateur, heureux corsaire et hardi forban, un vrai Phénicien. J'eus donc plaisir à le voir assis dans son fauteuil, la moustache rasée à l'ancienne mode de Kittim et ne portant qu'une grande barbe blanche au menton, avec son bonnet de marin enfoncé jusqu'aux oreilles et le nez un peu plus gros et un plus rouge qu'autrefois, par suite du grand usage qu'il faisait des bons vins de Béryte et d'Helbon.

Après l'avoir salué, je le complimentai sur sa bonne santé. Il me reconnut tout de suite.

« Hé! me dit-il du ton facétieux qui lui était habituel, n'est-ce pas toi, Magon? Magon le Sidonien, le plus fin capitaine et hardi navigateur qui ait jamais conduit une quille de bois de cèdre en Tarsis?

— C'est moi-même, maître, lui répondis-je.

— Et quel est ce jeune homme avec toi?

— C'est mon scribe Hannon, Sidonien pareillement.

— Hé! hé! Magon, dit le vieux en se caressant la barbe, comment vont les braves gens que tu avais avec toi la dernière fois que je t'ai vu, Himilcon le borgne, et Gisgon-sans-Oreilles, et Amilcar? Et comment va ta brave barque, le *Gaditan?*

— Tout le monde va bien, maître, lui répondis-je, enchanté de son souvenir. Tous ceux dont tu parles sont avec moi, y compris mon bon *Gaditan*, qui s'appelle à présent le *Cabire*, et si tu veux regarder par ta fenêtre, tu peux voir mes bateaux à quai du Cothôn. »

Le vieux se mit à rire.

« Je les verrai, je les verrai, fit-il d'un air joyeux. Comme suffète amiral je dois les voir, tout comme j'ai vu le *Melkarth*, quand il a passé ici il y a trois jours.

— Le *Melkarth!* m'écriai-je. Le *Melkarth* et Bodmilcar?

— Le *Melkarth* et Bodmilcar, répéta le suffète d'un ton goguenard. Ah! tu les connais bien, Magon, et tu es un vieux poisson de mer, expert en toutes choses. Mais il est imprudent pour toi de te présenter ici après que Bodmilcar a passé.

— Imprudent! m'écriai-je. Si le misérable Bodmilcar était présent, je le confondrais devant toi! Ne sais-tu pas ce qu'il a fait?

— Je sais, répondit Adonibal, que toi et ton scribe, vous allez rendre les épées que vous avez au côté, et qu'on va vous conduire dans les cachots du palais amiral, où vos gens ne tarderont pas à vous rejoindre. »

Je restai stupéfait, mais Hannon, dont la patience n'était pas le mérite, mit hardiment la main à la garde de son arme.

Hannon mit la main à la garde de son épée.

« Cette épée, fit-il d'un ton assuré, m'a été donnée par David, malik de la Judée. A qui me la demande, je la rends par la pointe, et dans le ventre. »

Deux gardes se jetèrent sur lui. Le vieux Adonibal se dressa de son fauteuil, pâle de fureur.

« Lâchez-le, cria-t-il, d'une voix tonnante, lâchez-le! Il n'est pas besoin qu'on tienne les bras d'un homme devant moi! Vos épées, sur-le-champ, ou je jure par Baal-Peor, dieu de Béryte, qu'avant qu'il soit un quart d'heure vos têtes seront pendues au plus haut créneau de cette tour! »

Je savais qu'Adonibal n'était pas homme à prendre en vain

le nom de son dieu de prédilection, surtout lorsqu'il s'agissait de faire abattre une tête ou deux. Mais ce n'était pas le moment de reculer.

« Maître suffète, amiral et juge des gens de mer, lui dis-je avec fermeté, tu dois justice à tous les marins. Tu ne feras pas jeter un capitaine sidonien au cachot avant d'avoir entendu ses raisons. »

Le vieux avait repris immédiatement son calme. Il n'était pas homme à s'émouvoir beaucoup pour une mise aux chaînes et une exécution de plus ou de moins dans sa vie.

« Allons, me dit-il de son ton railleur, dépense tes dernières paroles avant qu'on apporte les menottes, en attendant mieux. Je suis curieux de savoir ce que tu diras, après la trahison sans exemple que tu as faite à ton capitaine Bodmilcar, marin de Tyr, sous les ordres duquel tu as été mis par le roi Hiram, comme je l'ai vu par ses propres lettres?

— Une question, maître, une seule, m'écriai-je aussitôt, et après, tu pourras nous faire décapiter, pendre ou mettre en croix à loisir. As-tu ici le sceau et signature de Bodmilcar? »

Adonibal étendit la main vers un sac qui pendait à côté de lui, et en tira un papyrus qu'il déroula.

« Ceci, me dit-il, est la déposition de Bodmilcar, écrite, signée et cachetée par lui. Te voilà confondu, chien maudit!

— Bodmilcar est confondu lui-même, et par ses propres artifices, » répondis-je tranquillement.

Et prenant des mains d'Hannon notre charte-partie que je lui avais fait apporter, je la tendis à Adonibal.

« Qu'est-ce que c'est que cela? demanda le suffète surpris.

— C'est notre charte-partie et acte de navigation, lui dis-je, où tu verras que Bodmilcar était sous mes ordres, et au bas de laquelle tu trouveras la signature, sceau et cachet qu'il y apposa à Tyr, avec le cachet qu'il a acheté de mes propres deniers, quand je l'ai ramassé crevant de faim sur les dalles! Compare-le à celui des mensonges écrits dans sa déposition. »

Le vieux Adonibal se leva tout ému.

« Magon, mon fils Magon, s'écria-t-il, je vois maintenant les preuves de la trahison de ce Tyrien. Aussi bien étais-je surpris d'une telle action de la part d'un homme comme toi, et de la complicité d'hommes comme Amilcar, Himilcon et Gisgon. Raconte-moi ce qui s'est passé. Je regrette ce que j'ai dit étant en colère, et sois tranquille, justice te sera rendue. »

Quand le suffète eut entendu mon récit, il ne put contenir son indignation.

« Par Baal-Péor, dieu de Béryte, que j'ai toujours honoré, dit-il, si Bodmilcar et ses Tyriens me tombent entre les mains, je les ferai attacher en croix une heure après, et tu me connais assez pour savoir si je tiens mes promesses. Or çà, brave scribe, avance ici; tu me parais un homme hardi et déterminé, malgré ton jeune âge.

— Maître, répondit Hannon, je n'eusse point été si hardi si par Magon je n'avais appris ton renom de justice et de sagesse. Qu'avais-je à craindre? Je pensais bien que tu saurais démêler la vérité.

— Bien répondu, dit le vieux en souriant. Magon, tu as trouvé là un habile homme. Holà! vous autres, qu'on apporte le vin. Vous allez présentement vous rafraîchir avec moi, mes enfants; et tout à l'heure, ceux des tiens que tu me désigneras, Magon, prendront leur repas avec vous et moi, et nous causerons tout à l'aise de nos affaires. »

Je le remerciai, et remis à un garde la liste de ceux que j'invitais, après qu'Hannon l'eut écrite.

« J'ai beaucoup à vous apprendre sur le compte de ce Bodmilcar, ajouta le suffète. Nous en parlerons, nous en parlerons. »

Là-dessus, comme on avait apporté le vin, il me tendit une grande et belle coupe de l'ivoire le plus blanc, cerclée d'argent de Tarsis, et on en offrit une semblable à Hannon.

« Eh bien, Magon, mon fils, me dit le vieux après que nous eûmes bu, je ne pense pas que tu sois venu dans cette ville d'Utique les mains vides. Tu fais ta cargaison pour le roi David, c'est fort bien; mais tu es trop habile homme pour n'avoir pas quelque chose à nous vendre en passant. Hé! hé! que dis-tu, vieux poisson de mer?

— J'ai, répondis-je, quelques mesures de soufre en fleur et des pierres de laves, qui étaient les bienvenues à la côte de Libye dans mon temps.

— Et qui le sont toujours, reprit Adonibal Nous t'achèterons ton soufre et tes pierres à de bonnes conditions. Est-ce tout ?

— Ho ! lui dis-je humilié, crois-tu, maître suffète, que j'aie passé les côtes d'Ionie et de Sicile, combattant trois fois, sans avoir ramassé quelque autre petite chose ?

— Ha ! ha ! s'écria le vieux en riant, tu es un vrai marin de Sidon. Tu ne laisses rien traîner. Et qu'as-tu encore de beau ?

— J'ai, repris-je, soixante et un esclaves, gens forts et vigoureux, que je céderai au conseil des suffètes pour le plus juste prix, préférant les vendre en bloc à la république qu'au détail à des particuliers.

— Excellent ! s'écria Adonibal. Nous avons justement besoin de soldats, ayant eu dans ces derniers temps quelques rudes affaires avec les Lybiens. Quand les Helli sont commandés par des Phéniciens, ils sont très-bons pour tenir garnison dans les forts du Macar ; et quand ils y périssent, la perte est moindre. C'est de l'argent bien employé. Je les mettrai avec les brutes égyptiennes que m'a vendues ce scélérat de Bodmilcar, et on fera un tri : les uns pour les garnisons, les autres pour les bâtisses, les autres pour les coupes de bois, selon leurs aptitudes. Les Egyptiens sont bons pour la bâtisse.

— Bodmilcar t'a vendu des Égyptiens ? dis-je, confondu des scélératesses de cet homme. Mais il avait des Égyptiens avec lui, me poursuivant par ordre du Pharaon ; j'ai vu les épaves d'un de leurs navires, naufragé en Crète !

— Tout juste, me répondit le vieux, tout juste ! Ah ! ce Bodmilcar est un rusé compagnon, et c'est un bon tour. Il aura trouvé un moyen quelconque de désarmer ses Égyptiens ; quand ils sont venus ici, il me les a vendus, corps et biens, Égyptiens et navires. Ils ont crié tant qu'ils ont pu ; mais tu comprends que je les ai laissés crier, et que deux jours de cachot et de diète, accompagnés d'une salutaire fustigation, les ont calmés. Depuis ce matin ils ne disent plus rien.

— De fait, c'est un joli tour, et de bonne guerre, dis-je, ne pouvant m'empêcher de rire moi-même, en pensant à l'adresse et à la subtilité de Bodmilcar avec ses Égyptiens.

— Oui, reprit Adonibal, mais ce n'est pas tout, et je devine maintenant un autre tour que le coquin m'a joué à moi-même.

— Te jouer, te tromper, toi, Adonibal ! m'écriai-je. Ah ! ceci est trop fort, et je n'y puis pas croire !

— Moi-même Adonibal, suffète amiral de la ville d'Utique, et connu dans le monde entier comme un homme assez difficile à frauder, dit le vieux, moitié goguenard, moitié vexé. Mais qu'y a-t-il de surprenant à cela ? Il t'a bien trompé, toi, Magon, un vieux poisson de mer sidonien qui connaît les choses et qui est réputé pour le plus avisé capitaine allant en Tarsis !

— Oh ! je le lui revaudrai, m'écriai-je. Je finirai bien par l'attraper.

— Je l'espère, me répondit le suffète ; mais il te donnera du câble à défaire. Figure-toi que ce renard d'eau salée est arrivé à me soutirer deux bonnes galères et trois cents solides Phéniciens !

— Par Astarté, voilà qui est habile ! exclamai-je. Et comment a-t-il fait, ce Tyrien de malheur ?

— Comment il a fait ? dit Adonibal après avoir vidé sa coupe. J'avais trois cents criminels de la métropole, condamnés à la déportation, et faisant escale ici. Mes prisons étant encombrées d'esclaves, je n'attendais qu'une occasion de les expédier aux mines en Tarsis, quand le Bodmilcar est venu. Trois cents hommes, des Sidoniens, des gens de Béryte, de Byblos et d'Arvad, des malfaiteurs, tous frais et solides comme des dauphins. J'ai chargé Bodmilcar de me les emmener là-bas, et je lui ai donné deux galères, et je lui ai écrit, signé, scellé, cacheté sa commission, et que Khousor-Phtah l'écrase ! Il aura, tout simplement, dans l'espoir de te rencontrer, armé mes galères avec ses malfaiteurs mis en liberté.

— Ils sont faits pour s'entendre, m'écriai-je ; mais que j'arrive dans ses eaux, et je m'en charge. »

Sur ces entrefaites entrèrent Hannibal, Asdrubal, Amilcar, Chamaï, Himilcon et Gisgon.

« Hé! vous voilà, mes enfants, dit Adonibal; approchez, que je vous voie. Vous vous êtes toujours bien portés, m'a-t-on dit?

— Nous nous sommes bien portés, notre maître, répondirent-ils.

— Voici Amilcar, que j'ai vu mousse sur mon navire, reprit le vieux suffète, et à présent il est capitaine! Et Himilcon, qui connaît si bien les constellations. Aimes-tu toujours le bon vin, Himilcon?

— Toujours, maître, répondit le pilote. Le bon vin me conserve la vue et l'entendement.

— Tu as raison, tu as raison, dit le vieux. Et toi, Gisgon, n'as-tu pas encore retrouvé tes oreilles?

— Les voici, dit Gisgon, dans cette bourse, et j'y ai ajouté trois jolies paires d'autres, celles des Sicules qui me les ont coupées. »

Adonibal se fit raconter notre combat chez les Sicules, et rit de bon cœur au récit de Gisgon. Ensuite on apporta le pain et la viande, et nous mangeâmes.

« Je suis content de vous voir, mes enfants, dit le suffète, et aussi de voir Asdrubal et ces deux capitaines ici. Je visiterai vos navires demain. Quand je les regarde par cette fenêtre, ils me paraissent beaux et bien construits.

— Maître suffète, lui dis-je, parmi ces Égyptiens que t'a vendus si subtilement Bodmilcar, ne se trouvait-il pas aussi quelques Helli, des Phokiens?

— Une douzaine, mon fils, répondit le suffète.

— Et parmi ceux-ci, n'y avait-il pas une femme et un jeune garçon?

— L'un et l'autre, reprit Adonibal; mais que veux-tu que nous fassions de Pilegech et de jeunes garçons ici? Il nous faut des hommes forts et vigoureux. Les Libyennes ne nous manquent pas. J'ai donc laissé à Bodmilcar la femme et le jeune enfant, et il les a emmenés avec lui. N'a-t-il pas un eunuque pour les garder?

— Ah! m'écriai-je, tu as vu l'eunuque?

— Oui, un grand Syrien couard, qui m'a fort déplu. Je ne sais trop combien de fois il m'a demandé s'il était possible de revenir d'ici à Tyr. Mais Bodmilcar le traîne à sa suite, et ne le lâche pas. Oh! il tient bien ce qu'il tient! »

Après le repas, des hommes, avec des torches, vinrent nous reconduire. Nous descendîmes directement l'escalier de la tour, jusqu'au premier étage. De là, par une petite porte carrée, nous arrivâmes sur la galerie intérieure d'une courtine; sur cette galerie en pente ouvrent les portes et les fenêtres des logements construits dans l'épaisseur du mur pour les soldats. Au bas de la courtine, nous traversâmes une grande salle voûtée, puis un corridor qui nous conduisit sous la porte nord du palais amiral. Au bas de l'escalier qui monte du quai à la plate-forme de cette porte, la propre barque du suffète amiral nous attendait. Elle nous conduisit hors du bassin réservé; nous longeâmes le môle et nous fûmes bientôt à nos navires où les matelots, consignés par mon ordre, attendaient le lendemain avec impatience, en faisant toutes sortes de beaux projets. Les trompettes, autour de nous, sonnaient la retraite pour faire revenir sur les navires les marins attardés, et les fanaux allumés de tous côtés faisaient voir la masse des navires encombrant le quai, les hautes fenêtres éclairées de la ville au loin, et près de nous le palais amiral, massif et sombre, par les meurtrières duquel perçaient quelques rares et faibles lumières.

Dès le matin, je fis tout mettre en ordre pour recevoir la visite de l'amiral. Il ne tarda pas; je vis bientôt sa grande barque à douze rameurs, qui sortait du bassin réservé. Dès qu'il fut sur le pont de l'*Astarté*, il se retourna d'un air impatient du côté des créneaux de son palais.

« Est-ce qu'ils n'ont pas encore fini, grommela-t-il, ces imbéciles? Je leur avais pourtant donné mes ordres en partant. Ah! tout va mal, tout va mal, maintenant que nous vieillissons! Au temps de notre jeunesse on était plus expéditif. »

Comme il disait cela, des hommes parurent au haut de la tour et on attacha une dizaine de têtes aux créneaux.

« Ce n'est pas malheureux! dit le suffète. Ils ne savent plus couper une tête à présent. Il y a un grand quart d'heure que la chose devrait être faite. »

Après que l'amiral eut compté ses têtes du doigt, sa bonne humeur lui revint. J'en profitai pour lui écouler sur-le-champ ma marchandise et mes esclaves. Le vieux suffète avait le cœur généreux et la main ouverte. Il me paya largement. Quand on commande à des gens de mer, il faut savoir ne pas marchander à l'occasion, et peu de gens étaient propres à commander et à gouverner comme Adonibal, amiral d'Utique. Il visita ensuite mes navires dans toutes leurs parties et loua fort la construction et l'aménagement.

« Tu pourras, me dit-il, les faire entrer en cale sèche et visiter ton doublage et tes éperons. Il ne t'en coûtera rien. Je te donne cette marque de ma satisfaction, en compensation du mauvais quart d'heure que je t'ai fait passer à ton arrivée. Allons, qu'on enlève ces marchandises et qu'on emmène ces esclaves. Il faut maintenant que j'aille à Carthada, de l'autre côté de la baie, rendre un peu la justice à ces Tyriens et régler leurs contestations. Où est mon bourreau et ses aides ?

— Nous voici, répondirent ses gens.

— Avez-vous vos fouets, vos cordes et vos instruments ?

— Nous les avons, seigneur amiral, répondit le bourreau.

— Bien, partons. Au revoir, Magon ; au revoir, vous autres ; d'autant que je vois que tous ces braves gens sont impatients de courir la ville ; leurs sicles les démangent dans la bourse. Ah ! la jeunesse, la jeunesse ! nous avons été jeune aussi ! »

Disant cela, le bon Adonibal descendit dans sa barque suivi de ses gardes, scribes et bourreaux, et s'éloigna rapidement dans la direction de l'île où est bâtie la vieille Utique. Des gardes vinrent par le quai, avec des manœuvres, enlever le soufre et les pierres de lave et emmener les esclaves.

Je donnai aussitôt congé à tous les hommes qui n'étaient pas nécessaires à la garde des navires. Les Phokiens partirent, emportant leur mort enveloppé dans une grande étoffe, vers le cimetière, où un de nos matelots se chargea de les conduire. Comme j'avais été satisfait d'Aminoclès, je lui remis, pour lui et les siens, deux sicles d'argent. Il les regarda surpris.

« Pour quoi faire, ces images en argent ? me demanda-t-il.

— C'est juste, dis-je ; les sauvages de ton pays ne connaissent pas l'usage de l'argent monnayé. Va, le matelot qui est avec toi ne tardera pas à te l'apprendre : sois tranquille ! »

Je descendis sur le quai, accompagné d'Hannon, d'Hannibal, de Chamaï, de Bicri et des deux femmes. Himilcon et son ami Gisgon partirent avec Asdrubal et Amilcar. Nous avions tous la bourse bien garnie, et mes nouveaux compagnons étaient impatients de visiter les curiosités de la célèbre ville d'Utique. A quelques pas de l'endroit où étaient mes vaisseaux, je me rendis d'abord au temple d'Astarté qui est à l'entrée du port, au rez-de-chaussée d'un des forts qui défendent le passage. Chamaï, Bicri et Abigaïl, qui ne voulaient pas sacrifier à la déesse, m'attendirent sur le quai, s'amusant à regarder le mouvement des navires qui entrent et qui sortent du Cothôn et du port marchand, dont on voit, de ce coin, la tour d'angle à droite et l'avant-bassin à gauche.

Le temple d'Astarté est fort simple, comme il convient pour un temple bâti dans un fort. Il est supporté par huit pilastres sans ornements, revêtus, comme les murs, d'un stucage d'ocre jaune. Au fond, on voit une statue de la déesse qui est représentée couchée, avec un croissant d'or sur la tête. La tablette du tarif des sacrifices est à l'entrée, à droite, et j'eus bientôt expédié le mien, qui me coûta cinq sicles. Le commandant du fort, qui me connaissait, me permit de monter sur la terrasse, du haut de laquelle on a une fort belle vue. Chamaï, Bicri et Abigaïl vinrent m'y rejoindre. De cette terrasse, quand on est tourné vers la mer, on voit à sa gauche le palais amiral et le Cothôn, à sa droite la partie de la ville qui touche à la mer, l'île, berceau d'Utique, et le port marchand qui la sépare de la terre ferme. Quand on regarde vers la terre, on voit le tapis blanc de la ville, coupé par les rubans noirs et tortueux des rues, parsemé de dômes bruns et rouges qui se détachent sur la blancheur des terrasses et des murs, la double ligne brune des fortifications qui enserrent la ville par terre et par mer, et au sud, au sommet de la ville, sur une hauteur, la forte et massive Botsra, où réside le suffète sacré. Tout autour de la ville, au delà d'un mouvement de terrain le long duquel serpentent un fossé et une palissade, troisième ligne avancée des fortifications, on voit la campagne verdoyante et jaunissante, couverte d'arbres et de moissons, parmi lesquels on distingue les terrasses blanches et les dômes bruns des maisons de campagne, des fermes et des citernes[1].

Le Cothôn d'Utique, sans pouvoir être comparé à ceux des métropoles Tyr et Sidon, est encore magnifique; c'est le plus beau de nos établissements de l'ouest, tant pour la commodité des dispositions que pour leur appropriation au climat. Ce Cothôn est carré, à angles arrondis. Il peut contenir quatre cents navires de guerre. A droite, en venant de la mer, il a pour annexe un petit bassin au fond duquel s'ouvre, entre deux grandes colonnes, la large porte de l'Arsenal. Le fond du Cothôn, du côté de la terre, a quatre cent quatre-vingts coudées, soit près de trois quarts de stade de façade. La longueur, depuis le fond du Cothôn jusqu'au môle qui le ferme du côté de la mer, est pareillement de quatre cent quatre-vingts coudées. Sur trois faces, au fond, à droite et à gauche, on voit, presque à fleur d'eau, d'abord les quais qui ont plus de douze coudées de large et sont dallés ; derrière ces quais, on voit un mur en blocage, revêtu d'un parement de pierre de Malte, uni et plat, évidé régulièrement par les ouvertures des voûtes et les baies des portes de cales. Ces cales, comme je l'ai dit, sont au nombre de soixante. Leur profondeur n'étant que de quarante coudées et leur largeur de douze, elles ne peuvent recevoir que de petits vaisseaux, comme le *Cabire*. On conduit les grands navires à radouber dans le bassin annexe qui est devant l'Arsenal. La hauteur des cales est de seize coudées. Elles sont recouvertes d'une terrasse plate et dallée, qui forme ainsi, au-dessus du quai à fleur d'eau, un deuxième quai. Sur ce deuxième quai, large comme le quai inférieur, sont bâtis en retraite les magasins superposés aux cales, lesquels ont quatorze coudées de haut et sont disposés symétriquement à l'étage inférieur. Les terrasses de ces magasins

---

1. Les descriptions d'Utique sont empruntées à l'excellent livre de M. Daux : *Fouilles exécutées dans le Zeugis et le Byzacium*.

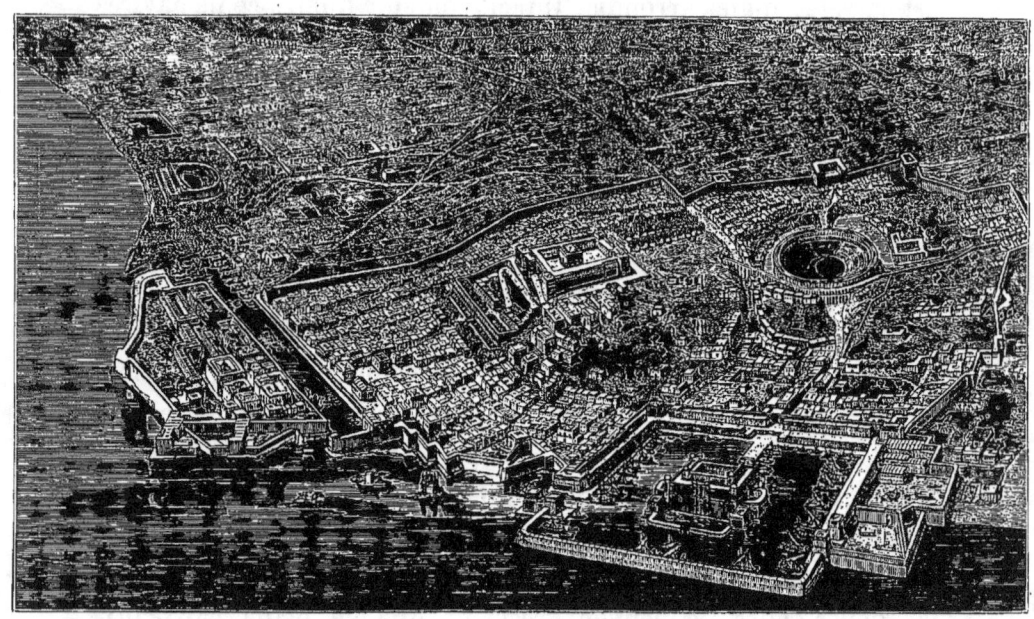

Utique.

forment un troisième quai, qui est au niveau de la ville, et toutes ces constructions sont bâties sur citernes. Ce sont vraiment de beaux édifices.

Le fond du port est interrompu au milieu par une jetée dallée, qui fait suite aux quais inférieurs, de niveau avec eux, et les rejoint au quai pareil qui fait le tour du palais amiral. Cette jetée et le quai forment une belle place au fond du Cothôn, dans l'intervalle des cales et des magasins. Au fond de cette place, qui est toujours très-animée, des degrés dallés conduisent aux quais du premier et du deuxième étage, par les derniers desquels on entre dans la ville, en passant sous des voûtes percées dans le mur épais et crénelé qui entoure tout le Cothôn, l'Arsenal et son avant-bassin et rejoint le môle du côté de la mer. L'entrée du Cothôn est défendue, du côté de la terre, par le fort dans lequel est le temple d'Astarté, formant l'extrémité du mur crénelé auquel s'appuient les cales et les magasins, et en face de ce fort, à soixante coudées de là, par deux forts reliés par une courtine, formant l'extrémité du môle. La passe, rétrécie par les quais de halage qui entourent les forts, n'a que trente coudées de large et cent coudées, soit un demi-trait d'arc, de long.

L'entrée du bassin du fond, qui est l'avant-bassin de l'Arsenal, est pareillement défendue par deux forts dont l'un forme l'autre extrémité du môle. En face, aux deux angles du fond du Cothôn, sont aussi deux forts, dont l'un contient un temple; le mur qui s'appuie au môle et fait le tour de l'avant-bassin et de l'Arsenal pour venir rejoindre le fort de gauche du fond du Cothôn et le grand mur d'enceinte de la ville est épais et crénelé, et l'Arsenal est séparé de son avant-bassin par un autre mur crénelé dans lequel est percée une haute porte carrée, flanquée de meurtrières.

Hannibal, regardant d'abord tout cet ensemble, ces sept forts, ce mur qui entoure le Cothôn et l'Arsenal, et se joint par un fort au mur d'enceinte de la ville, le jugea très-bien imaginé, bâti dans toutes les règles et propre à défier les plus vigoureuses attaques.

Le môle lui-même est une très-belle construction. Il va de l'entrée de l'avant-bassin de l'Arsenal à l'entrée du Cothôn, et est élevé sur pilotis. Il n'a pas moins de vingt-quatre coudées d'épaisseur, et dans le blocage épais sont percés des évents habilement ménagés pour diviser, amortir et finalement annuler la force du choc des lames. La pente de ces petits canaux rejette l'eau vers la mer. C'est un très-bel ouvrage, et qui fait honneur à la ville d'Utique et à son suffète amiral Adonibal qui l'a fait construire.

Au centre du Cothôn s'élève le palais amiral; ce vaste et superbe édifice se compose d'un corps de logis principal, flanqué de six tours rondes et de quatre bastions ou forts latéraux.

Le corps principal, vaste parallélogramme irrégulier, porte une tour ronde à chaque angle extérieur. Le centre est une cour rectangulaire sur laquelle donnent toutes les baies de portes et de fenêtres des différentes salles de l'édifice. Tout autour de l'intérieur de cette cour règne une galerie à piliers supportant deux étages de voûtes.

Au nord du palais, une grande porte surmontée d'un large balcon et protégée par deux tours engagées, pareilles à celles des angles extérieurs, s'ouvre sur le bassin réservé au suffète amiral. Au sud, l'avant-cour, par laquelle nous avions passé pour monter dans une des tours intérieures dont on ne voit du dehors que le sommet et le dôme, est précédée d'une haute porte fortifiée, appuyée sur deux tours rondes semblables aux autres et protégée par des murs crénelés, percés de meurtrières et engagés dans la façade du palais.

En sortant du temple, je longeai le quai; je pris par la place qui est au bout de la jetée du palais amiral, je montai les degrés qui conduisent sous les voûtes du mur et nous sortîmes de l'enceinte du Cothôn vers la ville. Après avoir passé devant le bel établissement des bains, je pris par la deuxième rue de gauche qui monte, en serpentant, jusqu'au quartier de la Botsra : dans ce quartier se trouve, tout en haut, au pied du plateau même où est la Botsra, une place avec des arbres, des échoppes où l'on vend à boire et à manger, des musiques et des divertissements de toute espèce. C'est le rendez-vous ordinaire des gens de mer. A l'une des extrémités de la place se tient aussi le marché des maux sauvages, de l'ivoire, des esclaves et autres produits et curiosités de l'intérieur de la Libye. Cette place est encombrée à toute heure de gens de toute espèce, des meilleurs comme des pires, musiciens, montreurs de singes, acrobates, danseurs et danseuses, marchands de bonnets et de sandales, perruquiers, vendeurs de gâteaux et de boissons fraîches, chanteuses et vendeuses de fruits frais et secs, et autres gens qui s'empressent autour du matelot à terre, quand il a des sicles dans sa bourse. Pour moi, je n'avais pas eu l'intention d'y aller en sortant du Cothôn, mais mes pieds m'y avaient porté machinalement, par suite de mes vieilles habitudes du temps que j'avais été matelot et pilote.

Et de fait, on s'y amusait à la place de la Botsra. Je ne tardai pas à y rencontrer bon nombre de mes garçons qui s'en allaient par bandes, comme c'est la coutume des gens de mer, riant, criant, chantant, se poussant, bousculant les gens et achetant des boissons et du vin à tous les marchands qu'ils rencontraient.

« Voici, dit Hannibal, un joli endroit et plein de gaieté.

— Parles-tu de ce mur ? dit Hannon en lui montrant la muraille au-dessus de la porte de la Botsra, à laquelle étaient attachées quelques têtes de la juridiction du suffète sacré.

— Pour ce qui est de cette muraille crénelée et percée de meurtrières, répondit Hannibal, elle est d'une bonne construction et difficile à escalader. Les quatre tours et les huit tourelles qui la flanquent me réjouissent la vue. Mais, quelle est cette bête ici ? »

Chamaï, Bicri et les femmes laissèrent échapper une exclamation de surprise à la vue d'un grand éléphant conduit par des Libyens.

« Seigneur des cieux ! s'écria Bicri, combien faudrait-il de flèches pour abattre un monstre pareil ! C'est une bête effroyable.

— Ce doit être le Béhémoth dont on parle chez nous, dit Chamaï ; mais je ne l'avais jamais vu.

— C'est un éléphant, répondis-je, et les grandes dents que vous voyez dans sa gueule comme des cornes, c'est de l'ivoire, et cette espèce de câble qu'il a au bout du nez, c'est sa trompe, dont il est adroit comme d'une main.

— Une charge d'animaux pareils, s'écria Hannibal, renverserait en plaine des bataillons entiers, et je ne verrais qu'un moyen d'y résister, ce serait de s'ouvrir devant eux et de les laisser passer, en leur jetant des flèches et des lances dans les flancs et par derrière.

— On commence, dis-je, à savoir les apprivoiser et à les dresser pour la guerre. On leur met une tour sur le dos avec des archers dedans. Ces bêtes viennent du haut Bagrada et des bords du grand lac Triton, des forêts sauvages de l'intérieur de la Libye. »

Nous vîmes aussi un hippopotame ou cheval de rivière et deux rhinocéros, avec des cornes sur le nez, que conduisaient ces Libyens. Ils les menaient à la Botsra, au suffète sacré, qui impose aux Libyens soumis du Bagrada un tribut d'ivoire, d'éléphants dressés et de bêtes curieuses. Chamaï, Hannibal et Bicri ne pouvaient se lasser d'admirer ces énormes animaux.

Parmi la foule des spectateurs, je vis Jonas, qui les dépassait des épaules, entouré de cinq ou six matelots qui riaient grandement. De loin, on entendait sa grosse voix.

« Maintenant, s'écria le sonneur, advienne que pourra! Je suis en Tarsis et je vois les bêtes curieuses. Je n'aurais jamais cru qu'il y eût des bêtes pareilles, avec deux queues dont l'une au bout du nez! Combien d'hommes faudrait-il pour manger un animal si gros! Et combien de marmites pour le cuire! Et combien d'oignons pour l'assaisonner! »

Nous allâmes au marché, où nous vîmes vendre des Libyens rouges, à nez aquilin et à longs cheveux tressés. Je m'assis sous une tente, dans laquelle un homme syrien, qui se trouvait à Utique comme esclave, vendait, pour le compte de son maître, toute sorte de nourriture et de boisson. Il nous apporta deux pintades rôties, des olives, un ragoût de fèves et d'oignons, du bon pain et d'excellent vin d'Helbon. Hannibal s'assit à portée de son fourneau, où il se réjouissait de le voir frire des gâteaux de froment et de miel dans de l'huile. Bientôt je vis paraître

C'est un éléphant, répondis-je.

Himilcon avec Gisgon, suivis d'une danseuse, d'une joueuse de flûte et de deux tambourins.

La danseuse était une Maure de l'ouest, à face cuivrée, à cheveux tressés semblables à des serpents. Ses ongles, ses mains et ses sourcils étaient peints de rouge et sa figure était couturée aux joues de trois barres parallèles, comme s'en font les Mahouârins. La joueuse de flûte était une Libyenne blanche, une Berbère avec des cheveux blonds, le front haut et étroit. Elles étaient vêtues, toutes deux, de robes bariolées et fendues sur le côté à partir du genou, et portaient des épingles piquées dans les cheveux, les bouts des épingles formant des figures grotesques, des ceintures et des colliers de verroteries et d'émail, et des boucles d'oreilles en forme de croix. Les musiciens étaient fort laids. L'un me parut Rasenna, et l'autre avait la figure tellement peinte de rouge et de bleu et faisait tant de grimaces que je ne pus reconnaître sa nation. La danseuse avait des crotales et des bracelets sonores à ses bras nus et à ses jambes.

Himilcon vint me saluer, paraissant déjà fort gai. Il m'apprit que depuis le matin lui et Gisgon promenaient cet orchestre de taverne en taverne, pour se donner le plaisir de la danse et de la musique pendant qu'ils buvaient.

« Ah ! les pauvres filles ! dit Abigaïl. Sont-elles ainsi forcées de danser pour tous les matelots ?

— Non, dis-je. Elles dansent pour ceux qui les payent Il n'y a point de mal à cela. »

Nous nous divertîmes beaucoup à voir les danses de la Libyenne. Comme nous sortions après avoir mangé, je rencontrai Amilcar en compagnie d'un singe.

« Où as-tu acheté ton singe, Amilcar? s'écria Hannibal. Voici longtemps que j'ai envie d'en avoir un ; je veux lui apprendre le maniement des armes.

— Et moi, la danse, dit Hannon.

— Et moi, à monter au mât et à tirer de l'arc, dit Bicri.

— Et moi, à faire des grimaces et à imiter Jonas, dit Chamaï.

— C'est cela, s'écria tout le monde. Achetons un singe : il nous divertira pendant la navigation.

— Vous n'avez qu'à descendre près du port marchand, sur la place où demeure le riche marchand Hamoun. Dans la maison qui fait le coin de cette place et de la rue qui conduit au temple de Moloch, vous trouverez un marchand qui en a toute une cargaison, de fauves, de roux, de gris, de noirs, de verts, avec et sans queue, dressés ou non dressés : il y a du choix. »

En descendant du côté du port marchand, j'eus la satisfaction de rencontrer Aminoclès complétement ivre, entre deux matelots qui l'emmenaient en chantant à tue-tête. Il avait appris l'usage qu'on peut faire d'un sicle monnayé.

Je n'eus pas de peine à trouver le marchand de singes. Hannon fut chargé de choisir celui qu'il trouverait le plus spirituel, et on désigna un qui fut honoré de l'approbation générale.

« Et comment l'appellerons-nous ? dit Hannibal, qui était ponctuel en toutes choses ; car il lui faut un nom.

— Ne trouves-tu pas, dit Hannon, qu'il ressemble tout à fait au vieux Guébal, juge du bas.quartier à Sidon, quand il roule ses yeux et se gratte la tête en rendant ses sentences ?

— Tout à fait, s'écria Hannibal en éclatant de rire ; c'est tout à fait lui-même.

— Eh bien ! appelons-le Guébal. Viens, Guébal ! »

Nous nous rendîmes ensuite, en compagnie de Guébal, sur le quai, d'où un canot nous transporta, à travers le port marchand, sur l'île qui est le quartier des gens les plus riches et où sont les plus belles maisons. Nous conduisîmes les deux femmes à un bain superbe, qui est à l'extrémité de l'île, sur le terre-plein du mur, au-dessus du petit bassin annexe où les gens riches ont leurs bateaux de plaisance ; car, depuis dix ans, il y a dans Utique quelques marchands qui ont de grosses fortunes et de belles maisons, et on commence à y goûter des plaisirs plus tranquilles que ceux de gens de mer, toujours en voyage ou en expédition. Nous nous rendîmes nous-mêmes aux bains des hommes pour nous faire étuver, arranger la barbe et les cheveux. Nous allâmes ensuite chercher les deux femmes, et notre canot nous conduisit à la pointe voisine du Cothôn, où nous visitâmes la tour des signaux. De là je conduisis mon monde dans les jardins qui sont entre la basse ville et la Botsra, jardins magnifiques où se voit un temple d'Achmoun et une grande citerne publique, toujours entourée de femmes et de bavards, et, la nuit approchant, nous revînmes sur l'*Astarté*, dont tous les fanaux étaient allumés. J'y trouvai l'esclave de mon ancien hôte, que j'avais connu à mes précédents passages à Utique et qui nous priait de venir manger avec lui le lendemain : ce que je lui fis promettre. Mon cuisinier nous avait préparé un festin superbe, qui fut entamé au son des trompettes sonnant la retraite. Peu à peu mes gens rentrèrent les uns après les autres, plus ou moins ivres, plus ou moins bruyants ; mais à mesure qu'ils touchaient le pont du navire, l'habitude de la discipline leur rendait leur silence accoutumé, et ils allaient se coucher sans bruit. Himilcon rentra des derniers ; je dois dire, à sa louange, qu'il revint sur ses pieds et traversa le pont à peu près droit, même sans le secours de son ami Gisgon.

XII

L'oracle.

Le lendemain, je me rendis d'abord à la place qui est près du temple d'Achmoun et du port marchand. C'est le grand marché d'Utique. Elle est entourée de hautes maisons à piliers, et sous les piliers il y a des voûtes où sont les boutiques des marchands. Leurs magasins sont dans des cours, à l'intérieur des maisons. On peut voir sous ces voûtes toute espèce de marchandises de la Libye, des cuirs crus et travaillés, des pierres fines propres à la gravure, du cuivre de Numidie, des peaux de lion de l'Atlas, des lanières de cuir d'hippopotame du lac Triton, des dents d'éléphant du Macar, des blés du Zeugis et du Byzacium, des laines de chez les Libyens Garamantes. Je consacrai une partie de la journée à faire mes achats en ivoire, dont je me procurai, à de bonnes conditions, une très-grande quantité. Mes opérations marchaient à souhait. Le soir, je me rendis chez mon hôte en compagnie d'Hannibal et d'Amilcar. Hannon et Chamaï préféraient courir la ville avec Abigaïl et Chryséis, et Bicri se divertissait en compagnie de Gisgon, d'Asdrubal et d'Himilcon. Mon hôte Barca, riche armateur de la ville, nous avait fait préparer, sur la terrasse de sa maison, une tente de belles étoffes sous laquelle on servit un repas magnifique.

A la fin du festin, on apporta le vin et on fit venir des musiciennes et des danseuses, pour divertir l'assistance. Parmi les esclaves de Barca se trouvait un vieux Libyen qui connaissait tous les chants et traditions de son peuple, et qui nous raconta des choses extraordinaires sur son origine.

D'après cet homme, il y aurait eu autrefois au sud de la Libye une très-grande mer, recevant plusieurs fleuves. Au sud de cette mer était le pays des hommes noirs, pareils à des singes. C'était le vrai lac Triton ou Pallas, et les lacs que nous appelons maintenant Tritons, et qui forment une chaîne au pied des monts Atlas, depuis le voisinage de Gadès sur Syrte jusqu'au sud de Karth[1] en Byzacium sont ou des marais produits par le déversement des deux grands fleuves qui viennent des montagnes du sud, et dont les eaux sont arrêtées par l'Atlas, ou des restes de cette mer quand ils sont salés. Il y a donc un premier gradin de montagnes et de plateaux, tout au sud, qui versent leurs eaux jusqu'aux Tritons et à l'Atlas, et un deuxième qui verse les eaux de l'Atlas, comme par exemple le Macar ou Bagrada, dans la Grande Mer. Mais plus à l'ouest il y a d'autres fleuves dont la source vient de l'Atlas, qui se tarissent actuellement dans les sables, et qui se jetaient autrefois dans la grande mer du sud, laquelle communiquait à l'Océan. Ainsi, il y a des centaines et des centaines d'années, la Libye était bordée, au sud du plateau sur lequel l'Atlas s'élève au nord, par l'Atlantique qui pénétrait jusque dans la Syrte et près de l'Égypte. La Libye était alors une presqu'île, que le détroit de Gadès ne séparait pas encore de Tarsis. Mais le détroit de Gadès était un isthme, et la mer faisait le tour de la Libye par sa côte nord actuelle, par les Syrtes, la séparant de l'Égypte par un bras assez étroit, par le sud, où elle occupait la place où sont maintenant les sables, et par l'ouest, où elle rejoignait l'Océan.

A la suite de violents tremblements de terre, les Libyens di-

---

1. *Karth*, la ville, d'où plus tard *Cirtha*, la Constantine actuelle.

sent que l'isthme de Gadès fut rompu et changé en détroit, et que la mer, se déversant d'un côté par les Syrtes et de l'autre par le midi de la Libye, s'écoula vers la Grande Mer et vers l'Océan ; du côté de la Grande Mer elle inonda tout, et je le crois volontiers, car les Sicules racontent qu'il y a de longues, longues années, leur terre tenait par un isthme à celle des Vitaliens, et nous-mêmes, Phéniciens, nous nous souvenons de ce terrible déluge qui dans ces temps reculés sépara Kittim de la terre ferme. A l'ouest, la mer, en s'écoulant dans l'Océan, submergea nombre d'îles dont il ne reste aujourd'hui que les îles Fortunées, dont je parlerai plus tard. Ces archipels offraient, même pour des barques, une communication facile avec la grande terre des Atlantes, à l'ouest de laquelle est encore une autre grande terre. Mais l'Atlantide a disparu, et avec elle toute communication avec la grande terre de l'extrême ouest. C'est de là que disent être venus les Libyens, tant les Libyens rouges que les Libyens blancs ; ils marchèrent vers l'est, fondant les villes et répandant le culte de leurs dieux, qui sont le Dionysos et la Minerva des Helli et des Vitaliens, et aussi le Dzeus Libyen que nous appelons Baal Hamoun, et ce sont eux qui fondèrent des villes en Égypte avant les Égyptiens. Puis les Pélasges vinrent à leur tour en Libye, conduits par Melkarth Ouso, et s'en retournèrent après vers l'est, comme ils le racontent encore maintenant, et comme les Helli le racontent d'après eux. Puis les terres se rompirent, les mers se précipitèrent, le monde devint comme il est maintenant, et les dieux protégèrent les gens de Sidon, rois de la mer, qu'on vit apparaître partout sur leurs navires, trafiquant, exploitant les mines, fondant les villes, répandant les arts et la connaissance de l'écriture.

Je ne saurais dire combien les récits du vieux Libyen nous intéressèrent. Hannibal s'écarquillait les yeux à force de l'écouter, poussant des exclamations de surprise. Pour moi, je n'étais pas étonné, car j'avais pensé souvent à toutes ces choses, mais jamais je ne les avais si clairement entendues. Je me couchai la tête troublée, et dans la nuit je rêvai que je découvrais la terre à l'ouest de l'Atlantide et que j'y faisais un merveilleux voyage.

Quand je me réveillai de mon rêve, je formai intérieurement la résolution de pousser une pointe vers l'ouest et d'y faire un voyage de découverte, après que j'aurais fini mes affaires en Tarsis.

Le troisième jour de mon arrivée à Utique, Adonibal me fit demander. Je me rendis aussitôt au palais amiral, dans la grande salle à coupole d'où l'amiral peut voir la ville, la mer et le port.

« Quand pars-tu, Magon? me demanda le suffète.

— Je compte partir après-demain, lui dis-je. J'ai fait mon chargement.

— Bien. Voici des lettres pour les suffètes de Rusadir et de Gadès, me répondit-il. Je te donne aussi dix bons marins pour compléter ton équipage, vu les pertes que tu as faites, dans le cas où tu réussirais à mettre la main sur Bodmilcar. Tu sais que l'homme est de taille à se défendre.

— Je te rends grâce, répondis-je au bon Adonibal, et tu peux être assuré que je ferai de mon mieux.

— A propos, me dit l'amiral, donne-moi donc cinquante sicles, si tu les portes sur toi.

— Bien volontiers, maître, répondis-je. Mais me diras-tu pourquoi je te dois cinquante sicles?

— Oh! ce n'est rien, reprit l'amiral de son ton facétieux : le prix de deux Ligures que tes hommes m'ont à peu près tués. Je ne t'en parlerais pas, mais tu sais qu'il faut tenir ses comptes exactement : c'est le premier principe d'un bon Phénicien. Pour ce qui est de tes assommeurs de Ligures, tu n'as qu'à les aller réclamer au cachot, là en bas; voici l'ordre pour qu'on te les délivre. Ils sont en train d'y cuver honorablement leur vin.

— Ah! ah! dis-je en riant, tu me les a fait ramasser pour me prouver que ta police est bien faite. Te souviens-tu, maître suffète, quand j'étais timonier à bord de ton navire, et que tu vins me réclamer dans la prison de Kittim, où ils m'avaient mis, parce que j'avais cassé la tête au gros marchand de Séhir?

— Oui, oui, fit joyeusement le suffète. Nous étions jeunes

dans ce temps et je commandais l'*Achmoun*, un joli bateau. Moi aussi j'ai fait du bruit quand j'étais matelot et pilote et que j'arrivais à terre la bourse bien garnie. Maintenant je suis vieux, je ne peux plus naviguer, et je suis échoué ici sur le rivage comme une vieille carcasse démâtée. Je rends la justice au peuple : quand on est jeune, on s'amuse à fendre les têtes, et quand on est vieux, à les faire couper !

— Qu'est-ce qu'ils ont fait, mes garçons ? demandai-je.

— Il paraît, me répondit l'amiral en riant, qu'ils s'étaient mis dans la tête de faire danser un prêtre de Dionysos. Ils l'avaient emmené boire avec eux, l'avaient enivré, lui avaient barbouillé la figure de rouge et de bleu, et voulaient absolument le faire danser. Là-dessus, des soldats ligures ont tenté de mettre le holà et de protéger le prêtre. Tu comprends que tes garçons n'ont pas perdu cette belle occasion de querelle; deux Ligures sont restés sur le carreau, et la garde amirale étant survenue au tapage m'a conduit quatre de tes ivrognes, que je me suis empressé d'envoyer au cachot. Mais je ne les ai pas fait fouetter : tu sais que je suis indulgent pour les gens de mer. Délit commis à terre, délit oublié : il faut bien que le marin s'amuse, et on a beau être vieux et amiral, on se rappelle le temps où on était jeune et pilote. »

Je descendis au cachot, qui est dans de grandes salles voûtées et sans lumière construites sous le palais. Les unes servent de prison et les autres de dépôt d'armes et de munitions. Dans l'une de ces caves, je reconnus, à la lueur d'une torche que portait le guichetier, Bicri et trois de nos matelots, l'oreille fort basse. Après que je les eus fortement sermonnés, malgré mon envie de rire, je les envoyai consignés à bord. Ils ne se firent pas prier pour déguerpir, car les cachots du palais amiral ne sont pas précisément un lieu de plaisance, et on n'en sort généralement que pour aller à la croix ou à la potence.

En remontant sur le quai du Cothôn, je me rendis à l'Arsenal par le passage souterrain pratiqué sous les quais, et je m'occupai, le reste de ce jour, du radoub de mes navires, qui fut terminé le soir même. J'en fus si content, qu'en revenant à bord je fis grâce à mes tapageurs, leur accordant encore la journée du lendemain pour se réjouir avant le départ.

J'employai cette journée à me rendre tout seul, en compagnie de l'esclave Libyen de mon hôte, à un petit temple de Baal Hamoun qui est dans la campagne, à peu de distance de la ville d'Utique.

Ce temple est au milieu d'une vaste et sombre forêt. Il est oblong, voûté sans porte ni fenêtre, n'ayant qu'une petite ouverture au dôme, par laquelle sort la fumée des sacrifices. On y pénètre par un passage souterrain, caché dans des broussailles sous une grosse pierre. Trois vieux Libyens demi-nus, qui nous attendaient là, écartèrent la pierre, après avoir causé à voix basse avec l'esclave. Par le souterrain, j'arrivai dans une petite salle obscure, d'où j'entrai dans une seconde salle en me glissant entre le mur et une pierre plate posée de champ qu'on faisait tourner comme une porte sur ses gonds. Cette seconde salle était éclairée par deux lampes rougeâtres et fumeuses. Au fond, il y avait une autre pierre plate dans laquelle était percé un trou rond. On me fit rester dans cette salle, et un des Libyens, faisant tourner la pierre, me laissa jeter un regard dans la troisième salle. Elle était toute petite, et au fond, dans une niche, était une pierre incisée et tailladée qu'ils me dirent être le dieu. Sur leur ordre, je me prosternai par trois fois, puis ils amenèrent devant la niche un mouton noir dont l'esclave m'avait fait munir, et l'égorgèrent là, en faisant couler son sang dans une pierre creusée qui était par terre. Après cela, ils sortirent, refermèrent la pierre de la troisième salle où il ne resta que la niche, le dieu et le mouton égorgé, puis me dirent d'appliquer mon oreille contre le trou de la pierre plate, ce que je fis. Aussitôt ils éteignirent les deux lampes et nous restâmes dans une obscurité complète.

« Homme phénicien, dit une voix sourde, qui sortait de dessous terre, du fond du caveau, que me veux-tu ?

— Oracle du dieu Hamoun, répondis-je saisi d'émotion, je veux savoir de toi si je dois naviguer à l'ouest, passé le détroit de Gadès, et s'il s'y trouve des terres ?

Je me prosternai.

— Elles s'y trouvent, répondit l'oracle.

— Faut-il aller vers le nord pour les trouver, repris-je, ou vers l'ouest franc, ou vers le sud?

— Elles sont, répondit l'oracle, au nord, elles sont à l'ouest, elles sont au sud.

— Mais, dis-je enhardi, quelle est la meilleure route à tenir? Doublerai-je le promontoire Sacré, ou reconnaîtrai-je d'abord le cap de Gadès?

— Tu m'en demandes plus qu'un mortel n'en doit savoir. Laisse-moi, je ne puis plus répondre. »

Les Libyens firent tourner la première pierre, et nous sortîmes à tâtons par le souterrain. Je leur fis un beau présent, et je retournai vers la ville, ému, perplexe, mais plein de confiance, et résolu à chercher des terres nouvelles en dehors du détroit de Gadès, dans le grand Océan.

En revenant, je demandai à mon Libyen s'ils avaient beaucoup de temples souterrains pareils en Zeugis et en Byzacium. Il me dit qu'ils en avaient de plus beaux dans l'intérieur du pays, construits régulièrement avec des voûtes et des dômes, mais que les plus anciens, les vrais temples des Atlantes, étaient faits comme celui que nous venions de voir; qu'il y en avait se composant seulement de deux pierres plates non taillées, posées de champ, avec une troisième placée par-dessus; d'autres d'un plus grand nombre de pierres forment une allée couverte; que les uns étaient à découvert, et que d'autres étaient cachés sous des monceaux de terre formant une colline ronde. Au sommet de ces collines, ils avaient quelquefois trois pierres placées deux de champ et l'autre par-dessus, et il y avait des cercles de grandes pierres autour de la colline. Les unes étaient des temples, d'autres des tombeaux, et il y en avait qui, par leur nombre, couvraient une grande étendue de terrain. Quand on suivait ces groupes de temples, tombeaux et collines artificielles, on pouvait voir que leurs rangées formaient l'image d'un homme, ou d'un serpent, ou d'un œuf, ou d'un scorpion. Voilà ce que disait mon Libyen. Mais quand je lui demandai ce que signifiaient ces images, et pourquoi ces temples étaient les uns souterrains, les autres découverts, et ce qu'étaient les tombeaux de cette forme, je ne pus rien tirer de lui, sinon que c'était de la magie et de grands secrets qu'ils tenaient de leurs pères. C'est tout ce que je pus apprendre.

Le lendemain, de bonne heure, je m'en fus, avec la permission du suffète amiral, faire puiser notre provision d'eau dans les belles citernes du quai. Elles sont à deux compartiments : l'un qui reçoit l'eau trouble des pluies découlant des rues dallées, des quais et des terrasses ; l'autre qui reçoit cette eau quand elle a reposé et s'est clarifiée. Les deux compartiments communiquent par des robinets en pierre à tête carrée, qu'on tourne au moyen d'une clef de bois. Toutes les maisons particulières et tous les établissements publics de nos villes de Libye ont de semblables citernes, et dans les villages de la campagne il y a aussi des citernes découvertes se composant de deux cercles accolés, dont l'un sert de réceptacle et l'autre de réservoir.

Hannibal, qui s'était diverti à visiter les remparts, me dit qu'ils étaient aussi bâtis sur citerne. Il les trouvait fort beaux. Ces murs de blocage n'ont pas moins de vingt-quatre coudées d'épaisseur à la base et dix-huit au sommet. Aux deux tiers, au-dessus de la portée des béliers, les logements des soldats sont pratiqués sur deux étages dans l'épaisseur du mur, et on y monte par des rampes en pente douce. A trois quarts de portée d'arc en avant est une seconde ligne de murs moitié moins hauts, et plus avant encore, une palissade avec retranchement et fossé. Seulement, Hannibal avait observé sur la droite de la ville, tirant de l'Arsenal vers la campagne, un point faible, attendu qu'il était dominé par une hauteur, et il jugeait qu'on devrait y bâtir un fort couvrant cette hauteur et vi joignant aux murs de la place.

Sur ce point, je suis de son alas.

Le cadran solaire établi par le suffète au-dessus du palais amiral marquait midi, quand, après avoir fait l'appel et trouvé tout le monde au complet, j'allai prendre congé du bon Adonibal. Le vieux suffète nous fit ses adieux avec toute sorte de souhaits de prospérité, et étant retournés à nos navires, je donnai l'ordre du départ. L'amiral, debout sur son balcon, nous regarda partir, et nous le saluâmes de nos acclamations. Derrière nous sortirent quatre autres navires, qui se rendaient à Massalie, aux embouchures du Rhône, avec chargement complet.

On compte d'Utique au détroit huit mille huit cents stades, que les navires rapides franchissent ordinairement en sept jours. Mais je trouvai une mer démontée et un vent du sud des plus violents qui nous contraignirent à une lutte continuelle. Ma navigation fut des plus rudes et des plus fatigantes. Je n'atteignis que le quatrième jour le promontoire des Cabires ou des Sept Caps, qu'on reconnaît ordinairement le deuxième, et je dus tellement courir des bordées au large pour le doubler que je finis par

perdre la terre de vue, et que je dus fuir devant le temps par une mer furieuse qui me poussait au nord-ouest. Le septième jour de mon départ d'Utique, je reconnus le grand cap qui est le premier sur la côte, au sud des îles Pityuses[1].

« Tarsis! s'écria Himilcon, qui causait peu par le mauvais temps, ayant autre chose à faire qu'à bavarder, voilà Tarsis! »

Tous mes nouveaux se précipitèrent sur le pont; mais avec les embruns et la pluie qui nous assaillaient sans relâche, il fallait nos yeux à nous pour voir quelque chose.

---

1. Cap Palos.

Je me remis à courir des bordées pour éviter la côte, qui est dangereuse de ce côté. Heureusement que je m'étais outillé à Utique pour faire de grandes provisions d'eau, car dans les parages de l'Ouest on n'atterrit pas comme on veut. J'avais à boire pour quinze jours.

Trois jours d'un combat acharné contre la mer me firent atteindre en même temps la côte de Libye et la fin du mauvais temps. La pluie cessa, le vent restant au sud-est, mais très-maniable. Le soleil reparut, et dans la nuit même, pendant que tous mes passagers dormaient, Himilcon et moi nous reconnûmes les hautes montagnes à pic de Calpe et d'Abyla. Bientôt nos navires passèrent sous cette muraille de rochers qui termine Tarsis au sud, et le matin, nous avions en vue la pointe qui ferme au sud la baie magnifique de Gadès. Sur cette langue de terre basse et plate, la blanche Gadès nous apparut avec ses dômes et ses terrasses, tout entourée de verdure, et bientôt nous rangions l'île où le sémaphore s'élève au milieu des maisons préssées et à côté du dôme du temple d'Astarté. Nous entrâmes dans le bassin du port, qui est à la fois port marchand et port de guerre, tandis que nos trompettes sonnaient et que nous saluions la terre de trois cordiales acclamations. Nous étions arrivés au premier but de notre voyage : nous étions en Tarsis.

XIII

Les mines d'argent.

La ville de Gadès n'a pas une étendue considérable, mais elle est coquette et bien bâtie. Les Phéniciens ont introduit aux environs, la culture du grenadier et du citronnier, et les jardins qui entourent Gadès produisent en abondance grenades, oranges et limons. Au centre de la ville, et communiquant directement avec le port par une rue large et droite, est le marché. C'est l'entrepôt de l'argent en lingots qui vient des mines de l'intérieur. On y vend aussi des murènes salées en barils, qu'on pêche et qu'on apprête dans ces parages, des chats de Tarsis[1], excellents pour la chasse du lapin, un peu de fer qui vient de la côte nord, et généralement toute espèce de marchandises et de curiosités. Ce marché est entouré de boutiques de riches marchands et changeurs, propriétaires de mines, qui échangent l'argent contre le cuivre, les objets manufacturés, les marchandises de pacotille. C'est là que nous nous rendîmes après avoir fait notre visite au suffète amiral, distribué la paye aux matelots,

---

1. C'est ainsi qu'on appelait les furets dans l'antiquité.

rameurs et soldats, et placé nos navires à la place qui leur fut assignée à quai.

Je n'eus pas de peine à retrouver la maison du riche marchand Balsatsar, avec lequel j'avais eu affaire dans mon précédent voyage, mais je n'y rencontrai que sa veuve Tsiba. Balsatsar lui-même était mort en mon absence. Tsiba dirigeait son négoce en association avec plusieurs autres marchands de Gadès. Elle me fit bon accueil, et nous retint pour manger dans sa maison, avec les capitaines, nos pilotes, moi et les deux femmes.

Le repas fut copieux et magnifique. A la fin, j'exposai à Tsiba le but de mon voyage, et je lui demandai de me conseiller sur la meilleure manière de me procurer de l'argent en barres ou en lingots.

« Tu sauras, me dit Tsiba, que le cours de l'argent est actuellement très-bas, et qu'on peut s'en procurer aisément, soit en l'achetant ici, soit en faisant le troc avec les sauvages de l'intérieur. On vient d'en découvrir des mines considérables sur le fleuve Bétis [1], à quatre journées de marche dans l'intérieur des terres, et si elles ne sont pas encore toutes exploitées, cela tient au manque de bras, car nous avons ici peu de monde, et presque tous marchands et gens de mer. Il nous faudrait beaucoup de soldats, restant à demeure dans le pays.

— Voilà qui est bien dit ! s'écria Hannibal ; la prospérité d'un pays se mesure au nombre de soldats qu'il entretient. Tsiba, tu as raison ! »

Tsiba regarda, d'un air étonné, l'étrange figure du bon capitaine, car, vivant depuis longtemps aux colonies, elle était peu faite à la mine et aux façons des guerriers qu'on trouve dans les grands empires.

« Je dis, reprit la veuve, qu'il nous faudrait beaucoup de soldats, d'esclaves et de malfaiteurs. »

Ce fut le tour d'Hannibal d'être surpris.

« Eh quoi ! s'écria-t-il, qu'est-ce que les troupes des gens de guerre ont à démêler avec les vils esclaves et les malfaiteurs ?

---

1. Le Guadalquivir.

— C'est facile à comprendre, répondit Tsiba. Il faudrait que les marchands s'associassent pour louer ou acheter des soldats, afin de chasser tous les sauvages des districts argentifères et de s'y établir solidement. Ensuite, sous la surveillance de trois ou quatre hommes habiles et entendus en ces sortes d'affaires, on ferait travailler aux mines les Ibères qu'on aurait faits prisonniers, et on leur adjoindrait des esclaves de rebut achetés à bas prix, et des criminels déportés ici, qui ne coûtent que la nourriture.

— Voilà qui est bien, dis-je à mon tour, coupant la parole à Hannibal qui s'apprêtait à répondre quelque sottise; ce qu'il m'importe de savoir, c'est s'il est possible de se procurer actuellement des esclaves à bon marché, et si les sauvages des districts argentifères se montrent pacifiques ou hostiles.

— Pour ce qui est des esclaves, me répondit Tsiba, tu n'en trouveras pas un sur le marché; tous ont été achetés et sont actuellement employés aux mines. Quant aux sauvages, ils se sont montrés jusqu'ici pacifiques, mais ils louent cher leurs services, et, sachant le prix que nous attachons à l'argent, se font payer tant qu'ils peuvent.

— Pacifiques! s'écria Himilcon, en montrant la place de son œil absent; je ne sais pas ce que vous appelez pacifique! si vous entendez par pacifiques les coups de lance dans les yeux et les cailloux de rivière dans l'estomac, je ne pense pas qu'il y ait des gens au monde vous donnant plus de pacifique que ces Ibères de Tarsis. »

La veuve se mit à rire, car c'était une femme très-gaie, outre qu'elle était prudente et bien expérimentée dans le négoce.

« Pilote Himilcon, dit-elle, je connais tes malheurs; n'est-ce pas moi-même qui, lors de votre dernier voyage ici, ai pansé tes blessures avec de l'huile et du romarin? Mais à présent, crois-moi, les tribus du Bétis sont plus disposées à recevoir des marchandises qu'à donner des coups de lance, et avec le temps j'espère qu'ils finiront par nous être tous assujettis et soumis !

— Et alors, m'écriai-je, le Zeugis et le Tarsis seront les deux plus belles pierreries de la couronne de notre mère, Sidon la grande ville ! »

Chacun vida sa coupe, entendant ce nom qui nous était cher.

« Écoute, me dit Tsiba, nous allons présentement nous rendre chez le suffète amiral. Peut-être trouvera-t-il quelque moyen de te fournir des bras pour l'exploitation des mines. Avec ton équipage et ces hommes d'armes que tu amènes, tu es en force pour protéger tes travailleurs contre toute velléité hostile des Ibères, et le Bétis est assez large pour porter tes navires jusqu'à une jour-

Elle montait une mule richement caparaçonnée.

née de marche seulement des districts argentifères les plus riches. »

Le repas étant fini, la veuve mit aussitôt son voile, et nous sortîmes tous derrière elle. Elle monta sur une mule richement caparaçonnée, accompagnée de deux esclaves écuyers bien vêtus, et précédée d'un coureur armé d'une baguette. Nous la suivîmes, nous rendant avec elle au palais amiral du suffète.

Celui-ci nous reçut en sa grand'salle, assis sur un fauteuil de bois peint. Je lui exposai le but de ma visite.

« Ah! me dit-il, si tu étais arrivé quatre jours plus tôt, tu eusses pu aisément t'entendre avec un capitaine de Tyr qui était ici et qui est parti pour les mines.

— Quel capitaine? lui demandai-je tout de suite, dressant l'oreille; ne s'appelait-il pas Bodmilcar?

— Justement, me répondit l'amiral, et il était suivi d'une troupe de gens de fort mauvaise mine; mais ce qu'on demande aux chercheurs d'argent n'a rien à faire avec leur conduite passée. Toujours est-il que les gens de ce Bodmilcar avaient tout à fait la tournure de voleurs et de meurtriers....

— Qu'ils sont en effet! m'écriai-je; et leur chef ne vaut pas mieux qu'eux. Lis toi-même cette lettre que t'adresse Adonibal, amiral d'Utique, et tu sauras qui est ce Bodmilcar!

— Par Astarté! s'écria le suffète quand il eut fini de lire, cet homme est un grand scélérat. Je vais te donner avec toi cinquante marins et guerriers bien armés, pour que tu purges la terre de ce coquin, si tu viens à le rencontrer. Je ne puis pas me séparer de plus de monde; mais au moment de partir pour l'intérieur il est nécessaire que tu te renforces, car il y a toutes sortes de gens aux mines, et ils pourraient bien se mettre tous d'accord pour tomber sur le nouveau venu. Plus tard, quand nous nous renforcerons, j'espère que nous établirons notre autorité dans ces quartiers; en attendant, c'est au plus fort.

— Nous verrons à être celui-là, dit très-judicieusement Hannibal.

— J'ai, dit Tsiba, dans le pays des mines, un traité avec le chef ibère Aitz, moyennant lequel il me fournit des travailleurs, des porteurs, et laisse mes douze cents esclaves fouiller le sol. Cent guerriers et mon chef de travaux les surveillent dans un fortin qu'ils ont construit à mes frais. Si Magon ici présent veut s'engager à me remettre le cinquième de ce qu'il rapportera, je m'engage, de mon côté, à lui donner des lettres pour mon chef de travaux et à le faire bénéficier de mon traité et du concours de mes gens.

— C'est raisonnablement parlé, dit le suffète.

— J'y souscrirai volontiers, dis-je à mon tour, si Tsiba veut réduire à un sixième sa part dans mon exploitation. »

Nous débattîmes un instant ce partage. Enfin Tsiba consentit à la réduction que je demandais. Hannon rédigea sur-le-champ en double les clauses de notre accord, et nous allâmes au temple d'Astarté faire un sacrifice à la déesse et lui jurer d'observer fidèlement notre traité.

Nous étions dans la bonne saison, et je ne voulais pas perdre de temps. Quatre jours après notre arrivée à Gadès, nos navires repartaient déjà, en route pour l'embouchure du Bétis. Deux jours d'une navigation facile nous y conduisirent. On sait que passé le détroit de Gadès il y a des marées comme dans le Iam-Souph, et même bien plus considérables. Je dus donc attendre quelque temps le flot pour franchir la barre du Bétis. A cette heure où la barre est praticable, l'entrée du fleuve présente toujours un spectacle des plus animés. Des navires phéniciens de tout tonnage, depuis le gaoul jusqu'à la barque de pêche, des pirogues ibères et d'autres grandes pirogues à voiles d'écorce brunes ou noires, et jusqu'à de longues pirogues celtes faites de peaux cousues ensemble, glissent sur la mer et se croisent en tous sens, entrant ou sortant du fleuve. Ces embarcations ne sont jamais vides ; elles partent chargées de marchandises et de provisions, et reviennent chargées de minerai, car tout ce qui se consomme aux mines vient de Gadès. Ma flottille franchit heureusement la barre, et comme le courant était fort et le vent nul, je remontai à la rame.

Le fleuve Bétis, aux eaux rapides et jaunâtres, coule entre des berges boisées ou des plateaux arides. Le pays est sauvage et montagneux. De loin en loin, on rencontre quelques villages d'Ibères, formés de huttes en boue et en branchages ; ces huttes sont peu élevées, car elles sont construites au-dessus de terriers dont elles ne sont que le toit. Les villages de nos mineurs sont construits en huttes plus grandes et plus propres, mais avec les mêmes matériaux. Seulement, au centre de chacun d'eux se voit un enclos palissadé avec un réduit ou fortin crénelé, bâti de briques crues et cuites.

« Voilà, dit Hannon, un pays qui n'est pas gai. Je pense que l'argent qu'on en rapporte se dépense plus joyeusement qu'il ne s'acquiert.

— Tous ces lieux que nous voyons, observa Hannibal, sont

naturellement très-forts, et le Bétis serait une très-bonne ligne de défense. Il a dû se livrer par ici de vigoureux combats.

— Hélas! s'écria Himilcon, j'en sais quelque chose! Dans ce pays de Tarsis, on a plus vite fait de crever un œil à un honnête homme que de lui offrir une coupe de vin d'Helbon. Tenez, regardez là-bas : les voilà, les coquins! les voilà, les vils sauvages! »

Tout le monde regarda du côté qu'indiquait le pilote. En effet, une vingtaine de sauvages marchaient, ou plutôt couraient à la file le long de la berge, paraissant observer nos vaisseaux. Ils avaient la tête entourée d'une sorte de turban en tissu d'écorce, un lambeau de la même étoffe serré autour des reins, et du reste complétement nus. Ces hommes ont la peau très-hâlée, les cheveux noirs, les yeux petits et obliques ; ils sont bien faits, de moyenne stature, et extrêmement agiles. Quelques-uns, parmi eux, semblent être d'une autre race : ceux-là ont la tête longue, sont très-barbus, de haute taille, maigres de corps et affreusement laids de visage. Tous étaient armés, portant des boucliers oblongs et étroits, des casse-tête, des frondes et des lances ou javelines en bois très-dur, la pointe durcie au feu, ou garnies d'une pointe de pierre ou d'os.

Je hélai les sauvages, mais ils ne répondirent pas et continuèrent à trotter.

« Bicri, dit Himilcon à l'archer, qui était assis sur le pont entre son carquois et Jonas, fort occupé de l'éducation du singe Guébal, Bicri, envoie donc une flèche à l'un de ces gaillards-là, pour voir si elle ne l'arrêterait pas mieux que la voix du capitaine. »

L'archer se leva en ramassant son arc. Je m'interposai :

« Pas de cela, dis-je au rancunier pilote. Les sauvages ne nous disent rien ; laissons-les tranquilles. S'ils veulent commencer, ils trouveront à qui parler.

— Alors je retourne à Guébal, dit Bicri. Guébal fait mes délices ; il est aussi raisonnable qu'un homme, sauf qu'il m'égratigne un peu trop souvent, et qu'il me mord bien un peu aussi, sans compter qu'il me tire les cheveux. Mais il est bien amusant tout de même.

— Retourne à ton Guébal, dit Hannon, cela ne te changera guère : il est presque aussi joli que ces Ibères là-bas. »

Quant à Jonas, il ne se dérangea même pas pour voir les bêtes curieuses. Une amitié toute particulière s'était établie, dès les premiers jours, entre le singe et l'épais sonneur de trompette. Le singe avait trouvé commode de s'installer sur les épaules du géant et de se cramponner à sa chevelure crépue : de ce poste élevé, il faisait des grimaces à tout le monde en claquant des dents. Le géant se pâmait d'admiration devant les grimaces du singe et l'étouffait de friandises. Quant au remuant Bicri, ce qui l'avait enthousiasmé pour Guébal, c'était que Guébal était encore plus remuant que lui. L'agile archer, si adroit, si dévoué, si brave et si intelligent, avait dix-sept ans d'âge, et douze ans pour le sérieux, de sorte qu'entre le singe et l'adolescent c'était un assaut perpétuel de tours d'adresse : c'était à qui grimperait le plus vite au mât, ou se balancerait le plus lestement au bout d'une corde. C'est ainsi que le géant, le singe et l'archer s'étaient pris l'un pour l'autre d'une amitié inaltérable, à peine troublée par quelques égratignures du singe et quelques soufflets de l'archer.

Le soir de ce jour-là, nous nous arrêtâmes en face d'un village de mineurs. Le chef vint au-devant de nous pour nous recevoir. C'était un homme rude et grossier : il était d'Arvad, et reconnut très-bien Hannibal.

« Par Menath, par Hokk, par Rhadamath et par tous les dieux de l'autre monde, s'écria-t-il en jurant et en blasphémant, c'est donc la semaine aux gens d'outre-mer?

— Et pourquoi cela, homme d'Arvad? lui demandai-je.

— Ne vient-il pas de me passer, il y a cinq jours, une bande de vauriens commandés par un certain Bodmilcar, Tyrien? Ils ont saccagé deux maisons ici étant pris de boisson. Et que Khousor-Phtah m'écrase! si tous les mineurs ne s'étaient réunis contre eux, ils mettaient tout à feu et à sang! Celui qui aura pendu ce Bodmilcar avec une bonne corde, à une bonne branche, pourra se vanter d'avoir branché un vrai coquin. Et en matière de coquins, j'ai la prétention de m'y connaître!

— Je le crois, chef de travaux, je le crois, lui répondis-je ; mais où est ce Bodmilcar, à présent?

— Que t'importe?

— Il m'importe que j'ai un petit compte à régler avec lui.

— Eh bien, si tu prétends le trouver, tu iras loin. Il est parti avec une tribu d'Ibères de l'intérieur, de mauvaises gens, des gens avec lesquels il n'y a que des coups de lance à attraper.

— Nous sommes gens à les leur rendre au centuple.

— Je te conseille de te méfier. Le Bodmilcar me fait l'effet d'un hardi compagnon, et sa troupe est en nombre.

— Oh! s'écria Chamaï impatienté, qu'il soit ce qu'il voudra, cela nous est fort égal; mais qu'on me le donne à longueur d'épée....

— Jeune homme, répondit flegmatiquement le chef des travaux, nous n'avons que faire ici de vos longueurs et de vos épées. Procurez-moi plutôt quelque bonne coupe de vin à boire; et puisque vous êtes tellement à l'épreuve du danger, je vous indiquerai, moi, de bons gisements. L'argent est l'argent, n'est-ce pas?

— Et le bon vin est le bon vin, répondit Himilcon. Homme d'Arvad, tu as raison.

— Or çà, dis-je tout de suite, qu'on apporte une outre du meilleur vin de Byblos, et nous causerons plus à l'aise avec le seigneur chef de ces mines en le dégustant ici.

— Voilà qui est bien parlé, s'écria le chef des travaux, et je ne veux pas demeurer en reste avec vous. Qu'on m'égorge un jeune bœuf, des meilleurs, et qu'on fasse un festin à nos compatriotes. Ils nous donneront des nouvelles de Phénicie, et nous leur dirons des nouvelles de Tarsis et des gisements argentifères. »

Là-dessus, l'homme d'Arvad frappa trois fois dans ses mains. L'intendant de ses esclaves parut aussitôt, et il lui donna des ordres pour le festin, qu'on nous prépara à l'ombre d'un bouquet d'arbres.

« Écoutez, nous dit le mineur, vous me faites l'effet de braves gens, et puis vous êtes en force. Moi, j'aime les gens qui sont en force, et je les respecte. Puisque Hannibal est avec vous, et qu'il est de ma ville d'Arvad, et puisque vous m'offrez de bon vin à boire, je vais vous donner un bon conseil et un bon renseignement aussi, que tous les dieux infernaux m'emportent! Sur le territoire du chef voisin de celui qui est l'allié de la Tsiba, il y a des filons de la plus grande richesse. Les sauvages sont hostiles, mais vous avez de la pacotille pour les rendre aimables, et au besoin vous avez vos flèches et vos épées, n'est-il pas vrai?

— Tout à fait vrai, répondis-je. A combien de marche est le district en question de l'endroit où on peut arriver à flot?

— Trois petites journées.

— Et les moyens de communication?

— Néant. Pas de route. Des bois et des ravins tout le temps. Ni chevaux, ni ânes, ni mulets.

— Joli chemin! observa Hannibal. Alors nous porterons nos marchandises sous notre bras?

— Vous les ferez porter sur la tête ou sur le dos des Ibères que vous fournira le chef des travaux de Tsiba. Bête de somme pour bête de somme, l'Ibère en vaut bien une autre.

— Et s'il existe encore des bâtons dans cette partie du monde, s'écria Himilcon, je garantis que les Ibères à moi confiés marcheront bien. Avec un bâton pas plus gros que deux fois mon pouce, j'écris couramment la langue ibère sur le dos du premier sauvage de Tarsis venu. »

L'homme d'Arvad se mit à rire de la bonne plaisanterie d'Himilcon, et nous vidâmes une dernière coupe. Le lendemain, au petit jour, nous repartîmes pour l'intérieur des terres. Vingt-quatre heures après, nous étions sur le terrain de la veuve Tsiba J'y pris tout de suite mes arrangements.

Le chef des travaux, qui était un homme d'Utique, me réunit deux cents porteurs et esclaves mineurs. Je les chargeai de mes marchandises, et les répartis par quatre groupes, sous la surveillance de mes capitaines et pilotes. Je laissai la flottille avec une partie des équipages sous les ordres d'Asdrubal. Le *Dagon* et l'*Astarté* descendirent en aval pour choisir un mouillage convenable. Le *Cabire*, qui tirait peu d'eau, fut désigné pour circuler sur la rivière, en surveiller le cours et nous fournir de vivres. Avec le reste de ma troupe, je partis le lendemain pour les nouveaux territoires, précédé par un guide que me fournit le chef des travaux.

Nous traversâmes un grand plateau, puis des ravins boisés. La première nuit, on campa dans les bois. Le jour suivant, nous descendîmes une série de pentes étagées, et nous arrivâmes dans une vallée profonde que nous suivîmes toute la journée. Ce n'est que le quatrième jour que je finis par rencontrer de nombreux parcs à bestiaux, et enfin un grand village ibère. Toute la population nous reçut en armes, et nous témoigna de très-mauvaises dispositions. A force de présents, je finis par me concilier les chefs, qui m'accordèrent l'autorisation de m'établir sur une butte dénudée, à trois stades du village et en plaine. J'y installai aussitôt mon camp, qu'Hannibal fortifia de fossés et de palissades. Deux jours après, sous la direction d'un homme expert que nous envoya le chef des travaux de Tsiba, je commençai à fouiller les mines, et, sauf le nombre d'hommes strictement nécessaires à la garde du camp, tout le monde mit la main à l'œuvre.

Nos travaux durèrent trois mois. Pendant tout ce temps, les Ibères se montrèrent défiants et peu communicatifs, mais non hostiles. Par la protection d'Astarté, les fouilles furent des plus fructueuses. La mine était d'une richesse extraordinaire, et j'en tirai deux mille talents d'argent. J'en affinai une partie sur place; j'envoyai tout le minerai par les porteurs rejoindre l'*Astarté*, qui m'accusa réception. Quant aux lingots affinés, je voulais les emporter moi-même. Les chefs des sauvages me louèrent cent cinquante hommes comme porteurs, car le chef des travaux de Tsiba ne m'avait pas renvoyé les siens. Enfin, le 10 du mois de Sin, ma caravane fut organisée, et je quittai sans regret notre campement pour revenir à nos navires, chargé de richesses et le cœur joyeux. Les Ibères me fournirent un guide que je plaçai en tête à côté d'un matelot sûr, et à peine eûmes-nous le dos tourné qu'ils se précipitèrent sur notre camp pour démolir les palissades et s'approprier les menus objets que nous abandonnions dans l'enceinte.

XIV

L'embuscade.

Au bout de deux jours de marche sans incident, j'arrivai au pied des hauteurs qui conduisent au plateau derrière lequel coule le Bétis. Nous grimpions le long de la côte comme des chèvres, nous accrochant aux broussailles et aux rochers. Nous suivions péniblement le sentier que traçait la tête de la file, écartant les branches et brisant les ronces et les herbes sèches avec nos pieds; de droite et de gauche, la forêt était toute noire : on ne se voyait pas à dix pas. A mi-chemin de la côte, nous arrivâmes à une clairière où le terrain s'affaissait brusquement. Il fallait descendre dans cette coupure dénudée et remonter de l'autre côté. Nous nous arrêtâmes un instant pour reprendre haleine avant de franchir le ravin. Derrière nous, la longue file de nos hommes et des porteurs se frayait lentement un passage dans le fourré. En face de nous était le ravin béant et escarpé, et sur l'autre bord, le bois touffu, sombre, couvrant la montagne jusqu'en haut. Des aigles planaient au-dessus de la clairière.

« Bel endroit pour une embuscade! » dit Hannibal en s'essuyant le front.

Himilcon but un bon coup à l'outre qu'il portait en sautoir, puis soupira profondément.

« C'est dans un trou de ce genre, dit-il, que les sauvages m'ont éborgné il y a dix ans. Que la main de celui qui a fait la lance pourrisse, et aussi la main de celui qui la tenait! »

J'envoyai Hannon accompagné de Jonas avec sa trompette à la queue du convoi, pour accélérer la marche des retardataires et rallier les traînards qui avaient pu s'égarer dans les bois. En même temps, je détachai Bicri avec ses dix archers de Benjamin et Aminoclès avec ses cinq Phokiens pour franchir le ravin et fouiller le bois en face de nous. Mon habitude de Tarsis et mon expérience du danger que l'on court dans ces pays me faisaient prendre ces précautions. Hannibal et Chamaï, gens entendus à la guerre, les approuvèrent tout à fait.

J'entendis bientôt derrière nous la trompette de Jonas qui sonnait le ralliement. Presque en même temps, je vis Bicri, Aminoclès et leurs hommes paraître sur la crête du ravin et s'engager dans le bois. A peu près rassuré, je donnai l'ordre d'avancer ; je commandai au guide, toujours accompagné de son matelot, de franchir la clairière pour rejoindre Bicri et Aminoclès, et toute ma troupe descendit dans le ravin. Nous étions au fond quand le guide, qui nous précédait d'environ cinquante pas, s'arrêta tout à coup sur le revers de la montée. Derrière nous, la file des porteurs, des hommes d'armes et des matelots descendait lentement, et en débandade, cherchant les meilleurs passages à travers les rochers.

A ce moment, j'entendis dans le bois, en face de nous, un coup de sifflet de mauvais augure.

Himilcon tressaillit.

« Gare à nous! s'écria-t-il. Il y a des coups dans l'air! »

Je criai au guide de se dépêcher de monter ; mais au moment où le matelot qui l'accompagnait allait le saisir par le bras, le sauvage se baissa vivement et se jeta sur lui. Le matelot roula par terre, le guide franchit en quelques bonds l'espace qui le séparait de la crête et disparut sous bois.

« Qu'est-ce que je disais? fit Himilcon en tirant son coutelas.

Ces cris furent suivis d'une avalanche de pierres.

Nous y voilà! Les sauvages éborgneurs vont se mettre à l'ouvrage. »

Comme il disait ces mots, j'entendis derrière nous la trompette de Jonas qui sonnait l'alarme dans l'épaisseur du bois, et en face de nous, sur la crête du ravin, s'éleva un concert de cris de guerre et de hurlements, aussitôt suivi d'une véritable avalanche de pierres. Un matelot tomba près de moi le crâne fendu, et tous les porteurs qui avaient débouché dans la clairière jetèrent leurs charges par terre et s'enfuirent dans toutes les directions.

« Attention, et en ligne! » cria Hannibal à ses hommes, en dégainant.

Et sautant bravement sur une pointe de rocher, au milieu des pierres qui arrivaient de toutes parts, il fit tournoyer son épée au-dessus de sa tête pour grouper ses guerriers.

Quelques matelots entourèrent les deux femmes, leur faisant un rempart de leurs corps. Chamaï, pâle de colère, courut se placer à côté d'Hannibal, l'épée au poing.

« Eh bien, me dit mélancoliquement Himilcon en ramassant un caillou gros comme les deux poings qui avait manqué de lui casser la jambe, eh bien, capitaine, voilà les amandes de Tarsis qui commencent à tomber! »

Comme Himilcon parlait de la sorte, il nous arriva une nouvelle grêle de ce qu'il appelait des « amandes de Tarsis ». Celle-ci venait de derrière nous, de la crête du ravin que nous venions de quitter. Nous étions attaqués en tête et en queue et accablés de projectiles. Deux ou trois hommes tombèrent.

« Si nous avions de la cavalerie et des chariots, dit Hannibal, nous enverrions la cavalerie à notre gauche et les chariots à notre droite le long du fond du ravin, à la recherche d'un passage, tournant l'ennemi par ses deux ailes, comme ont fait les Khétas[1] à leur bataille contre les Assyriens[2].... »

J'interrompis la dissertation stratégique du brave capitaine en

---

1. Les *Hittiens* de la Bible. C'est le nom général que les Égyptiens donnaient aux gens de race sémitique.
2. En 1070.

lui faisant observer que nous n'avions ni cavalerie ni chariots, et que nous étions lapidés dans notre entonnoir.

« Il est certain, me répondit Hannibal, que la position où nous sommes est désavantageuse ; mais je ne désespère pas de tourner le flanc de ces ennemis, car.... »

En ce moment, une grosse pierre tomba sur le casque d'Hannibal, brisant le cimier et faussant la coiffe. Le capitaine chancela et resta un instant étourdi.

Il se remit bien vite et se redressa furieux.

« Par Nergal, dieu de la guerre, s'écria-t-il d'une voix de tonnerre, par El Adonaï, seigneur des armées, ceci est une impudence grande, que je veux faire payer à ces vils coquins ! Archers, répandez-vous sur les deux pentes et percez de vos flèches tout ce qui osera s'aventurer dans le ravin ! Toi, amiral, avec tes matelots, escalade la crête d'où nous descendons et balaye tous ceux qui nous attaquent par derrière ! Hommes d'armes de Juda, suivez Chamaï et montez la côte en face de vous ! Et vous autres, suivez-moi, à droite, et à l'assaut ! En avant !

— A gauche et en avant ! cria Chamaï à ses hommes. Vive le roi et tombons dessus ! »

La moitié des hommes d'Hannibal s'élança derrière lui, grimpant à droite. L'autre moitié courut derrière Chamaï, grimpant à gauche. Les archers, avec Amilcar, formèrent un grand cercle autour des deux femmes et de ce qui restait du bagage, s'échelonnant sur les pentes et surveillant le fond du ravin. Himilcon, Gisgon et mes matelots se jetèrent à ma suite à l'assaut de la crête d'où nous venions de descendre. Nous faisions front de tous côtés.

De notre côté, le ravin fut escaladé en un instant. Nos matelots pénétrèrent dans le bois, l'épée, la hache ou le coutelas au poing, culbutant devant eux les gens de Tarsis. Ces sauvages demi-nus, armés de mauvais casse-tête et de lances durcies au feu ou terminées par des pointes d'os, tombaient par douzaines devant nos armes bien affilées. Ils disparurent de tous côtés dans le fourré, mais nous nous gardions bien de nous disperser pour les suivre. Bien serrés ensemble, nous marchions droit devant

On ne faisait pas de quartier.

nous. Eux, nous suivant sous bois, allaient relever des paquets de lances placés d'avance dans les broussailles et nous les jetaient de loin. A chaque éclaircie du fourré, un groupe des nôtres se détachait et poussait vivement sur les flancs, pour tâcher de saisir quelques-uns de ceux qui nous harcelaient; mais ils étaient si agiles qu'on ne les rejoignait guère. Une quinzaine qui s'attardèrent furent attrapés. Naturellement on ne leur faisait pas de quartier. Après avoir poussé deux stades dans le bois, je ne trouvai pas trace d'Hannon ni de Jonas; je fis arrêter les hommes et former en cercle dans une petite clairière autour d'un gros chêne. Himilcon, qui était particulièrement acharné, poussa un stade plus loin sous bois avec Gisgon et une douzaine d'hommes. Ils nous revinrent au bout d'une heure, n'ayant pu attraper que deux sauvages, qu'ils avaient tués tout de suite. Mais ils avaient trouvé, dans un fourré, l'écritoire d'Hannon tachée de sang, les cadavres d'une dizaine de sauvages et le corps mutilé d'un de nos matelots. C'était là que notre brave scribe et que le pauvre Jonas avaient dû être massacrés, après une furieuse défense, comme le prouvaient le sol foulé tout autour, les flaques de sang et les hommes de Tarsis tués par eux. Il était probable que les sauvages avaient emporté leurs corps, après les avoir renversés par le nombre et égorgés.

Nous revenions tristement vers le ravin où nous avions été surpris par l'embuscade, repoussant sur notre chemin les Ibères qui nous harcelaient. Au bord du ravin, nous serrâmes nos rangs, et après avoir constaté qu'Amilcar, les deux femmes et les archers étaient là, je comptai mon monde. Six hommes étaient tombés en route, sous les lances de nos ennemis. J'étais inquiet maintenant d'Hannibal et de Chamaï; mais j'entendis bientôt leurs trompettes sonner de l'autre côté de la coupure de terrain et je vis leur troupe se former en bon ordre sur la crête en face de nous; Bicri était avec eux et dans leurs rangs; ils conduisaient une quarantaine de prisonniers. Je cherchai des yeux Aminoclès, quand je l'aperçus au milieu des autres, portant un enfant dans ses bras. Au milieu des prisonniers demi-nus, je distinguai aussi une femme, deux hommes en kitonet et un autre, vêtu d'une longue robe à la syrienne. Hannibal, debout devant les autres, me faisait toutes sortes de signes d'amitié et de saluts avec son épée, et Chamaï, la tête nue et le front ensanglanté, mais le visage rayonnant, descendit la pente en courant et remonta de mon côté. Naturellement, il embrassa Abigaïl en passant : je n'y faisais plus attention.

En courant vers moi, Chamaï me cria hors d'haleine :

« Nous les avons vus, et de près encore. »

Et il me montra son front traversé par une estafilade et son épée ensanglantée.

« Qui avez-vous vu ? lui dis-je. Les Ibères ? nous les avons vus aussi.

— Eh ! qui parle des Ibères ? fit Chamaï en soufflant. C'est de nos Tyriens déserteurs que je parle ! Et du coquin d'Hazaël que voilà là-bas, et du fils d'Aminoclès qu'ils ont voulu assassiner ! »

Je ne pus retenir une exclamation.

« Et Bodmilcar ? m'écriai-je.

— Bodmilcar ? Il a un joli coup d'épée dans les côtes ; c'est Hannibal qui le lui a donné, et sans ce revers de coutelas qui m'est tombé sur la figure, nous l'enlevions. Mais ils ont réussi à nous l'arracher et à faire leur retraite dans les bois. »

Dans l'émotion où j'étais, j'oubliai le sort du malheureux

Hannon, et notre position difficile, et nos lingots d'argent par terre. Je ne pensais plus qu'à mon ennemi, et tout entier au désir de me venger, je dis à Chamaï et à mes hommes :

« Passons tout de suite de l'autre côté du ravin. Il faut nous mettre à la poursuite de Bodmilcar et le retrouver mort ou vif. »

Nous redescendîmes aussitôt pour franchir la coupure. Amilcar, les archers et les deux femmes nous suivirent. Chryséis n'avait pas besoin d'explications pour comprendre la triste vérité. Himilcon lui fit voir l'écritoire tachée de sang. Abigaïl la soutenait en pleurant, mais elle marchait en silence, les mains serrées l'une contre l'autre, et comprimant ses sanglots. Seule-

ment, au mouvement convulsif de ses épaules, on voyait son émotion extraordinaire.

Chamaï, devinant à moitié la cause d'une si grande douleur, dit rapidement à Himilcon :

« Et Hannon ? Et Jonas ? »

Le pilote haussa les épaules et se borna à montrer à Chamaï le bois d'où nous descendions.

Comme j'arrivais auprès d'Hannibal, celui-ci vint à moi l'air joyeux ; mais, à la vue de Chryséis et d'Abigaïl en pleurs, il chercha tout de suite qui manquait dans notre troupe.

« Que veux-tu, dit le brave capitaine en essayant de déguiser son émotion, c'est le sort de la guerre. Dans une heure, ce sera peut-être notre tour. Où marchons-nous à présent ?

— A la poursuite de Bodmilcar, répondis-je tout de suite. C'est notre route pour revenir.

— Ceci, dit Hannibal, est moins facile. Le coquin s'est jeté sur nous suivi d'une troupe de malfaiteurs et de déserteurs phéniciens et accompagné d'une nuée de ces sauvages à javelines et à casse-tête. A la façon dont nous les avons reçus, ils ont compris que le jeu ne tournerait pas à leur avantage. Nous les avons bien frottés, et que le Tyrien soit mort ou vivant, il a de nos marques. A présent, dans ces fourrés épais, s'ils ne veulent pas se laisser rejoindre, il leur sera facile de se tenir hors d'atteinte, car nous ne sommes pas assez nombreux pour essayer de les cerner ; et nous disperser pour courir après eux, c'est nous livrer sottement à leurs embuscades.

— Eh bien, lui dis-je, tu parles prudemment ; mais que faut-il faire ?

— Gagner avant la nuit le sommet des hauteurs. Une fois en plaine, nous sommes à l'abri des surprises et des embuscades. Nous ferons reposer et manger nos hommes qui sont éreintés, et nous interrogerons tout à loisir ces prisonniers que voici.

— C'est bien vu, lui dis-je. Avant de nous remettre en route, qu'on attache une corde au cou de ces sauvages et qu'on me les mette en chapelet. Quarante hommes les accompagneront, sous les ordres d'Himilcon et de Gisgon, prêts à les tuer au moindre geste.

— Tu peux y compter, capitaine, dit le rancunier pilote. Pour un œil qu'ils m'ont crevé jadis, l'autre ne les regardera pas tendrement.

— Vous irez, ajoutai-je, ramasser les charges et les lingots d'argent qu'ont jetés ces traîtres porteurs, et je ne ferai plus la sottise de ne pas enchaîner des porteurs ibères dans un cas pareil En attendant, ces prisonniers ainsi attachés les remplaceront ; ils en seront quittes pour porter triple charge.

— Et voici pour leur donner du cœur aux jambes, dit Gisgon en brandissant une grosse et forte branche qu'il venait de couper au tronc d'une yeuse.

— En route, bêtes brutes! cria Himilcon en ibère aux prisonniers qu'on venait d'attacher. Le premier qui bronche, je le tue.

— Et le premier qui n'est pas content, je l'assomme, » ajouta Gisgon en moulinant son gourdin.

Les deux pilotes revinrent bientôt, ayant recueilli toutes les charges abandonnées, sans avoir rencontré aucun ennemi. Toute notre troupe réunie reprit aussitôt l'ascension des hauteurs, les prisonniers et les porteurs au milieu de nous et chacun marchant attentif et prêt à la défense. En chemin, je questionnai Bicri.

« Voilà, me dit l'archer. Quand nous sommes entrés dans le bois, nous n'avons d'abord vu personne. Nous avons fait environ cinq cents pas bien tranquillement, quand tout à coup les sauvages se sont levés dans le fourré devant et derrière nous, et les lances et les pierres ont commencé à tomber de tous côtés. J'ai rapidement couru avec nos gens jusqu'à un rocher inaccessible devant lequel le terrain était un peu plus découvert ; nous nous sommes adossés à cette muraille, et à coups de flèches nous avons tenu les Ibères à distance. Mais voici qu'une troupe débouche en bon ordre, gens bien armés, et marche droit à nous. C'était Bodmilcar et ses déserteurs. Nous allions être enlevés ou massacrés, quand Hannibal et tout de suite après Chamaï ont paru et se sont jetés sur eux. Dans la bagarre, j'ai vu tomber Bodmilcar. Nous nous sommes battus autour de son corps, mais Chamaï a été étourdi d'un coup de coutelas ; les autres étaient nombreux et ont réussi à emporter leur chef et à s'échapper sous bois pendant que les sauvages nous harcelaient et couvraient leur retraite.

— Et cet Hazaël, et cette femme, et cet enfant? demandai-je.

— En poursuivant les autres, répondit Bicri, nous sommes arrivés à un endroit où nous avons trouvé cet enfant lié près d'une pile de bois. Ils voulaient sans doute le sacrifier à Moloch. Hazaël, tenant un couteau à la main, s'apprêtait à l'égorger, et une quinzaine d'autres en armes l'entouraient ; la femme couvrait l'enfant de son corps, et deux d'entre eux l'avaient saisie et allaient l'arracher de là, quand Aminoclès, qui était en tête à côté de moi, les a vus le premier. Aussitôt il est devenu comme fou et s'est précipité vers eux en criant : « Mon fils, mon fils ! »

Nous avons suivi en courant. L'eunuque a porté un coup de

couteau à l'enfant et s'est dépêché de se sauver. Mais j'ai de bonnes jambes et je l'ai bien vite rattrapé. Les autres sont tombés sous les coups d'Aminoclès et de ses Phokiens et sous nos flèches. On a délié l'enfant qui était évanoui. Mais la blessure qu'il a n'est rien : une simple égratignure ; le bras du Syrien a trompé sa méchanceté. Voilà comment Aminoclès a retrouvé son fils, l'un de ses Phokiens sa femme, et moi ce misérable Syrien qui nous a déjà fait tant de mal. Et maintenant, le pauvre Hannon et cette brute épaisse de Jonas....

— Ont péri, hélas ! dis-je à Bicri.

— Pauvre Hannon ! s'écria l'archer. Je l'aimais plus fort que je ne puis le dire. Et ce bœuf de Jonas, je l'aimais aussi. Et Guébal ?

— Guébal était sans doute cramponné à la chevelure de Jonas, répondis-je. On ne l'a plus revu. »

L'archer soupira profondément.

« Pauvre Hannon ! Malheureux Jonas ! Infortuné Guébal ! » murmura-t-il en allongeant le pas.

Évidemment, dans le jeune cœur de ce brave garçon Guébal tenait une place aussi importante que les autres.

Le plateau où nous arrivions était une grande plaine triste et nue, parsemée çà et là de quelques rares bouquets d'arbres et de quelques touffes de chardon. J'estimais que le cours du Bétis était encore à au moins douze stades. Comme nous avions peu d'eau, nous soupâmes légèrement, de crainte d'indigestion. Après souper, je fis éteindre les feux et Hannibal distribua les postes et les sentinelles. En suite de quoi je fis planter deux torches en terre et j'ordonnai qu'on amenât devant moi le Syrien.

J'étais entouré des capitaines et des pilotes. Je fis venir aussi Bicri, Aminoclès et son fils, ainsi que le Phokien qui avait retrouvé sa femme, et la femme délivrée.

Hazaël parut devant moi, pâle et tremblant. Ses beaux habits brodés étaient déchirés et souillés de sang et de poussière. On lui avait ramené les bras en arrière et lié les coudes derrière le dos.

« Me reconnais-tu, Hazaël ? lui dis-je.

La femme couvrait l'enfant de son corps.

— Oui, seigneur, répondit-il d'une voix chevrotante et les yeux baissés.

— Qui t'a porté à te joindre à Bodmilcar et à nous faire ces trahisons méchantes, en Égypte d'abord, puis à Utique et ici à Tarsis ? »

L'eunuque garda le silence.

« Pourquoi, lui dis-je encore, voulais-tu égorger cet enfant ?

— Bodmilcar m'avait ordonné de le sacrifier au Moloch pour que ce dieu fût favorable au succès de nos armes, et je n'osais pas désobéir à Bodmilcar. C'est lui qui m'a entraîné dès notre arrivée à Jaffa ; c'est lui qui est la cause de tout.

— Peu importe qui est la cause, répondis-je. Veux-tu maintenant sauver ta vie ? »

L'eunuque se prosterna devant moi la face contre terre.

« Mets ton pied sur ma tête, gémit-il. Je suis ton esclave et ta chose. Épargne ma vie, et quoi que tu me demandes, je le ferai. »

Chamaï, qui se tenait près de moi le front bandé, détourna la tête avec mépris.

« Je devrais bien, lui dis-je, te sacrifier aux ombres de ceux des nôtres qui ont péri par tes artifices et ceux de ton maître. Mais si tu fais bien fidèlement ce que je vais te demander, non-seulement je t'épargnerai, mais à notre retour à Gadès je te rendrai la liberté, et tu pourras te rapatrier.

— Jure-le-moi, répondit le misérable, toujours prosterné le front dans la poussière.

— Par Astarté, dame des cieux et de la mer, m'écriai-je, je te le jure. »

Il se redressa tout aussitôt, seul et sans aide.

« Commande, dit-il vivement, j'obéirai.

— Combien d'hommes nous ont attaqués ? demandai-je.

— Bodmilcar avait avec lui cent soixante Phéniciens, auxquels il avait réuni cinq ou six cents Ibères.

— Eh bien, repris-je, Bodmilcar a dû vous fixer un rendez-vous, dans le cas où l'attaque échouerait. Où est ce rendez-vous ?

— S'il le dit, s'écria le bouillant Chamaï, il mérite d'être pendu vingt fois. »

La généreuse sottise de Chamaï me fit lever les épaules.

« Et s'il ne le dit pas, répliquai-je, il sera pendu une seule fois, mais cela suffira. Himilcon! une corde!

— Voilà, voilà, s'écria le pilote en sortant une corde de dessous son kitonet, car il en portait toujours une enroulée autour de sa ceinture ; voilà, capitaine, un bon bout de grelin, filé à trois brins, et en chanvre de Byblos encore. Où faut-il amarrer ce Syrien par le cou ? »

Hazaël fit un soubresaut.

« Je vais le dire, s'écria-t-il d'une voix étranglée. C'est à la butte du Loup.

— Très-bien, répondis-je. Et où est cette butte du Loup ?

— A deux stades à droite derrière nous, dans le bois.

— Bon ; tu vas nous y conduire.

— Je suis ton esclave, dit simplement l'eunuque. J'irai. »

J'étais brisé de fatigue ; mais l'espoir de saisir Bodmilcar me soutenait.

« Cinquante hommes de bonne volonté pour me suivre, m'écriai-je.

— Moi, moi! cria tout le monde à la fois.

— Qu'Hannibal choisisse les meilleurs alors. Les autres resteront ici à la garde du camp, des femmes, des porteurs et du bagage. »

Aminoclès et un de ses hommes vinrent à moi.

« Amiral, me dit le Phokien, ma vie est à toi. Par toi j'ai retrouvé mon enfant ; mais il est blessé. Permets-moi donc de rester cette fois avec le bagage, afin de soigner mon fils Dionysos ; et permets aussi à Démarétès de rester avec sa femme nouvellement retrouvée. Nous frapperons double à la prochaine occasion.

— Restez, restez, dis-je à ce brave homme. Et nous, marchons. Peut-être retrouverons-nous chez ces scélérats les corps de Jonas et d'Hannon, et pourrons-nous leur rendre les derniers devoirs. »

A ces mots, Chryséis se leva, droite et pâle, et vint se placer devant la colonne en armes.

Le misérable se prosterna devant moi.

« Où vas-tu, jeune fille ? lui demandai-je.

— Chercher le corps de mon fiancé et l'ensevelir si les dieux me le rendent, répondit Chryséis d'une voix ferme et le front fièrement levé.

— Viens alors, lui dis-je ému ; viens avec nous, et qu'Astarté nous protége tous.

— En route, » dit Hannibal à ses hommes.

L'infatigable Bicri courut se placer en tête, tenant Hazaël par la corde qui lui liait les bras. Gisgon se plaça à côté de lui, la hache sur l'épaule, et Himilcon par derrière, l'épée au poing. Nous partîmes aussitôt, et prenant par un fond de terrain plus sombre, où la lune ne donnait pas, notre troupe s'avança en silence vers le bois. Bientôt nous vîmes sa masse noire se détacher sur le sol blanchi par les rayons de la lune, et nous entrâmes sous la futaie en faisant le moins de bruit possible. A la crête de la côte que nous avions escaladée le matin, le plateau se relevait brusquement et formait une butte boisée d'une soixantaine de coudées de haut. C'est sur cette butte que se cachait la bande de Bodmilcar. Nous nous arrêtâmes au pied avec toutes sortes de précautions. A travers les arbres, on ne voyait la lueur d'aucun feu ; tout était morne, noir et silencieux.

« Il faudrait voir ce qu'ils font là-haut, avant de prendre nos dispositions et de donner le signal, dit Hannibal à voix basse.

— Déliez-moi ! dit l'eunuque. J'irai voir, et je vous rapporterai ensuite ce que j'aurai vu.

— Merci, répondit Himilcon. Tu es trop bon. Nous craindrions de te fatiguer. »

L'eunuque ne répliqua rien, après ce grotesque essai d'évasion.

« Ecoute, dit Bicri, il y a un moyen. Que l'eunuque me montre le chemin, et qu'il me conduise à un endroit d'où on peut voir leur camp. Nous irons sans bruit, et s'il essaye de crier ou de faire un mouvement, je lui plante mon couteau dans le ventre.

— C'est bien vu, » dit Hannibal.

Bicri tira son couteau de la main droite et saisit les coudes de l'eunuque de la main gauche.

« Marche ! » dit-il en le poussant devant lui.

Tous deux disparurent dans le fourré.

Au bout d'une demi-heure, les branches craquèrent et je les vis ressortir.

« Eh bien ? dit tout le monde haletant.

— Personne ! s'écria Bicri. J'ai été jusqu'à l'autre revers, personne ! Il faut que ce maudit eunuque nous trompe.

— Ho ! fit l'eunuque en pleurant, ho ! comment exposerais-je ma vie pour vous tromper ? Je jure par Nitsroc, mon dieu, et par le Moloch, et par Melkarth, que Bodmilcar nous avait bien dit la butte du Loup. Que ma langue pourrisse si je mens !

— Assez de serments, dis-je impatienté. Je t'ai donné la vie sauve. Je te tiendrai parole. Tu nous serviras en quelque autre occasion.

— Les coquins qui rôdent dans les bois, observa Hannibal auront eu vent de notre approche et auront décampé sans se vanter. Retournons. Aussi bien ai-je les jambes rompues.

— Et moi aussi, dit Himilcon.

— Et moi aussi, dit Amilcar.

— Allons, retournons, dis-je à mon tour. Ce sera pour un autre fois. »

XV

Guébal se distingue.

A vingt pas du campement, nos sentinelles, qui faisaient bonne garde, vinrent nous reconnaître. Comme nous arrivions au centre du cercle, Aminoclès accourut au-devant de nous en faisant de grands gestes.

« Qu'est-ce qu'il y a? lui dis-je.

— Amiral, me dit-il dans son mauvais phénicien, le petit homme est arrivé, puis il s'est enfui dans le bouquet d'arbres là-bas.

— Quel petit homme? répondis-je, ne comprenant pas.

— Guébal! s'écria Bicri; c'est Guébal! »

Et sans attendre la réponse d'Aminoclès, il courut à toutes jambes vers le bouquet d'arbres qu'il lui indiquait.

« Oui, Guébal, Guébal, » finit par dire Aminoclès.

Mais Bicri avait déjà disparu dans les ténèbres et nous l'entendions siffler et appeler son tendre ami sur tous les tons.

Bientôt il revint, toujours courant et le visage triomphant. Guébal, Guébal en personne était noblement assis sur son épaule, et nous salua de cris aigus entremêlés de grimaces affreuses. Malgré la laideur et les malices de cette vilaine bête, ce n'est pas sans plaisir que je la revis.

Tous ses amis allèrent lui dire bonjour. Il tira la barbe d'Hannibal, égratigna le visage d'Himilcon et mordit le nez de Gisgon, à la satisfaction générale. Quand Chamaï, qui ne l'aimait guère, s'approcha, le singe lui donna un grand soufflet, que Chamaï lui rendit aussitôt, n'étant guère plus patient avec les bêtes qu'avec les hommes. Pendant que Guébal hurlait en se cramponnant à la chevelure de Bicri, Chamaï se baissa et ramassa quelque chose.

« Cette vilaine bête tenait ceci à la main. Il l'a laissé tomber en me frappant. Voyons donc ce que c'est. Il me semble que c'est une courroie de sandale. »

Chamaï s'approcha d'une torche et examina la courroie de plus près.

« Il y a des caractères écrits dessus, s'écria-t-il ; par le Dieu vivant, il y a des caractères phéniciens. »

Je lui pris la courroie des mains, et à la lueur de la torche je distinguai des caractères écrits avec du sang, à ce qu'il me sembla. A peine eus-je déchiffré une ligne que je poussai un cri.

« Venez tous ! Hannon n'est pas mort ! C'est une lettre de lui que nous apporte Guébal ! Écoutez :

« Nous sommes prisonniers, mais sains et saufs. Les sauvages
« ont refusé de nous livrer à Bodmilcar. La trompette de Jonas
« nous a sauvé la vie ; ils vont nous conduire à un roi sauvage
« du nord, qui a promis sa fille en mariage au chef d'ici, s'il lui
« amenait un Phénicien joueur de trompette : j'ai passé par-des-
« sus le marché. Méfiez-vous. Bodmilcar a donné l'ordre ce ma-
« tin de vous dresser une embuscade au petit bras du Bétis et de
« vous couper le chemin de l'eau si l'attaque manquait. Ne vous
« occupez pas de nous. A la première occasion, nous verrons à
« nous évader de chez notre prince. »

Chryséis se jeta dans les bras d'Abigaïl en sanglotant de joie. Gisgon lança son bonnet en l'air. Himilcon but à son outre un coup prodigieux, et Hannibal manifesta son émotion en éternuant par sept fois. Bicri, dans son enthousiasme, serra Guébal sur son cœur, et Guébal prit part au contentement général en arrachant une poignée de cheveux à Bicri.

« Bravo, Guébal ! s'écria l'archer. Vive Guébal ! Guébal, veux-tu lâcher mes cheveux ! Quand je disais que Guébal était un compagnon précieux. »

Guébal fut comblé de caresses, de félicitations, d'amandes et de raisins secs, qu'il accepta sans quitter son perchoir humain.

« Allons, dis-je aussitôt, nous n'avons pas le temps de nous amuser. La nuit tire à sa fin, la provision d'eau est épuisée, et il faut arriver sur le Bétis avant ces brigands, si c'est possible.

— Sinon bataille, s'écrièrent à la fois Hannibal et Chamaï.

— Nous avons un petit compte à régler d'abord, continuai-je ; ce ne sera pas long. Toi, Hazaël, tu as entendu cette lettre. Tu nous as fait cette nuit ta quatrième trahison, te parjurant pour nous faire perdre du temps et nous tromper sur l'endroit où nous guettait Bodmilcar. A présent, je n'ai plus de comptes à te demander. Dans un instant, c'est Menath, Hokk et Rhadamath qui te jugeront ; moi, je vais t'envoyer devant leur tribunal. »

Le misérable tomba la face contre terre, poussant des cris déchirants, entremêlés de larmes et de supplications. Deux matelots le remirent sur ses pieds. Himilcon lui présenta sa corde, à laquelle il avait fait un nœud coulant, et la lui passa autour du cou.

« Choisis ton arbre, lui dit-il. Pour ma part, je te conseille cette yeuse, qui est tout à fait agréable et où tu seras très-bien. »

Le Syrien se débattit en hurlant, pendant qu'on le traînait vers l'yeuse.

« Cet homme est étrange, remarqua Gisgon. Il ne veut pas être pendu. Voyons, homme, pourquoi ne veux-tu pas être pendu ? On est très à l'aise quand on est pendu ; on use beaucoup moins de souliers.

— Voilà, dit Himilcon quand on fut sous l'arbre. Amarrez-le par le cou à cette manœuvre dormante, et mettez une fin à sa navigation sur cette terre. »

Quelques instants après, le corps inerte du misérable Hazaël se balançait à une branche.

« En route, dis-je tout de suite. Le compte de l'un est réglé.

— Et j'espère que celui de l'autre ne tardera pas à l'être, » conclut Hannibal.

Notre troupe s'ébranla et se mit en marche vers le Bétis.

Bientôt le soleil se leva dans un ciel sans nuages. Nous étions encore loin de la rivière et nous nous traînions péniblement dans la plaine poussiéreuse, épuisés par vingt-quatre heures de combats, d'alertes et de marche. J'allais de mon mieux, le gosier desséché et combattant cette terrible sensation de crampe et de

brûlure à l'estomac que connaissent bien tous ceux qui ont souffert de la soif. L'outre d'Himilcon était complétement tarie, et le pauvre pilote avançait la tête basse et les bras ballants. Bicri seul ne paraissait pas fatigué : ce jeune homme avait réellement des jambes de bronze. Hannibal lui-même avait fini par ôter son casque et par l'accrocher à sa ceinture. Tout le monde était silencieux. Enfin, dans l'après-midi, je vis de loin la légère buée de vapeur qui m'indiquait le cours de la rivière, l'eau tant désirée. Je pris tout de suite les devants, accompagné de Bicri et de six matelots porteurs d'outres et de courges, pour désaltérer plus tôt tout ce monde qui se traînait à peine. A un demi-stade de l'eau, j'eus un si violent mal d'estomac que je crus que j'allais tomber. A vingt pas de l'eau, comme nous hâtions le pas, je vis les roseaux qui s'agitaient, j'entendis le *tchap tchap* d'une dizaine de lances qui nous arrivaient coup sur coup, et tout de suite après, le cri de guerre des Ibères. Sans nous laisser intimider, je mis l'épée à la main, et mes matelots, posant leurs courges et leurs outres, m'imitèrent. Bicri apprêta son arc, et nous continuâmes d'avancer. Aussitôt une cinquantaine de sauvages sortirent des roseaux en nous jetant leurs lances, et une centaine d'autres, se levant de droite et de gauche, coururent en hurlant vers les flancs de la colonne qui nous suivait.

Bicri jeta bas, d'un coup de flèche, le premier qui courait sur nous. Hannibal et Chamaï, déployant leurs hommes, rejetèrent à droite et à gauche ceux qui essayaient de leur barrer le chemin. Mais mon avant-garde fut entourée en un clin d'œil. Un de mes matelots eut le bras percé d'un coup de lance. Une autre lance traversa mon bouclier et mon baudrier, paralysant mes mouvements. Bicri eut le mollet crevé. Nous allions périr, quand le son bien connu de la trompette sidonienne retentit dans les roseaux et que de grands cris s'élevèrent.

« Courage, tenez bon, nous voilà ! » criaient vingt voix ensemble.

Les sauvages s'enfuirent dans toutes les directions, s'éparpillant comme un vol d'oiseaux. De loin, je vis une troupe en bon ordre, celle de Bodmilcar sans doute, se replier précipitamment, et, venant du côté de la rivière, Asdrubal et nos matelots arrivèrent à nous.

J'embrassai cordialement le brave Asdrubal.

« Comment se fait-il, lui dis-je, que tu aies pu les surprendre ainsi et leur tomber sur le dos ?

— Depuis ce matin, me dit-il, je voyais leurs mouvements et je les guettais. J'ai fait démâter le *Cabire* et je l'ai caché à quatre stades d'ici, derrière le coude du Bétis, et nous sommes arrivés tout doucement, trente hommes dans les deux barques, et le reste longeant la rive. Ils étaient tellement occupés de vous qu'ils ne nous ont même pas vus. »

Tout notre monde nous rejoignit, et chacun pensa d'abord à boire. Pour la première fois de ma vie, je vis Himilcon avaler de l'eau à pleine gorgée avec un plaisir manifeste. Une heure après, nous étions embarqués et nous descendions le cours du Bétis, racontant paisiblement nos aventures à nos camarades; et après une nuit de repos bien gagnée, le lendemain dans la journée nous retrouvions au mouillage notre brave *Dagon* et notre chère *Astarté*.

Je fis distribuer aux matelots cinq sicles par homme et triple ration de vin, et avant de reprendre la route, je leur accordai vingt-quatre heures de repos à bord. Ils en avaient bien besoin. Du reste, ils se reposèrent à leur manière. Leur journée se passa à boire, à crier, à chanter, à danser et à se battre un peu. Le soir, tout rentra dans l'ordre accoutumé, et le lendemain matin nous reprenions la mer. Ce n'est pas sans plaisir que je revis la grande plaine verte et mouvante et que j'entendis le bruissement du flot et le choc monotone et régulier des vagues sur les murailles de nos bons navires.

Deux jours après, nous étions de retour à Gadès. Je fis aussitôt mon partage avec Tsiba, puis j'ordonnai de préparer un grand festin, et je réunis mes compagnons sous une tente dressée dans les jardins autour de la ville.

« Compagnons, leur dis-je, à présent notre voyage est fait. Les instructions du roi David sont suivies, les ordres du roi Hiram exécutés. Les serviteurs du roi David vont retourner dans la riante Palestine, et je les réunis ici pour leur faire mes adieux. »

Chamaï se leva, très-pâle.

« Capitaine, me dit-il en me regardant en face, je ne comprends pas bien ce que tu veux dire.

— Je veux dire ceci, lui répondis-je. Je chargerai mon argent sur un de ces navires, sur le *Dagon;* Asdrubal en prendra le commandement et vous ramènera à Jaffa, toi, Abigaïl, Bicri, Hannibal et les autres. Votre mission est finie, et le *Dagon* est à la disposition de tous ceux qui veulent à présent se rapatrier. »

Hannibal se leva à son tour. Le brave capitaine avait l'air tout ému.

« Eh bien, et toi? me dit-il d'une voix étranglée. Et Himilcon, le bon Himilcon ici présent, qui vide en ce moment cette grande coupe? Et Amilcar, et Gisgon? Vous ne retournez donc pas, vous?

— Non; nous, c'est différent, nous restons, » répondis-je.

Hannibal me regarda d'un air étrange. De grosses larmes parurent dans ses yeux. Chamaï donna un si furieux coup de poing sur le dossier de la chaise de bois peint qu'on m'avait dressée, qu'il la brisa en morceaux. Quant à Bicri, qui s'était

levé aussi et qui écoutait attentivement, il se mit à siffler entre ses dents la chanson de sa tribu, ce qui était de sa part une marque de parfait dédain. Il y eut un moment de silence.

L'impatient Chamaï reprit le premier la parole :

« Par El Adonaï, mon dieu, s'écria-t-il, je ne te croyais point capable de cela, capitaine Magon!

— Et par Nergal, et par tout ce que tu voudras, s'écria tumultueusement Hannibal, que t'avons-nous fait pour que tu nous traites ainsi?

— En quoi vous ai-je maltraités? répondis-je. Nous avons toujours vécu ensemble en bons et loyaux amis. Maintenant que notre voyage est fini, je mets un navire à votre disposition pour vous ramener dans votre pays, chargés de richesses. Vous y vivrez paisibles et heureux.

— Alors, pourquoi ne retournes-tu pas toi-même? dit Hannibal.

— Parce que moi, avec mes vieux Sidoniens, je vais faire un voyage de découvertes par mer, pour chercher s'il n'existe pas au nord des îles et des continents, et si on ne peut pas atteindre le pays des Celtes en contournant le Tarsis par l'ouest.

— Et nous, dit le bouillant Chamaï, nous serions assez lâches et assez ingrats pour jouir de l'honneur et des richesses que tu nous as procurés, pendant que tu cours les périls de la mer?

— Nous déserterions l'armée avant que la guerre soit finie? tonna Hannibal indigné. Retourne qui veut : je reste!

— Et moi aussi, dit Chamaï.

— Si Chamaï reste, je ne m'en vais pas, » dit Abigaïl.

Saisi d'émotion, je serrai mes dévoués compagnons dans mes bras.

« Eh bien, m'écriai-je ; ne nous séparons plus! Et que les dieux récompensent votre courage et votre fidélité! Je vais dresser tout de suite la liste de ceux qui veulent se rapatrier. Voyons, toi, Aminoclès, avec ton fils? et toi, Chryséis?

— Mon fils, dit Aminoclès, est en compagnie de guerriers illustres, de héros vaillants. Il apprendra leurs vertus en partageant leurs travaux. Je reste aussi.

— Moi, dit Chryséis, tu m'as délivrée de l'esclavage. Je resterai. Peut-être les dieux récompenseront-ils ma constance en me rendant mon fiancé Hannon. »

Quant à Bicri, il sifflait d'un air tellement méprisant, qu'il était inutile de l'interroger.

« Tu n'as rien dit, toi, jeune archer? lui demandai-je.

— Je n'avais rien à dire, me répondit-il. J'ai planté quarante pieds de vigne dans la concession de Tsiba. J'irai au nord avec vous autres, et quand nous repasserons par Tarsis, je verrai si mes boutures ont bien pris et si elles donneront de bon vin.

— Bicri, tu es un homme rempli de vertus! s'écria Himilcon

en l'embrassant tendrement. Des générations d'ivrognes se transmettront ton nom en cette terre de Tarsis. Que les Cabires les protégent et fassent fructifier tes vignes !

— C'est bon, ajouta l'archer. Avec Guébal et le petit Dionysos, nous en ferons encore bien d'autres. C'est seulement dommage que cette brute de Jonas n'y soit plus. »

En définitive, personne ne voulut partir. Je traitai avec un capitaine de Sidon pour qu'il rapportât mon chargement, et je m'occupai tout de suite de compléter mes équipages et mes provisions et de faire tous les préparatifs en vue de mon voyage de découvertes.

Le jour même de notre départ, comme je prenais congé de Tsiba et du suffète amiral, un grand concours de peuple était assemblé à l'entrée du port. On y dressait deux splendides colonnes de bronze portant, l'une l'image du soleil, et l'autre celle du dieu Melkarth.

« Qu'est-ce que ces colonnes que vous dressez là ? demandai-je.

— Ce sont les colonnes de Melkarth, qui doivent indiquer les limites de la terre, me fut-il répondu. Au delà, tu sais bien qu'il n'y a plus rien que l'océan.

— C'est ce que nous verrons bien ! » répondis-je.

Et pensant à l'oracle libyen, je m'embarquai le cœur gonflé d'orgueil et d'espérance.

XVI

Sur l'Océan.

Pendant huit jours, je naviguai hardiment vers le nord, longeant la côte; le huitième jour, je doublai un promontoire élevé et je tournai à l'est. La côte était formée d'une chaîne de hautes montagnes, dont le pied était battu par l'océan. Jamais je n'avais encore vu parages plus difficiles, vagues plus hautes et plus furieuses. Quinze jours durant, nos navires se débattirent au milieu de tempêtes sans nom. Il y eut un cap qui nous prit quatre jours à doubler. Enfin, la côte retourna vers le nord, les montagnes cessèrent et j'arrivai à des plages basses et sablonneuses et dans des eaux plus tranquilles. Nous étions tous épuisés.

En longeant la côte, je trouvai l'embouchure d'une grande rivière, si large que je la pris d'abord pour un golfe. J'y pénétrai. Elle était bordée de collines boisées et verdoyantes. Ce pays était gai et de bon aspect. Je résolus de m'y arrêter, et je n'eus pas de peine à trouver un excellent mouillage au milieu de l'estuaire où j'avais pénétré.

« Sur mon âme, voici un village celte! s'écria Gisgon en désignant sur la plage des huttes de branchages à toit conique fait de chaume et de roseaux. Je reconnais leurs cabanes ! »

Le pilote sans oreilles ne voulut pas attendre la fin des préparatifs de débarquement, et s'en alla dans une des barques avec quatre rameurs, impatient de revoir ses vieilles connaissances.

Gisgon ne s'était pas trompé. Une demi-heure après, nos navires furent entourés de chétives pirogues, montées par des Celtes; quelques-uns de ces sauvages étaient si curieux de nous voir, que, ne trouvant pas de place dans les pirogues, ils se jetèrent à la nage. En un instant, notre pont fut encombré de Celtes croassant leur langue désagréable, parlant tous à la fois, riant, gesticulant, au demeurant tout à fait pacifiques. Ces hommes n'étaient point aussi barbares que les gens de Tarsis. Ils sont vêtus d'une espèce de robe très-courte, faite d'une étoffe grossière qu'ils tissent eux-mêmes. Leurs jambes sont entourées de deux sortes de manches ou longs caleçons qui leur descendent jusqu'à la cheville. Ils sont de belle stature, ont le visage rond, le teint blanc, les yeux clairs et généralement bleus, les cheveux bruns ou même blonds, la physionomie riante et les gestes affables. Quelques-uns d'entre eux ont des armes, des outils et des bijoux de bronze qui leur viennent de Phénicie par les embouchures du Rhône et la tribu des Salyens; mais la plupart en sont encore aux instruments de bois, de pierre ou d'os, assez bien travaillés d'ailleurs.

Ces bons Celtes étaient des pêcheurs. Je visitai leur village, établi sur pilotis au milieu des eaux. J'échangeai avec eux diverses marchandises pour de la poudre d'or. Tous me rapportèrent que leurs tribus venaient du nord-est et qu'ils étaient établis dans le pays depuis moins de cent ans. Ils avaient refoulé devant eux des gens semblables aux Ibères et aux Ligures, grands ou petits; derrière eux venaient d'autres Celtes qu'ils nommaient *Galls* et *Kymris*.

Après avoir quitté leur village, ou leur *mas*, comme ils disent, je repartis vers le nord. Huit jours d'une navigation passable me conduisirent dans un dédale d'îles, d'écueils et de rochers tenant à la terre ferme, où je trouvai d'autres Celtes, nommant ce pays *Ar-Mor*, c'est-à-dire le pays de *la Mer*. Ils m'assurèrent qu'au nord de leur contrée se trouvait une grande île, riche et fertile. Je continuai donc hardiment ma navigation.

Au bout de deux jours, je fus pris dans une tempête épouvantable. Cinq jours durant, j'errai sur la mer dans un brouillard épais, que mes compagnons appelèrent « le poumon marin ». Traîné au hasard dans cette mer écumeuse et noire, roulant sans direction dans cet air épais, sombre et humide, il nous semblait que nous étions dans le royaume des morts.

La nuit du sixième jour, j'ignorais absolument ma direction.

Nous dérivions au gré du vent et des flots. Vers le milieu de la nuit, accablé de fatigue, je m'assoupissais au pied du mât, quand la voix stridente d'Himilcon, dominant le bruit de la tempête, me fit lever en sursaut.

« — Brisants devant nous ! » criait le pilote.

D'un bond je fus au gouvernail, à côté du timonier.

« Rame arrière ! m'écriai-je. Faites des signaux aux autres navires ! »

On alluma à la hâte des torches et des fanaux, mais il était trop tard. Un long cri de détresse nous apprit que le *Dagon* venait de s'échouer.

Je fis virer de bord pour retourner en arrière, et je vis ce spectacle douloureux du *Cabire* couché sur le flanc, au milieu des brisants.

L'*Astarté* restait intacte. J'avais les écueils devant moi et sur les côtés. Je manœuvrai pour retourner en arrière et retrouver le chenal par où j'étais entré dans ce cercle de rocs à fleur d'eau. Mais un courant violent et la force du vent rendaient vains tous mes efforts. Au bout d'une heure de lutte, j'entendis encore le grondement des brisants et je vis la mer blanchir sur les roches aiguës. Pour la vingtième fois, je donnai l'ordre de virer de bord. Mais cette fois, j'avais à peine commencé à reculer pour la manœuvre qu'un choc violent et un craquement horrible m'apprirent que l'*Astarté* talonnait. Nous venions de toucher par l'arrière. La nuit était noire, nos trois navires étaient perdus !

Le reste de la nuit fut affreux. Au petit jour, le vent tomba et je pus voir que nous étions enfournés dans un cercle d'écueils, mais à moins d'un demi-stade d'une plage accessible, à trois jets d'arc de la terre. Au delà des brisants qui nous avaient arrêtés, la mer était calme, la terre proche : nous étions relativement hors d'affaire.

Nous étions naufragés, mais la vie sauve. La plupart de nos hommes descendirent à terre, et sur mon ordre ceux qui hésitaient encore abandonnèrent les navires. L'*Astarté* n'était pas précisément en bonne situation : la mer la battait furieusement ; le *Cabire* avait été tiré à terre : celui-là était sauvé ; quant au *Dagon*, il me paraissait bien malade. Quoi qu'il en fût, j'eusse préféré périr mille fois que de quitter le vaillant navire qui m'avait amené de si loin, avant de savoir si sa perte était irrémédiable et définitive. Je restai donc sur le pont de mon *Astarté*. Malgré mes efforts, Amilcar, Asdrubal, Gisgon et Himilcon y restèrent avec moi. Quant à Chamaï, qui ne voulait pas s'en aller, je le chassai de force. C'était affaire à nous, chefs marins, et non à d'autres, de nous cramponner jusqu'à la dernière heure aux planches de nos navires.

Quand le jour se leva, le temps s'était un peu calmé. La mer était toujours blanchie par l'écume, mais la lame était moins forte et le vent moins violent. A quelques encablures de nous, je vis la terre qui me parut verdoyante, le ciel découvert, bleu pâle avec des nuages blancs. Au bord de la mer, nos compagnons nous faisaient des signes, et bientôt l'agile Bicri, sautant de roche en roche, s'aventura jusqu'à notre bateau. Il était suivi de Dionysos, qui ne le quittait guère.

Tout bien examiné, la situation était moins mauvaise que je ne croyais. A marée basse, je pus visiter les coques ; celle de l'*Astarté* avait peu souffert, elle était engagée entre deux roches et solidement maintenue. Je pensai même, tout de suite, qu'à la première marée un peu forte il serait possible de la renflouer. Quant au *Dagon*, il s'était si malheureusement jeté sur les roches aiguës, que la mer devait le mettre en pièces à courte échéance et à coup sûr. Je profitai de la marée basse pour organiser immédiatement un va-et-vient et décharger nos navires. Nos compagnons avaient trouvé à terre un ruisseau d'eau douce ; un bois voisin nous fournissait du combustible. On put donc dresser tout de suite un camp. Je le fis entourer d'un fossé, et Hannibal y distribua les logements et les postes. A la marée basse suivante, j'achevai mon déchargement, je fis démâter l'*Astarté* et enlever du *Dagon*, que la mer démolissait peu à peu, tout ce qu'on put enlever, maîtresses planches, bancs de rameurs et même fragments du doublage en cuivre. Pendant tout ce temps, nous ne trouvâmes pas trace d'indigènes.

Enfin, après trois jours d'un travail accablant, la mer monta, sous l'action d'un fort coup de vent, si bien que l'*Astarté*, débarrassée de ses agrès et complétement déchargée, se renfloua toute seule et flotta joyeusement aux acclamations de tout le monde. Himilcon et Asdrubal se trouvaient précisément à bord, avec vingt matelots. Ils la dirigèrent si habilement qu'on put l'échouer sur le sable et, tout le monde se mettant à l'œuvre, la tirer à terre en sûreté. Quant au pauvre *Dagon*, la mer acheva de l'emporter. Amilcar versa des larmes et je le consolai de mon mieux.

Le jour même, comme je me disposais à envoyer les deux barques à la pêche, car nous manquions de vivres frais, je vis paraître, au nord de la pointe qui nous abritait, une longue pirogue, faite, à ce qu'il me sembla, de cuir tendu sur des cerceaux. Plusieurs sauvages demi-nus pagayaient cette embarcation. A la vue de nos navires, ils parurent hésiter ; mais on leur fit tant de signaux d'amitié qu'ils se décidèrent à ramer de notre côté. Bientôt ils furent près de nous et sautèrent hardiment sur la plage.

« Pour sûr, dit Gisgon lorsqu'il vit de près la physionomie et le costume de ces hommes, pour sûr, voilà des Celtes. »

Il leur adressa tout de suite la parole en langue celtique. Les sauvages lui répondirent aussitôt, riant, gesticulant et parlant avec volubilité. Ils étaient si contents de voir des hommes qui parlaient leur langue, qu'ils voulurent à toute force nous embrasser. Il fallut nous résoudre à leur accolade, malgré leur malpropreté et leurs longs cheveux imprégnés de graisse et de beurre rance.

« Ce ne sont pas des Celtes du sud et du centre, nous dit Gisgon ; ce sont des Kymris du nord, dont la langue ressemble beaucoup à celle des autres. Ils sont parents de ceux du continent et aussi de ceux de la grande terre que nous avons passée. C'est une île, et ils l'appellent en leur langue Preudayn. »

Ces Kymris étaient des hommes gais, remuants et bavards au delà de toute idée. Ils nous accablèrent de questions. C'était d'ailleurs une belle race : gens de haute taille, bien faits de corps et beaux de visage, le teint comme du sang et du lait, les yeux bleus comme le ciel et les cheveux blonds comme les épis de blé mûr.

« Voici, dit Hannibal, des hommes de belle apparence et propres à devenir des guerriers de bonne mine. Je m'en souhaite deux mille comme cela, bien armés ; que je puisse les instruire pendant six mois et que je rencontre Bodmilcar après.

— Ils n'ont pas d'arcs, observa Bicri.

— Pourtant ils les connaissent, répondit Gisgon. J'en ai vu aux mains des Celtes. Leurs lances, dagues et haches de pierre sont bien taillées, polies et affilées, et eux-mêmes sont de braves gens. »

Sur mon ordre, Gisgon demanda à ces insulaires s'ils connaissaient les Phéniciens.

Ils répondirent que leurs frères, les Kymris du continent, leur avaient parlé d'étrangers à teint brun et à barbe noire, venus dans des navires avec les plus belles choses du monde, mais que nous étions les premiers qu'ils voyaient.

Je leur fis des présents et je leur donnai du vin à boire, au grand regret d'Himilcon, qui voyait notre provision diminuer. Ils avalèrent avec délices cette boisson nouvelle pour eux. Puis, quand ils eurent la tête échauffée, ils commencèrent à nous faire des démonstrations d'amitié, tout en criant, en se démenant et en se disputant entre eux. Mais ils avaient l'air si bons et si francs qu'ils ne nous inspiraient aucune crainte. En fin de compte, ils s'en allèrent, disant qu'ils allaient chercher de belles

Je consolai Amilcar de mon mieux.

choses pour nous les rapporter en échange de nos magnifiques présents et qu'ils reviendraient avec toute la population de l'île, le soir même au plus tard Mais ils ne revinrent que le lendemain matin, sans rien nous apporter. Il est vrai qu'ils arrivaient en troupe, hommes, femmes, enfants. Ils se précipitèrent dans notre camp avec une telle expansion d'amitié, tant de bruit, tant de questions, tant d'accolades, tant de discours et parlant tellement tous à la fois, que je faillis en perdre la tête. Ils tenaient absolument à se rendre utiles et mettaient tout en désordre sous prétexte de nous aider à tout mettre en place. Toutefois, de tous ces objets si nouveaux pour eux, et qu'ils admiraient à grand renfort d'exclamations et de gestes, ils ne dérobèrent rien, et se montrèrent scrupuleusement honnêtes. Bruyants, indiscrets, questionneurs à l'excès, ils furent insupportables à force de vouloir être agréables et polis. Le pauvre Hannibal ne savait où se mettre, persécuté par les sauvages qui voulaient tous toucher à sa cuirasse et regarder son casque de près. Quant à Chryséis et Abigaïl, il leur fallut se fâcher pour empêcher les femmes des insulaires de les déshabiller. Mais ce fut bien autre chose quand ils virent Guébal. Ils s'étouffaient autour du singe, mettant au comble de l'aise Bicri et Dyonisos, fiers de leur élève à quatre mains.

« Ha! s'écria Hannibal, en les bousculant à grands coups de poings, ce qu'ils laissaient faire amicalement et en riant; ha! que Jonas n'est-il ici! Quel effet ne produirait pas sa figure et sa trompette sur ces remuants sauvages! »

En l'absence de Jonas, le singe, les autres trompettes et la cuirasse d'Hannibal se partagèrent l'admiration de nos visiteurs. Pour moi, préoccupé avant tout du double objet de mon voyage, découverte de terres nouvelles et acquisition d'objets précieux, je les interrogeai de mon mieux sur la configuration et la situation exacte, tant de leurs îles que de la grande terre devant laquelle nous avions passé.

Ces sauvages sont intelligents et même hardis navigateurs, car ils s'aventurent fort loin sur leurs barques de peaux cousues. J'appris d'abord que les îles par moi découvertes sont au nombre de douze, et toutes petites[1]. Nous étions sur la principale. Quant à la grande terre de Preudayn, d'après ce que m'en dirent les indigènes, elle serait aussi considérable que le Tarsis, car il ne faut pas à leurs barques moins de deux mois pour en faire le tour. Je pressai les sauvages de m'apporter quelques objets de trafic : ils finirent par se décider, et dès le lendemain mon camp fut régulièrement approvisionné de poisson, de coquillages et de venaison qu'ils apportaient de la grande terre. Quant à du grain ou à des légumes, il n'en était naturellement pas question, car ils ignorent la culture. Pourtant plus tard il nous arriva de Preudayn une certaine quantité d'orge et d'un autre grain comestible ; il paraît que dans l'intérieur quelques tribus commencent à cultiver la terre.

Une chose qui me frappait, c'était la grande quantité de bijoux et d'objets en étain que portaient ces insulaires. Je les questionnai sur la provenance de cet étain si blanc, si pur et si beau. A ma grande surprise et à ma grande joie, ils me répondirent qu'il venait de l'île même où nous étions. On comprend que je ne remis pas au lendemain la visite des gisements. J'y allai sur-le-champ, accompagné d'Himilcon, de Gisgon, d'Hannibal et de quelques hommes. La découverte était immense, inappréciable. L'île n'était qu'une vaste mine d'étain !

Je rentrai au camp, le cœur débordant de satisfaction. Mon parti fut pris tout de suite. Avec le bois de construction qui abondait aux îles et sur la grande terre voisine, je résolus de construire un gros navire, pour remplacer le *Dagon ;* pendant le temps qu'on mettrait à le construire, j'aurais tout le loisir de réunir des monceaux d'étain et de ramener en Phénicie un chargement comme on n'en avait jamais vu. Mes idées soumises à mes compagnons furent approuvées de tous. Quant aux indigènes, moyennant quelques colifichets et une partie des débris de cuivre qui avaient servi de doublage au *Dagon*, ils me cédèrent le terrain que j'occupais, pour aussi longtemps que je voudrais,

---

1. Ce sont les îles *Cassitérides* (ou de l'étain) des anciens, les îles *Scilly* modernes.

Ils s'étouffaient autour du singe.

et le droit de fouiller leurs mines. Ils me paraissaient même désireux de nous faire rester toujours ; au plus petit présent qu'on leur faisait, ils nous témoignaient leur joie et leur reconnaissance et nous aidaient volontairement dans tous nos travaux. Mon camp était littéralement encombré des produits de leur pêche et de leur chasse. Je puis dire que, de tous les sauvages que j'ai vus, ces Celtes et Kymris sont les meilleurs, malgré leur humeur guerroyante, leur mobilité et leur perpétuel bavardage.

Tout était donc au mieux. Je me mis à l'œuvre. Amilcar partit sur le *Cabire* avec Bicri et vingt archers et hommes d'armes pour reconnaître les îles et la grande terre. Asdrubal et Gisgon se chargèrent de la fouille des mines. Pour moi, je restai au camp avec Himilcon, pour diriger la construction du futur navire. Je fis établir aussi des baraquements et des abris plus solides et mieux appropriés que nos tentes au climat froid et pluvieux de ce pays. Hannibal et Chamaï, n'ayant rien à faire, passaient leurs journées à pêcher, à chasser, à prendre part aux jeux des insulaires et à leur apprendre les manœuvres et la tactique. Jamais on ne vit élèves plus dociles et plus heureux ; ils ne se lassaient pas d'être commandés et conçurent pour leurs instructeurs une amitié inaltérable.

Un beau jour, Hannibal et Chamaï, qui n'avaient pas paru depuis quarante-huit heures, revinrent le menton rasé et ne portant que la moustache ; leurs amis les sauvages les avaient accommodés à leur mode.

« Eh bien ! vous voilà jolis tous deux, dis-je en riant. On vous prendrait pour des Kymris : il ne vous manque plus que de vous peindre la figure !

— Il importe, dit Hannibal, qu'en tout pays on se conforme aux coutumes des indigènes quand elles ne sont point trop déraisonnables. La coutume des guerriers, en ce pays, étant de raser le menton et de ne laisser de barbe que sur la lèvre supérieure, il convenait que nous, qui sommes des guerriers, nous portions, coupions ou taillions notre barbe de manière qu'on reconnût notre profession.

« — D'ailleurs, dit Chamaï, Abigaïl est d'avis que cela sied mieux. »

Devant cet argument décisif et concluant je n'avais qu'à m'incliner. Quand Chamaï avait une fois invoqué l'autorité d'Abigaïl, tout était dit pour le brave garçon.

Les jours, les semaines et les mois se succédèrent, pendant que nous poursuivions ces travaux utiles, mais monotones. Amilcar revint de la grande île, dont il avait reconnu toute la côte occidentale. A l'ouest de cette île, il en avait découvert une autre moins considérable, et toute verdoyante, dont il avait fait le tour. Les indigènes l'appellent *Erinn*, qui signifie l'*île Verte;* je lui conservai ce nom. L'hiver arriva, morne, glacé. Tous ceux qui n'étaient pas employés au dehors ne sortaient plus de leurs baraquements Je n'essayerai pas de dépeindre la stupéfaction

de tous ceux des nôtres qui n'avaient pas encore été dans le nord, quand ils virent de la neige et de la glace et les souffrances de Guébal. Les seuls Bicri et Dionysos ne renoncèrent pas à leurs courses. Imitant les enfants et les jeunes gens des Kymris, ils se divertissaient à faire des boules de neige et à les lancer. Ils glissaient sur l'eau solidifiée par le froid, et revenaient le nez rouge, mais le corps réchauffé par leurs exercices violents, toujours de bonne humeur, toujours riants. Dionysos, au contact de Bicri, commençait à devenir un bon archer et un habile frondeur : maintes fois, au retour de la chasse, il nous rapporta des preuves de son adresse.

Le plus triste de tous était le pauvre Himilcon ; non que le vaillant pilote, endurci par de longs voyages, craignît la brume ou le froid. Mais la provision de vin diminuait de jour en jour, et l'heure où elle serait épuisée s'approchait avec une rapidité fatale.

« Hélas! disait Himilcon à chaque outre qu'on entamait, il serait barbare et cruel de ne point boire de si bon vin; mais combien en reste-t-il? Douze outres à peine! Douleur amère! Quand ce triste hiver sera terminé, nous saluerons le joyeux printemps en buvant de l'eau! Ah! qu'il serait temps de mettre un terme à ce long voyage, et de retourner dans la Phénicie, voir les vignes sur les coteaux de Béryte! »

Ainsi gémissait le pilote d'une voix dolente, et Hannibal com-

patissait à ses chagrins. Je ne dis pas que plus d'un d'entre nous ne vît avec ennui approcher le moment où nos outres seraient sèches et vides. Mais le seul Hannibal s'associait, à haute voix, aux mélancoliques réflexions de l'altéré pilote.

Enfin, le soleil oblique remonta dans le ciel, et nous pûmes jouir de quelques journées plus claires. La mer, presque toujours démontée, reprit un peu de calme. Notre nouveau navire était terminé, et nous le lançâmes, en célébrant la fête de l'ouverture de la navigation. Les Kymris y assistèrent. Nous y vîmes leurs prêtres et prêtresses, qui, pour nous faire honneur, se dévêtirent et se peignirent le corps de bleu et de noir. Le soir, même, nous fîmes un grand festin de venaison, de poisson, d'orge et de racines du pays. On servit le dernier vin qui nous restait.

« Et maintenant, dit Himilcon, remplissant sa coupe jusqu'au bord, buvons à notre heureuse navigation et à notre prochain retour.

— Nous y songerons plus tard, répondis-je. Notre voyage n'est pas actuellement terminé. »

Tout le monde me regarda d'un air stupéfait, car chacun croyait fermement que nous allions prendre la mer pour retourner à Tyr et à Sidon.

« Comment, nous allons encore plus loin? dit Chamaï en faisant la grimace. Nous allons encore nous plonger dans le poumon marin?

— Libre à toi de nous quitter, repris-je, et de repartir pour ton pays. J'ai fait construire expressément ce navire-ci en place du *Dagon* afin de renvoyer, avec le chargement, ceux qu'effrayeraient de nouveaux voyages en ces pays brumeux. Mais moi, ne me restât-il que le *Cabire*, je pousserai encore en avant.

— Ho! s'écria le jeune guerrier en se levant tumultueusement, peux-tu songer que je veuille t'abandonner? Certainement, l'idée de rester encore plus longtemps sous ce triste ciel ne me réjouit pas; mais où tu iras j'irai, quand tu devrais me conduire à la mort! »

J'embrassai cordialement le brave garçon.

« A présent, continuai-je, je vais vous dire le motif qui me porte à pousser plus loin. Voyez cette pierre si jolie que je tiens dans ma main : elle est jaune, translucide et me paraît digne d'être mise à côté des plus précieuses de nos pays. Le Celte qui me l'a donnée l'appelle « ambre » et m'assure qu'à trente journées plus loin vers l'est se trouve un grand continent, et que sur la côte on ramasse abondance d'ambre; la mer l'y rejette, et c'est un présent d'Astarté. Qui sait si cette mer immense, qui communique avec la Grande Mer à l'ouest par le détroit de Gadès et baigne le Tarsis et le pays des Celtes, ne communiquerait pas aussi par l'est? Nous ne connaissons pas toute la côte nord de la mer Noire. Qui sait si, après avoir chargé d'ambre nos navires et découvert des terres immenses, nous ne reviendrons pas à Sidon par le détroit, la côte de Carie et Kittim ? »

Les noms familiers de ces pays, voisins du nôtre, réjouirent tous nos compagnons, et mes projets les enflammèrent. Il fut résolu que nous reprendrions notre navigation vers l'est et que nous irions à la côte de l'ambre.

« Avec ou sans vin, » comme disait Himilcon.

Notre nouveau navire fut appelé *Adonibal*, en souvenir du brave suffète d'Utique. J'y fis charger notre étain. Chaque navire embarqua provision d'eau et quantité de viande et de poisson fumés et salés. Je me procurai aussi du grain et quelques fruits aigrelets et assez mauvais, puis je pris la mer, après que nous eûmes fait nos adieux à ces bons Kymris qui nous avaient rendu si agréable le séjour de leurs îles. Quelque temps encore ils nous accompagnèrent sur leurs barques de peaux cousues, mais nous allions trop vite pour eux. Bientôt nous les perdîmes de vue, et je doublai le cap occidental de la grande île de Preudayn.

Six jours d'une navigation pénible, par une mer rude et fatigante, nous conduisirent au cap oriental de l'île. De là, nous dirigeant vers l'est, je rencontrai une côte plate, basse, que je suivis avec précaution pendant huit jours. Je finis par arriver à l'estuaire d'un très-grand cours d'eau. A quelques heures de navigation de cet estuaire, la côte remontait vers le nord. Malgré le vent debout furieux et la mer démontée qui fatiguait nos navires, je suivis encore cette côte pendant cinq jours, cherchant obstinément un passage vers l'est. Plusieurs fois, dans les terres, les feux allumés me firent voir que le pays était habité : mais je n'entrai pas en communication avec les habitants. Enfin, après tant d'efforts, le mauvais temps continuel et l'état des vivres me forcèrent de renoncer au passage qui, après tout, n'existe peut-être pas. Je revins donc vers le sud-ouest, cherchant la terre un peu au juger.

Je finis par retrouver la côte marécageuse que nous avions longée en partant du cap oriental de Preudayn. Près de cette terre, je fis rencontre de quatre grandes pirogues kymris, marchant à la voile. Ces gens nous dirent qu'ils venaient du continent et qu'ils retournaient en Preudayn, où ils rapportaient de l'ambre. Ils me confirmèrent que j'en trouverais grande quantité le long de la côte, du côté de l'est. Je me décidai alors à reprendre ma navigation dans cette direction, quand nous fûmes enveloppés d'une brume épaisse qui nous réduisit à nous arrêter. Nos barques, envoyées à la découverte, finirent par trouver la côte à tâtons. Pour nous faire retrouver, j'avais fait allumer à bord des fanaux et des torches en grande quantité.

Enfin, nos barques nous rejoignirent, non sans peine, et, marchant à la rame, nous finîmes par trouver quelque chose qui ressemblait à la terre. C'était le pays de l'ambre.

« Allons, dis-je à mes compagnons, puisque nous ne pouvons rien trouver par mer, cherchons à trouver quelque chose par une autre voie, et débarquons. »

Il nous parut que nous étions entrés, presque au hasard, dans l'embouchure d'un fleuve. Nous fîmes aussitôt nos préparatifs de débarquement. L'atterrissage était exécrable, et le débarquement fut pénible. Nous étions littéralement envasés. Dans ce triste pays, tous les éléments sont confondus, et la terre, le ciel et l'eau semblent ne former qu'un. Plongés dans un brouillard humide et froid, nous avions bien de la peine à reconnaître les limites indécises de la mer vaseuse et de la terre boueuse. Après quatre ou cinq heures d'un rude travail, l'*Astarté* fut enfin solidement liée dans une crique du fleuve, et les autres navires tirés au sec, si tant est qu'on puisse appeler secs les sables trempés de ces pays. Le reste du jour fut employé à creuser un fossé autour de nos navires et à établir un camp. Bientôt la brume devint plus épaisse et nous enveloppa comme le poumon marin des îles de l'étain. Le jour terne et la nuit sans lune combattirent longtemps. Enfin l'obscurité fut complète.

Biéri, qui était parti à la découverte avec vingt hommes, revint des bois en grelottant, sans avoir vu personne. Il nous rapportait de bons fagots d'un bois humide, mais résineux et brûlant assez bien. On alluma les feux de toutes parts, et malgré l'épaisse fumée qu'ils dégageaient, on s'assit autour et on prépara le repas du soir.

Chamaï, enveloppé dans sa couverture, rompit le premier le silence.

« Quel affreux pays ! s'écria-t-il. Je ne pense pas que des créatures humaines puissent vivre sur cette terre désolée, dans cet air épais et sans soleil. Ce doit être vraiment le pays des monstres !

— Si le pauvre Jonas était ici, dit Hannibal, il voudrait voir ces monstres et ces bêtes curieuses ! Et Hannon nous dirait des bons mots !

— Que parles-tu de Jonas et de Hannon ? répondis-je. Ils sont au pays du soleil et de la lumière. Il y a longtemps qu'ils ont dû se sauver de chez leur barbare de Tarsis, et retourner à Gadès, et s'embarquer pour Sidon la grande ville !

— Plaise aux dieux que nous la revoyions ! s'écria Asdrubal.

— Oui, repris-je, et maintenant sans doute ils se promènent dans les rues étincelantes, ou sur le Liban parfumé, baignés le jour dans les clairs rayons du soleil, et contemplant la nuit les astres d'or dans le ciel pur.

— Et buvant de bon vin, soupira Himilcon, de bon vin d'Helbon, et du vin de Byblos, et du vin de Béryte, et du vin de Sarepta, et du vin de Nectar....

— Tais-toi ! s'écria Hannibal, que cette énumération du pilote exaspérait. Tais-toi, Himilcon ! Tu me rendrais aussi ivrogne que toi.

— Ivrogne, moi ! gémit Himilcon en montrant son gobelet rempli d'une eau trouble et jaunâtre. Dieux Cabires ! Mais avec quoi donc m'enivrerais-je ? »

Tout le monde était comme engourdi par ce ciel brumeux et cette terre humide. Guébal lui-même restait immobile ; à peine faisait-il des grimaces, malgré les étoffes de laine dont Bicri et Dionysos l'entouraient pour le réchauffer. Nous nous couchâmes autour de nos feux, et la fatigue nous endormit d'un sommeil lourd et pénible.

Au matin, un jour indécis, gris, terne, sans soleil, finit par nous éclairer. Le bouillant Chamaï se fâcha tout rouge.

« Mais il n'y a donc pas de soleil dans ce pays maudit ? s'écria-t-il.

— Que veux-tu que le soleil vienne faire par ici ? dit Gisgon. C'est comme au nord du pays des Celtes ; il vient quelquefois ; mais dès qu'il a vu comme tout est laid, il se dépêche de retourner sur la Grande Mer et sur sa chère Phénicie.

— Oh ! disait Aminoclès que ses craintes prenaient très-vite, c'est ici certainement l'Hadès et le royaume des ombres. Faisons vite un sacrifice pour que les dieux du sombre royaume nous soient favorables. »

Nous autres et nos marins, nous nous moquions bien de tout cela ; mais, à vrai dire, la tristesse de ce pays nous pesait sur le cœur. Je réunis mon monde et je pris la parole.

« Il s'agit, dis-je, de voir tout d'abord où nous sommes, et de tâcher d'entrer en relations avec les indigènes, s'il s'en trouve dans ces parages. Nous allons pousser une reconnaissance le long du fleuve, sans tarder. Bicri, avec vingt hommes, partira pour avant-garde. Amilcar, avec trente hommes, servira d'arrière-garde. Asdrubal et cinquante hommes resteront à la garde du camp et des navires. Chamaï, Hannibal et moi nous marcherons avec les autres entre Bicri et Amilcar. Mangeons vite un morceau et partons, le plus tôt sera le mieux.

— Quel dommage, dit Bicri, de n'avoir plus ici cette brute de Jonas et sa trompette ! S'il y a des sauvages, il les attirerait de cinq stades à la ronde. Enfin, mangeons et marchons ! »

Nous marchions au milieu des fondrières, ne sachant jamais si nous étions sur la terre ou sur l'eau. Enfin nous atteignîmes les forêts de sapins noirs et d'arbres grêles, au feuillage rare et gris. Dans ces forêts coupées de flaques d'eau et de marécages il n'y avait pas créature humaine. Pourtant des hommes devaient y passer, car, dans quatre endroits différents, je trouvai leurs traces : c'étaient des débris de cabanes faites avec des roseaux, des tas de cendres, des os rongés portant la trace du feu et des monceaux de coquillages. En revanche, s'il n'y avait pas d'hommes, il y avait des bêtes. A chaque instant, nous apercevions sur le sol des empreintes fourchues paraissant provenir,

Ils abattirent les deux cerfs à coups de flèches.

les plus grandes de bœufs, les plus petites de cerfs. A juger d'après ces empreintes, bœufs et cerfs devaient être vraiment gigantesques. Dans un fourré assez épais, où Bicri suivit pendant deux cents pas la coulée faite par les animaux sauvages, il remarqua que des branches d'arbres avaient été brisées par les cornes de ces animaux, et d'après la hauteur de ces empreintes il inféra qu'il y avait là des cerfs de deux et même de trois palmes plus hauts que des chevaux. En revenant vers le camp, nous aperçûmes deux cerfs de taille beaucoup plus petite. Gisgon les reconnut immédiatement, et me dit qu'il en avait vu de pareils dans le pays des Celtes, où ils les appellent *renn*, et aussi *tarenn*. Ces renns s'enfuirent de fort loin, et à leurs allures farouches je conjecturai que les gens du pays devaient leur faire une chasse active, car moins un animal est pourchassé par l'homme, moins il montre de défiance. Bicri et Dionysos, se glissant sous la futaie, parvinrent à rejoindre les deux cerfs et les abattirent à coups de flèches. Ce fut pour nous une heureuse conquête, car nous manquions de viande fraîche. Les rennes sont de la taille d'un âne. Ils ont les jambes très-fines, le sabot large, le poil gris et fourni, un fanon de poils blancs sur la poitrine, et les cornes amples, velues et portées en avant. Les deux cerfs furent mangés le soir même, car nous étions nombreux.

Le lendemain, j'envoyai Amilcar, avec deux barques, longer la côte, et je partis avec Hannibal, Chamaï, Bicri, Aminoclès et Dionysos, vingt archers et trente hommes d'armes, reconnaître le pays un peu plus loin. Dans les bois, nous fîmes la rencontre d'un troupeau de bœufs sauvages. Ces animaux monstrueux furent attaqués immédiatement. Aux premières flèches qui les piquèrent ils nous chargèrent avec fureur, et malgré le soin que nous mettions à nous réfugier derrière les arbres pour éviter leur choc, un des hommes d'Hannibal fut piétiné, et un autre lancé en l'air d'un coup de corne si malheureusement qu'il eut deux côtes brisées et les reins cassés. Trois de ces bœufs furent tués et dépecés, et leur chair emportée à notre campement. Au retour, Bicri blessa un cerf d'une taille colossale que Chamaï acheva d'un coup d'épée au défaut de l'épaule. Gisgon connaissait aussi cette bête-là, et la nommait *elenn*. Mais il nous dit qu'elle était rare dans le pays des Celtes. Ces elenns sont plus grands qu'un cheval; ils pâturent aux basses branches des arbres, et ne peuvent atteindre l'herbe par terre que dans les terrains mous où ils enfoncent jusqu'au genou, parce que leur cou est court et raide. Leur ramure est aplatie, écartée des deux côtés de la tête et formidable. Leur force est prodigieuse, et ils n'ont rien de la timidité des autres cerfs, car ils font tête hardiment aux chasseurs. Ce sont des animaux qu'il n'est pas prudent d'aborder l'épée à la main, comme nous avons eu occasion de le voir par la suite, quand nous en avons abattu plusieurs.

Amilcar revint au campement, rapportant une bonne quantité d'ambre qu'il avait ramassée le long de la côte. Nous restâmes quinze jours à cet endroit, ramassant de l'ambre et abattant des bœufs sauvages, des renns et des elenns pour notre nourriture. Celui des nôtres qui avait péri le deuxième jour, tué par un bœuf sauvage, fut enterré à l'endroit même où le bœuf l'avait percé de ses cornes. Je plaçai sur son sépulcre un fragment de rocher, où je fis graver profondément son nom et une invocation aux dieux.

XVII

Qui était le dieu des Souomi.

Le seizième jour, l'ambre devenant plus rare et le gibier plus farouche, nos navires furent remis à flot, et nous reprîmes notre navigation dans la direction de l'est. Au bout de cinq jours la pénurie de vivres frais et le désir de faire de nouvelles découvertes me décidèrent à pénétrer dans l'embouchure de la grande rivière que j'avais déjà vue une fois, bien que l'aspect des lieux ne fût pas plus engageant que celui de notre précédente station. Après avoir tiré nos navires légers à terre et établi le campement entouré d'un fossé, je remis au lendemain l'exploration de l'intérieur des terres.

La nuit se passa tranquillement. Au jour, nous partîmes à la découverte. Cette fois, nous rencontrâmes tout de suite des traces fraîches indiquant la présence de l'homme. Près d'un feu encore allumé, se dressaient une douzaine de cabanes coniques : je fouillai ces cabanes ; j'y trouvai des armes et des ustensiles de pierre assez mal polis, deux haches et une marmite de cuivre de fabrication évidemment tibarénienne, des morceaux de viande crue et cuite et des poissons séchés Ces cabanes avaient été évidemment abandonnées à la hâte. Dans l'une d'elles il y avait un lit de roseaux couverts de mousse encore chaude. Certain que les naturels n'étaient pas loin et qu'ils s'étaient enfuis à notre approche, je fis placer dans la plus spacieuse de ces cabanes une pièce d'étoffe rouge, des colliers et des bracelets de bronze, des perles de verre et d'émail, enfin tous les objets que je croyais propres à exciter la convoitise des sauvages. Ensuite je me retirai à trois cents pas de là, et nous fîmes halte.

Mon calcul ne me trompa point. Les sauvages parurent bientôt et visitèrent leurs cabanes. Voyant que nous ne bougions pas, ils se décidèrent à se rapprocher. Nous leur fîmes alors toutes sortes de signes d'amitié, puis je m'avançai vers eux, accompagné du seul Gisgon, qui leur adressa la parole en langue celtique. Mais ils ne l'entendaient point du tout, car ils nous répondirent dans une langue que ni Gisgon ni moi ne comprenions. Tout ce que je pus deviner, c'est qu'ils montraient souvent un marais voisin, en disant : « Souom, Souom, » et ensuite ils mettaient la main sur la poitrine, en disant : « Souomi ; » d'où je conclus qu'ils appellent un marais « Souom », et qu'ils s'appellent eux-mêmes « les gens des Marais ». Ils nous montraient aussi leurs ustensiles de pierre polie et désignaient le nord-est en nous disant : « Goti. » Je pensai, par là, que « Goti » était le nom des gens qui les leur vendaient. C'est la première fois que j'entendais parler d'un peuple de ce nom, et ce qui me surprit beaucoup, c'est qu'ils me montraient leurs objets de bronze tibarénien et qu'ils disaient aussi : « Goti. » Appelleraient-ils Goti les gens du Caucase ? Je l'ignore.

Quoi qu'il en soit, j'avais déjà vu bien des sauvages dans ma vie, mais je n'en avais pas encore vu d'aussi laids. Leur tête grosse, leur face camarde, leurs yeux obliques et tout petits, leur bouche énorme, leur teint d'un brun jaunâtre, leur corps trapu et large planté sur de petites jambes grêles et rabougries, en font des êtres affreux. Il est vrai qu'en répétant « Goti » et en levant la main, ils nous faisaient entendre que ces « Goti », avec lesquels ils paraissent avoir de fréquents rapports, étaient plus grands qu'eux et que nous.

Pour eux, ils étaient aussi misérables que laids. Couverts de lambeaux de peaux de bêtes, armés de casse-tête mal travaillés, de lances de pierre et de harpons à bouts en os, ils n'avaient même pas les ornements que les sauvages ont d'ordinaire. Un seul portait un collier de coquillages et de morceaux d'ambre non taillé. Celui-là, qui semblait être le chef, voulut nous donner une marque de grande amitié. Il nous tendit une corne de bœuf sauvage remplie d'un liquide jaunâtre, qu'il tenait à la main.

J'allais la prendre, lorsque l'éternellement altéré Himilcon s'en empara lestement, en la portant à sa bouche. Mais à peine eut-il avalé une gorgée qu'il fit une grimace épouvantable et laissa tomber la corne, en crachant avec toutes sortes de marques de dégoût.

« Pouah! s'écria-t-il, les vilains sauvages! Fi! fi donc! C'est de l'huile de poisson! Pouah! pouah! »

Tout le monde se mit à rire. Quant au chef, il ne riait pas. Il paraissait au contraire très-froissé du dédain qu'on témoignait à sa corne et à son huile de poisson, et s'emporta jusqu'à faire des gestes de menace. J'essayai de le calmer, mais rien n'y fit. Lui et les siens s'enfoncèrent dans les bois.

Le pauvre Himilcon restait tout penaud.

« Capitaine, me dit-il, je suis un·ivrogne et un fou. Fais-moi pendre à cet arbre prochain. Je le mérite pour mon étourderie.

— Allons, lui répondis-je, il n'y a pas de ta faute. Console-toi. Pour une occasion perdue de nous aboucher avec ces sauvages, dix de retrouvées. L'étrangeté du régal explique ta conduite.

— J'avoue, dit Hannibal, que j'ignore moi-même ce que j'aurais fait, si, croyant avaler quelque boisson douce et agréable, je m'étais empli la bouche d'une huile puante et nauséabonde. »

Nous reprîmes notre route le long du cours d'eau. A mesure que nous avancions, les traces humaines devinrent plus fréquentes. Nous rencontrions à chaque instant des groupes de sauvages qui nous suivaient en criant et en gesticulant Nous leur faisions quelques petits présents, qu'ils nous arrachaient des mains plutôt qu'ils ne les acceptaient ; mais dès que nous essayions de nous approcher d'eux, ou de prendre quelqu'un de leurs objets en échange, ils s'enfuyaient à toutes jambes.

Bientôt le bois s'éclaircit. Nous approchions évidemment d'une grande agglomération. Enfin j'aperçus une vaste nappe d'eau, au centre de laquelle, sur une espèce d'îlot, il y avait nombre de cabanes coniques, groupées autour d'une cabane plus grande. Une étroite chaussée artificielle reliait la ville sauvage au bord de l'étang. Nous nous arrêtâmes à l'entrée de la chaussée.

Après avoir beaucoup crié et beaucoup gesticulé, les sauvages finirent par nous faire comprendre qu'ils ne voulaient pas nous laisser pénétrer dans leur ville. En revanche, ils se montrèrent tout disposés à trafiquer : ils nous apportèrent quantité de morceaux d'ambre auxquels ils ne paraissaient pas attacher grand prix. Il n'en était pas de même des objets usuels en leur possession, même des moindres. Ils ne voulaient se défaire ni d'une lance à pointe grossière en pierre éclatée, ni d'un hameçon d'os, ni de rien de ce genre. C'était encore bien autre chose pour les objets en pierre polie auxquels ils attachaient un prix infini. Ils nous en demandaient par gestes, en montrant les leurs, et semblaient surpris que nous n'en eussions pas. Pourtant ils connaissaient le bronze, et même nos arcs et nos flèches, car, nous ayant montré des oiseaux sur des arbres, ils nous faisaient signe de tirer dessus. Bicri ne résista pas à la tentation de faire montre de son adresse et abattit plusieurs oiseaux.

Cependant la nuit s'approchait, et il ne paraissait pas prudent de rester là. Je donnai l'ordre de retourner à nos vaisseaux, et nous nous mîmes en route, escortés par nos gens des marais.

La nuit était si noire et le terrain si mauvais que nous nous égarâmes au milieu des bois, des marais et des fondrières. Le lendemain, au petit jour, le vent soufflant en tempête, je me trouvai, moi sixième, avec Hannibal, Chamaï, Himilcon, Bicri et un matelot, embourbé jusqu'à la ceinture dans un marécage.

Himilcon laissa tomber la corne.

Nous eûmes beau appeler, courir de droite et de gauche après nous être dégagés, nous étions parfaitement perdus au milieu des bois. La situation était terrible. Elle se compliqua bientôt davantage. Comme nous cherchions dans la futaie quelque indice qui pût nous guider, nous fûmes subitement entourés de plus de deux cents sauvages qui se précipitèrent sur nous de toutes parts, la lance et le casse-tête à la main. Toute résistance était inutile et n'aurait abouti qu'à nous faire massacrer. Du reste nous n'eûmes pas le temps d'y songer. La forêt était si touffue, les Souomi sortirent des broussailles si près de nous, que

nous étions renversés et garrottés avant même d'avoir pu mettre l'épée à la main. Aussitôt les sauvages nous emportèrent en dansant et en hurlant. Pour ma part, ils étaient quatre qui me tenaient, deux par les jambes et deux sous les bras. Un cinquième, qui dansait derrière moi, en se penchant à chaque instant pour mieux me voir, me prit mon épée, mon baudrier et mon bonnet. Nos capteurs paraissaient être préparés à cette expédition : ils avaient tous les cheveux teints en rouge et la figure barbouillée de noir et de bleu. J'avais trop pratiqué les barbares pour ne pas reconnaître immédiatement une peinture de guerre dans ces barbouillages.

Une heure après notre capture, nous traversions, bien malgré nous, la chaussée qui nous avait été interdite la veille, et nous entrions, portés et poussés à la fois, sous une des huttes coniques que nous avions remarquées. Un troupeau de femmes hideuses et une nuée d'affreux enfants nous accompagnèrent de leurs vociférations jusqu'au moment où nous fûmes jetés sur la terre froide et humide, dans cette cabane obscure. Aussitôt on tendit devant la porte un rideau fait de peaux de bêtes et on nous laissa seuls, plongés dans une obscurité complète. Un instant après, nous entendîmes, aux trépignements de la foule, que tout le monde s'en allait. Le bruit des voix, des chants et

des pas finit par s'éteindre, et nous restâmes étendus sur le sol, garrottés, dépouillés, déchirés, au milieu des ténèbres silencieuses.

Ce n'était pas avec de grosses cordes à travers les nœuds desquelles il est possible de glisser les mains que nous avions été liés, c'était avec des cordes d'écorce minces et souples, qui vous entrent dans les chairs au plus petit mouvement. Chamaï, qui se raidissait pour essayer de rompre ses liens, s'en aperçut bien vite, car il se coupa les poignets et ne put retenir un gémissement de douleur.

« Qui est-ce qui gémit ainsi? demanda la voix d'Hannibal.

— C'est moi, répondit Chamaï ; j'essaye de casser mes cordes, et je ne puis pas.

— Sottise, de vouloir casser de la corde mince, dit Himilcon : on romprait plutôt un câble. Amiral Magon, es-tu là ?

— Oui, pilote, répondis-je.

— Et toi, Bicri ? reprit le pilote.

— J'y suis aussi, dit l'archer, mais j'aimerais mieux être ailleurs. Et Guébal qui est resté au camp avec Dionysos ! Si Guébal était ici, je suis sûr qu'il nous tirerait d'affaire.

— Oui, dis-je à mon tour, mais Guébal n'est pas ici. Tâchons donc de nous tirer d'affaire sans lui, bien que la chose ne paraisse pas facile.

— Amilcar et Asdrubal, dit Hannibal, marcheront certainement pour nous délivrer, dès qu'ils s'apercevront de notre absence. S'ils ne marchent pas, je déclare qu'ils sont les plus viles et couardes créatures qui aient jamais chaussé un soulier.

— Je ne doute pas que nos camarades n'essayent de faire quelque chose, répondis-je. Mais à l'heure présente ils ont probablement eux-mêmes les sauvages sur les bras. Qui sait s'ils n'ont pas été massacrés ou enlevés de la même manière que nous ? Et s'ils peuvent percer jusqu'à cet étang, comment feront-ils pour traverser cette chaussée étroite et facile à couper ?

— Comment ils feront ! s'écria Hannibal indigné ; ils déploieront leurs archers à droite et à gauche de la chaussée pour la balayer à coups de flèches ; ils formeront leurs pelotons de gens de guerre par quatre pour marcher à l'attaque ; s'ils ne font pas cela, ils sont indignes de porter une épée et un bouclier, par Nergal et par le Dieu des armées ! Oui, et ils sonneront leurs trompettes.... »

En ce moment, comme à point nommé, le son lointain d'une trompette se fit entendre. Nous tendîmes tous l'oreille.

« C'est la trompette ! s'écria Chamaï ; les nôtres attaquent, nous sommes sauvés ! »

La sonnerie se prolongea, parfaitement distincte.

« Seigneur des cieux, reprit Chamaï, étends ta main sur nos braves compagnons !

— Pourvu, s'écria Hannibal à son tour, qu'ils se forment par pelotons de quatre de front et de huit de profondeur, et qu'ils fassent alterner les pelotons de piquiers avec les pelotons d'hommes armés d'épées, et je réponds de tout ! Ah ! si j'étais là pour leur faire observer les règles de la vraie tactique ! »

Bicri, que l'enthousiasme gagnait, se mit à exhorter des archers imaginaires.

« Mettez le genou en terre, compagnons ! cria-t-il. Archers, visez à la tête ! »

Le son de la trompette se prolongeait toujours.

« Ce n'est pas la trompette phénicienne, dit l'incrédule Himilcon. Écoutez et taisez-vous : ce n'est pas la trompette de nos navires.

— Et quelle trompette veux-tu que ce soit, pilote ? fit Hannibal en colère. Où as-tu vu que ces sauvages aient des trompettes ?

— Himilcon a raison, dis-je à mon tour. Écoutez attentivement. Cette trompette ne sonne ni la marche ni la charge, mais des notes confuses et discordantes.

— D'ailleurs, reprit le pilote, si je suis bien orienté dans ce trou où nous sommes, le son ne vient pas du côté de la terre, mais précisément du centre de ce maudit étang.

— Je juge comme toi, répondis-je à Himilcon. Et puis, si les nôtres approchaient et attaquaient, on entendrait les cris de guerre et le bruit du combat.

— Alors qu'est-ce donc ? dit Hannibal à demi convaincu, et comment expliquer le mystère de ce clairon que nous entendons ? »

En ce moment, les sons de trompette cessèrent et furent immédiatement suivis de trois grandes acclamations. Ils avaient bien duré un quart d'heure.

« Je ne connais qu'une seule poitrine capable de souffler aussi fort et aussi longtemps, » dit Himilcon.

Le nom de Jonas fut sur toutes les bouches.

« Comment cette brute épaisse serait-elle ici ? s'écria Chamaï.

— Je ne me charge pas de l'expliquer, reprit le pilote, et je ne dis même pas qu'il y soit. Mais quel autre homme pourrait tirer d'un tube de bronze des mugissements si prolongés ?

— Moi, observa Bicri, je crois bien avoir reconnu sa manière de sonner. Si Guébal était ici, il l'aurait reconnue bien vite.

— Voyons, dis-je, ne nous laissons pas aller à de sottes rêveries. Nous ne pouvons être délivrés que de trois manières : ou de vive force par nos camarades, ou par composition en payant une rançon à ces sauvages, ou par ruse en nous évadant. Quand ils viendront tout à l'heure, tâchons de nous faire entendre d'eux et offrons-leur de nous racheter ; ou cherchons tout de suite quelque moyen de nous débarrasser de nos liens et de nous échapper de cet étang maudit.

— Amiral, dit le matelot qui était avec nous, en traversant la chaussée j'ai vu des pirogues amarrées contre l'îlot.

— Et moi aussi, dit Himilcon.

— Voilà qui est bien, répondis-je. Il s'agit donc à présent de nous délier, de sortir de cette hutte et de nous glisser inaperçus jusqu'aux pirogues. Ceci est moins facile.

— Et quand nous serons aux pirogues, dit Hannibal, et si nous arrivons heureusement à terre, comment ferons-nous pour échapper aux recherches de ces barbares et pour retrouver les nôtres ?

— Voyons d'abord à nous défaire de nos liens, s'écria Chamaï ; moi, ce qui m'ennuie le plus, c'est d'être attaché. Un homme qui a la libre disposition de ses bras et de ses jambes peut tout entreprendre. Mais quand je suis garrotté de la sorte, mes pensées sont obscures et confuses.

— Ah ! jouer des jambes ! soupira Bicri ; me trouver dans la plaine ou dans la montagne, avec un bon arc à la main, en face d'une douzaine de ces hideux sauvages, et même de plus encore !

— Personne n'a un couteau ? interrompis-je.

— Personne, me répondirent mes compagnons l'un après l'autre. Les sauvages nous ont complétement dépouillés.

— Toi, Bicri, qui es le plus jeune et le plus souple, essaye de te rouler de mon côté.

— Bien, répondit l'archer : je vais essayer. »

Tout le monde garda le silence. On n'entendit plus que le bruit de la respiration haletante de Bicri et le choc sourd de ses épaules contre la terre, à mesure qu'il arrivait à se retourner. Au bout d'une demi-heure d'efforts, je le sentis contre moi.

« Nous y voilà, dis-je alors. Maintenant, tâche de placer ta tête sur mes poignets, et quand tu y seras, ronge la corde si tu peux.

— J'ai de bonnes dents, dit Bicri. Pourvu que je la tienne, ce sera vite fait. »

Un instant après, je sentis la bouche de l'archer sur mes mains et ses dents qui entamaient la corde, et un peu aussi ma peau ; mais nous n'en étions pas à ces détails. Bientôt la corde ne tenait plus qu'à un fil, et en faisant un petit effort je la rompis, et j'étendis joyeusement mes mains libres.

« Ouf ! m'écriai-je ; maintenant je peux jouer des mains. Dans cinq minutes nous serons debout, et alors...

— Silence ! dit vivement Himilcon qui était couché en travers de la porte ; silence, on vient. »

J'allongeai les bras, en entortillant mes mains dans la corde le mieux que je pus. Aussitôt la portière de cuir s'écarta et plusieurs sauvages entrèrent dans la hutte.

L'un d'eux fixa la tenture de la porte ; un autre, à l'aide d'une perche, souleva une espèce de chapeau qui couvrait un trou rond pratiqué au sommet du toit et destiné à laisser échapper la fumée. Grâce à cette double ouverture, un peu de jour entra sous la cabane, et on put y voir à peu près clair. L'intérieur était complétement nu. Au milieu étaient des débris de cendres et de cuisine entre les trois pierres du foyer. Les parois étaient couvertes de suie. Par l'ouverture du sommet, une pluie fine et froide pénétra dans cette tanière, et commença à clapoter sur le sol de terre battue.

Les sauvages qui nous visitaient étaient barbouillés de leurs plus belles peintures. L'un d'eux était couvert de la peau d'un ours dont la tête était rabattue sur la sienne et lui faisait un masque grimaçant ; j'ai vu de ces masques de bêtes chez les Assyriens. Un autre avait la tête et les cornes d'un élan sur les

Plusieurs sauvages entrèrent dans la hutte.

épaules. Un troisième, qui tenait un bâton à la main, conduisit ces deux-là au milieu de la loge, où ils se mirent à danser gravement en faisant des contorsions, mais sans prononcer une parole. Quand ils eurent bien dansé, l'un d'eux, qui avait un collier de dents de bêtes et qui tenait ma propre épée, s'approcha de moi.

C'était vraisemblablement le chef. Il me regarda attentivement, puis prononça un discours auquel naturellement je ne compris rien. Tout ce que j'entendais, c'est que le mot de « jouno » y revenait fréquemment, et chaque fois qu'il disait « jouno » tous les autres faisaient un grand cri. Quand il eut fini, l'un d'eux prit une corne de bœuf sauvage et nous arrosa chacun d'un liquide nauséabond, après quoi ils crièrent tous ensemble quelque chose qui finissait par « jouno » et s'en allèrent en refermant la portière derrière eux.

« Négociez donc avec des animaux pareils ! m'écriai-je furieux et perdant toute patience.

— Attends un peu, dit Hannibal ; tout à l'heure nous aurons les mains libres, et que Baal Péor me confonde si, même sans armes, je n'écrase une demi-douzaine de ces singes !

— Et moi, dit Himilcon, je ne m'y épargnerai pas ! je vais leur donner de leur jouno, et de leur huile de poisson, et de leur eau sale à travers la figure !

— Par le Dieu vivant qui nous voit, s'écria Chamaï, fussent-ils plus nombreux que les palmes à Jéricho et les puces à Chekem, ils ne m'empêcheront pas de passer à travers eux et de rejoindre Abigaïl. »

Pendant que mes amis parlaient, j'avais achevé de défaire mes liens et j'avais défait ceux de Bicri. En un clin d'œil tout le monde fut délivré et debout. Chacun se détira et frotta ses articulations engourdies. Puis le premier geste d'Hannibal, de Chamaï et d'Himilcon fut de s'emparer des pierres du foyer.

« Massue pour massue, dit Chamaï en levant la sienne, celle-ci en vaut bien une autre, et fendra suffisamment la tête du premier sauvage que je rencontrerai.

— Cette arme, observa Hannibal en contemplant attentivement sa pierre et en la retournant sur toutes ses faces, cette arme est bizarre et insolite. Mais, à défaut d'autre chose, elle peut être employée sans honte ni scrupule ; j'ai entendu dire qu'il y a de longues années nos pères s'en servirent.

— Ah ! si j'avais une fronde ! soupira Bicri en ramassant deux ou trois éclats de pierre que le feu avait détachés.

— Une fronde ? dit Himilcon ; n'est-ce que cela ? Et mon grelin et un morceau de mon outre vide ? Elle sera vite faite !

— Donne, donne ! » s'écria Bicri en sautant de joie.

Le jeune archer se mit immédiatement à se confectionner une fronde. Pendant tous ces préparatifs, la nuit était venue ; la pluie tombait toujours ; la tourmente soufflait avec force, ébranlant notre hutte. Le moment était favorable.

« Préparons-nous, dis-je à mes compagnons, et que chacun invoque son dieu. Nous allons sortir. S'il n'y a qu'une sentinelle, nous en aurons aisément raison. S'il y en a plusieurs, nous tâcherons de leur passer sur le corps. Une fois dehors, vite à la chaussée, et tâchons de nous saisir d'une pirogue ; sinon, jetons-nous à la nage, et dirigeons-nous chacun vers la tête de la chaussée. Pour ralliement, nous imiterons trois fois le cri du corbeau. Personne n'a rien à objecter ?

— Personne, » répondirent ensemble mes compagnons.

J'adressai mentalement une courte invitation à Astarté. Himilcon leva machinalement les yeux vers le trou du toit pour voir ses Cabires ; mais il ne vit que la nuit noire et le ciel obscur.

J'approchai de la tenture et j'y appliquai mon oreille. Tout à coup, j'entendis le bruit de pas d'hommes qui approchaient, et par la fente de la portière et de la paroi je distinguai la lueur d'une torche.

Mon cœur battait violemment.

« Attention ! dis-je à voix basse. Groupons-nous des deux côtés de la porte, et dès qu'ils entreront, précipitons-nous sur eux. D'après le bruit de leurs pas, ils ne sont pas plus de trois ou quatre. Il ne faut pas leur laisser le temps de jeter un cri. »

Chacun s'effaça contre la paroi, prêt à se ruer sur ceux qui entreraient. Ils ne se pressaient pas. Nous les entendions très-bien, arrêtés devant la hutte et causant entre eux. Je distinguai encore à plusieurs reprises le mot de « jouno ».

« Est-ce qu'ils veulent encore nous asperger d'eau sale et nous abreuver d'huile de poisson? dit Himilcon à voix basse.

— Attends, répondit Hannibal, je vais les abreuver de coups de pierre sur la tête. »

Au même instant, le son assez voisin de la trompette, perçant le silence de la nuit d'accords discordants, se fit entendre, et bientôt il fut suivi de hurlements et de vociférations. Comme si cette trompette et ces cris avaient été un signal, la portière se leva, la lueur d'une torche éclaira l'intérieur de la hutte, et l'homme qui portait la torche entra seul, en laissant retomber la portière derrière lui.

Il ne fit qu'un pas, un seul ; la main de Chamaï s'abattit sur sa bouche, étouffant ses cris. Quatre bras vigoureux le saisirent ; je lui arrachai sa torche, prêt à m'en faire une arme ; Himilcon leva sa pierre sur sa tête ; mais, au lieu de frapper, il se jeta en arrière et, les yeux hagards, laissa échapper une exclamation :

« Dieux Cabires ! »

Je portai la torche au visage de l'homme, et la laissant tomber de surprise, je me jetai dans les bras de celui que nous allions assommer.

C'était Hannon !

Hannon, Hannon lui-même ! Mon matelot ramassa la torche et nous éclaira. Hannon nous reconnaissait, nous reconnaissions Hannon ! L'émotion nous empêchait de parler, nous ne pouvions que l'embrasser, et l'embrasser encore, et lui serrer les mains ; et Astarté sait quelles cordiales étreintes notre brave scribe nous rendait.

Enfin il prit la parole.

« Ouf ! c'est bon de se revoir, dit-il ; à présent, Hannibal, cesse de m'étouffer, et toi, Chamaï, ne m'étrangle pas !

— Fais-nous un bon mot, dit Hannibal, que je sois sûr que c'est toi !

— Capitaine, me dit le bon Hannon, où sont nos amis, où est Chryséis ?

— A nos navires, répondis-je, à l'embouchure du fleuve voisin, bien portante et pensant à toi.

— Astarté soit louée ! » s'écria Hannon les yeux humides.

En ce moment, on heurta du dehors contre la portière de cuir. Ceci nous ramena vers la réalité.

Hannon se tourna vers la portière, l'entre-bâilla et croassa quelque chose qui fut accueilli par des grognements d'approbation ; puis il se retourna vers nous.

« Maintenant, nous dit-il, reprenant son ton joyeux d'autrefois, vous savez pourquoi je viens?

— Non, répondis-je.

— Eh bien, je viens vous chercher pour vous conduire au grand temple des Souomi, qui est bâti dans la plus belle architecture, en roseaux et en os de poissons, et pour vous sacrifier au grand dieu Jouno.

— Bon, dis-je au scribe. Du moment que tu es sacrificateur, la chose me paraît un peu moins dangereuse que ce matin.

— Je le crois, dit Hannon en riant ; mais savez-vous qui est ce grand dieu Jouno?

— Le dieu de l'huile de poisson, s'écria Himilcon, que les Cabires le plongent à cinq cents brasses au fond de la mer !

— Le dieu Jouno, reprit gravement Hannon, respecte-le, mon cher pilote. Le dieu Jouno méprise l'huile de poisson tout autant que toi, et chérit le bon vin tout autant que toi. Le dieu Jouno est Jonas d'Eltéké, Jonas la tête de bœuf, Jonas l'ami de Guébal, Jonas enfin, le seul, l'incomparable, Jonas le sonneur de trompette !

— Qu'est-ce que je disais ! s'écria Himilcon. J'ai reconnu sa trompette du premier coup !

— Et la voilà qui sonne, dit Hannon, dans le temple où le peuple assemblé attend les victimes.

— J'espère que tu vas nous procurer des armes, dit Chamaï, et que nous allons tomber sur les sauvages à bras raccourcis.

— Doucement, répondit Hannon. Ils sont plus de trois mille ici ; avec nos armes nous n'arriverions qu'à nous faire mettre en morceaux. Il s'agit d'user de ruse et de se servir de la légitime influence du dieu Jouno, de sa trompette et de son prêtre Houno, votre serviteur. Je vais d'abord leur dire que j'ai fait tomber vos liens, et que rien qu'en prononçant trois paroles magiques je vous ai rendus obéissants et soumis.

— A présent, dis-je à Hannon, as-tu des nouvelles de nos compagnons?

— Ils viennent justement de paraître dans les bois et ils marchent vers nous. C'est pour obtenir la victoire sur eux qu'on veut vous sacrifier.

— Brave Amilcar! vaillant Asdrubal! s'écria Hannibal. Sauvages stupides et scélérats! Je vais les rouer de coups!

— Patience, capitaine, reprit Hannon; modère ton ardeur et laisse-moi faire. J'ai un plan excellent, et si vous suivez bien exactement tout ce que je vous dirai, je me charge de le mettre à exécution. Le tout est de faire parvenir un message aux nôtres. Je vais l'écrire tout de suite. Je me suis fait un calame avec un roseau d'ici, de l'encre avec leur peinture de guerre et du papyrus avec de la peau de renn. Je vais écrire présentement. »

Hannon s'accroupit et rédigea vivement son message.

« Maintenant, il n'y a pas de temps à perdre. Suivez-moi et allons au temple. Le dieu Jouno déclarera par ma bouche qu'il ne veut pas encore de vous. Nous gagnerons ainsi trois ou quatre heures, pendant lesquelles je trouverai bien un moyen de faire parvenir ma lettre à nos compagnons.

— Marchons, dis-je aussitôt.

— Ayez bien l'œil sur moi, et ne vous décontenancez pas, quoi que je fasse, dit encore Hannon. Je vais les étonner de mes prodiges.

— Si tu nous tires de leurs griffes, répondis-je, tu seras le plus grand des thaumaturges.

— Oh! s'écria Hannon, tu sais que j'ai étudié pour être prêtre et que j'ai toujours eu des dispositions pour la magie. Tôt ou tard je devais faire des miracles. Seulement, je ne pensais pas les faire en un si vilain pays, et les devoir à mon intercession auprès de Jonas. »

A ces mots, Hannon prit sa torche, leva la portière et nous fit signe de le suivre. Nous nous avançâmes la tête basse, et nous sortîmes derrière lui, à la grande surprise des sauvages qui l'attendaient.

L'îlot que nous traversions était plus grand qu'il ne nous avait paru. Les huttes y étaient disposées irrégulièrement, par groupes entourés de palissades. Nous marchions dans un dédale obscur et fangeux, où nos pieds clapotaient dans les flaques d'eau, pendant que la pluie ruisselait sur nos têtes nues et sur nos épaules. Après de nombreux détours, nous arrivâmes tout à coup sur la place au centre de la ville sauvage. Cette place, assez spacieuse, éclairée par des torches, fourmillait de Souomi armés et barbouillés de leurs peintures. Nous entrâmes sous la grande hutte qui servait de temple, et qui était ronde et faite comme une ruche. Plus de deux cents sauvages y grouillaient, parmi les torches et les pots de poterie grossière remplis d'huile ou de graisse, dans lesquels brûlaient des mèches d'écorce. Ces lampes fumeuses répandaient une odeur infecte, à laquelle s'ajoutaient le parfum de l'huile de poisson, dont le corps et les guenilles de ces Souomis sont toujours imprégnés, et toutes sortes d'autres senteurs nauséabondes.

J'eus d'abord de la peine à distinguer la divinité au fond de son temple. Les lampes et les torches faisaient tant de fumée, les sauvages s'agitaient et se démenaient tellement dans cette atmosphère puante et épaisse, que la vue se troublait. Enfin, j'aperçus sur une espèce d'estrade ou d'autel fait d'os de poissons barbouillés de noir et de rouge un monstre informe et horrible, dont la tête énorme émergeait d'un tas d'ornements, ou plutôt de détritus de toute nature. Peaux de bêtes, colliers d'intestins de poissons, vessies de veaux marins, plumes d'oiseaux formaient une espèce de hutte dans laquelle était fourrée l'idole, et au-dessus de laquelle on voyait sa tête hideuse et effroyable. Cette tête à la chevelure noire et crépue était peinte de rouge et de bleu et ornée de cornes de bœuf et de défenses de vache marine. Du fouillis des vêtements de l'idole sortait une main, peinte de rouge également et tenant une grande trompette que je reconnus tout de suite pour l'avoir achetée chez Khelesbaal, marchand de la rue des Calfats, à Tyr, moyennant douze sicles d'argent. La trompette me fit immédiatement reconnaître Jonas. Sans elle, il eût été parfaitement méconnaissable sous ses peintures et sous ses ornements.

Les sauvages s'écartèrent devant nous et on nous poussa en avant, au pied de l'autel où trônait l'idole. Hannon se plaça aussitôt à côté et lui fit un signe. Le monstre emboucha sa trompette et en tira des sons à nous déchirer les oreilles. Ensuite Hannon dit quelques paroles à l'assistance, qui se prosterna la face contre terre.

A ce moment, l'idole daigna baisser les yeux et laissa tomber ses regards sur nous, qui étions restés debout. Rien ne peut rendre la grimace qu'il fit. Sa bouche s'ouvrit deux ou trois fois, énorme et béante. Toute sa figure se distendit, écaillant la couche de peinture rouge dont elle était couverte. Enfin sa voix sortit de son gosier et s'écria d'un ton rauque :

« *Baal Chamaïm*, seigneur des cieux ! »

Un murmure de terreur parcourut l'assistance prosternée. Le dieu Jouno avait parlé !

« Jonas, triple brute, veux-tu te taire ! » s'écria le prêtre Hannon d'un ton solennel, mais en bon et intelligible phénicien.

Le dieu fit un soubresaut et ferma la bouche. Les fidèles frissonnaient de frayeur.

Mais voilà que de grands cris s'élevèrent du dehors, et que quelque chose de fauve et de velu se précipita en bondissant par la porte ouverte, et s'élança d'un saut sur la tête crépue de l'idole, lui tirant les cheveux, l'égratignant, le mordant et l'embrassant à la fois. Tous les sauvages se levèrent, hurlant, gesticulant et donnant les marques de la peur la plus insensée. Quelques-uns même s'enfuirent. Mais le désordre fut à son comble quand l'idole, se levant tout de son haut, bouscula ses ornements, lâcha sa trompette, saisit l'être cramponné à sa chevelure et le serra dans ses bras en s'écriant :

« Guébal ! Te voilà, petit homme ! Comment vas-tu ? Reconnais-tu ton ami Jonas ? »

A l'aspect effroyable du singe, créature si nouvelle pour eux, à la vue de l'émotion du dieu Jouno, à ses paroles mystérieuses, tous les sauvages s'enfuirent terrifiés. En un clin d'œil le temple fut vide.

Aussitôt, et ostensiblement, Chamaï donna un grand coup de poing sur la figure de la divinité, pendant qu'Hannon lui détachait un grand coup de pied du côté opposé. Mais Jonas resta insensible à ces chiquenaudes.

« Bonjour, capitaine, s'écria-t-il ; bonjour, seigneur Hannibal ; bonjour, Himilcon, et bonjour aussi, petit Bicri. A présent que je suis dieu, que voulez-vous que je vous fasse servir à manger ?

— Je veux, dit vivement Hannon, que tu commences par te taire, que tu remontes sur ton estrade et que tu y restes complétement immobile pendant que je parlerai. »

Jonas parut hésiter. Sa dignité céleste lui montait à la tête et le rendait très-indiscipliné.

« J'ai une outre de vin pour toi si tu obéis, » dis-je tout de suite. Cette fois le dieu fut vaincu. Il s'accroupit sur son estrade sans murmurer. Hannon se dépêcha de l'envelopper de ses oripeaux et Bicri siffla le singe qui lui sauta sur l'épaule.

« Voilà le messager tout trouvé, dit Hannon. Tiens, Guébal, porte, porte à Amilcar ; vivement, tu auras des gâteaux. »

Le singe saisit le fragment de cuir que lui tendait Hannon, fit une grimace, claqua des dents et s'enfuit sur trois mains par la porte du temple.

Un murmure de surprise et de peur nous apprit qu'il passait au milieu des Souomi.

« A présent, dit Hannon, ma lettre est en route ; tout marche à souhait ; prosternez-vous devant Jonas : les sauvages peuvent rentrer. »

Nous nous empressâmes d'obéir à Hannon malgré Jonas, qui se trémoussa sur son autel et dit à deux ou trois reprises :

« Mais non, amiral ; mais non, capitaine, mais.... » Chamaï lui ferma la bouche d'un nouveau coup de poing, puis se prosterna aussitôt devant lui, en donnant les marques du plus profond respect. Hannon, debout à la porte, haranguait les sauvages, les rassurant et les exhortant à rentrer

Le dieu Jouno.

Les plus hardis se décidèrent peu à peu, et une cinquantaine se réunirent dans le temple, l'oreille basse et tout tremblants.

Jonas emboucha sur-le-champ sa trompette et leur sonna des fanfares cacophoniques; après quoi Hannon leur fit un beau discours. Son éloquence eut son succès accoutumé. Ils nous laissèrent seuls, et j'entendis qu'ils plaçaient des sentinelles à la porte pour empêcher tout le monde d'entrer. Alors Hannon, après avoir regardé s'il n'y avait plus de danger d'être dérangé, éteignit toutes les lampes et les torches, à l'exception de deux, et nous attira dans le coin le plus obscur du temple. Jonas, lançant ses oripeaux dans toutes les directions, nous y suivit sans qu'on eût besoin de rien lui dire.

XVIII

Jonas devient ambitieux.

La première parole de Jonas fut :
« Et mon vin ?

— Tout à l'heure, lui dis-je ; dans deux ou trois mois ; patiente un peu. »

Le sonneur me regarda d'un air hébété.

Chamaï lui détacha une bourrade amicale dans les côtes.

« Je suis content de te revoir tout de même, ivrogne, lui dit-il.

— Et moi aussi, capitaine, et moi aussi, répondit Jonas Qu'est-ce que je dois faire à présent ?

— Tu dois faire, lui répondis-je, exactement ce que te dira Hannon, pour nous aider à sortir de ce lieu maudit et à rejoindre nos navires. »

Jonas parut réfléchir profondément. Son front se rida, tellement il fit effort pour rassembler ses pensées, et la couche de vernis rouge qui l'embellissait s'écailla de plus en plus.

« Alors, dit-il enfin, je retournerai, moi aussi ?

— Sans doute, répondis-je ; as-tu l'intention de rester ici avec tes sauvages ?

— Dans ton huile de poisson? appuya Himilcon

— Ah! je vais vous dire : ici, je suis dieu.

— Belle divinité! dis-je en haussant les épaules.

— Quand je serai sur les navires, continua Jonas, Chamaï me donnera des coups de poing et le seigneur Hannibal des coups de pied; chacun m'appellera Jonas la bête, Jonas tête de bœuf, Jonas la brute. Ici, c'est moi qui donne des coups aux autres. J'ai rossé tellement le dieu des sauvages du Nord, un dieu qui savait siffler et chasser les nuages, qu'il en est mort une heure après. Les sauvages m'apportent tout ce que je veux, des bœufs, des renns, de la viande plus qu'un homme ne peut manger. A Eltéké, les petits garçons couraient après moi et m'appelaient le simple, le niais, l'idiot; et les anciens me donnaient les travaux les plus lourds à faire, outre que je tirais toute l'eau du puits. Et quand j'avais porté les gros paniers d'olives sur ma tête et les grands sacs de blé sur mon dos, j'étais bien content quand on me donnait seulement une petite mesure de vin. Ici je n'ai qu'à souffler un peu dans ma trompette, et tout le monde se prosterne, et les vierges du peuple m'apportent un bœuf ou un grand poisson tout au moins. C'est une belle chose d'être dieu: On ne fait rien et on mange son soûl; voilà! »

Nous regardâmes tous notre sonneur de trompette avec admiration. Jamais Jonas n'avait tenu un discours aussi long; jamais il n'avait raisonné avec tant d'intelligence et de lucidité. Sa profession de dieu lui avait évidemment ouvert les idées, et même, d'une certaine manière, donné de l'ambition. Nous étions stupéfaits.

« Alors, lui dis-je, tu ne veux pas venir avec nous?

— Je ne dis pas cela, capitaine, répondit Jonas avec une vivacité insolite. Je vous aime bien tous, et surtout Hannon. Où ira Hannon, j'irai.

— Tu veux, reprit Himilcon, t'abreuver d'eau puante et d'huile de poisson, et ne plus jamais goûter de ta vie au bon vin d'Helbon?

— Non, non! s'écria Jonas.

— Tu veux, dis-je à mon tour, rester sous le ciel brumeux et froid, et ne plus revoir le soleil de Palestine, et les coteaux de Dan, et les bois d'oliviers ?

— Non, non ! gémit le sonneur les larmes aux yeux.

— Tu veux, dit Bicri, ne plus manger de pain, de bon pain de fleur de froment et de bons gâteaux frits dans l'huile d'olives, et ne plus revoir Jaffa et la riante Jérusalem ?

— Non, non ! pleura Jonas, emmenez-moi ; j'irai, j'irai.

— Tu veux, reprit Hannon, ne plus revoir Eltéké, et ne pas triompher en racontant dans ton village les choses extraordinaires que tu as vues, les Béhémoth, les Léviathans, la cuisine de Nergal et comment tu as été dieu toi-même ?

— Ils ne me croiront pas, beugla Jonas, ils me donneront cent coups de bâton ; mais emmenez-moi vite. Allons, retournons, rentrons chez nous, allons vite à Eltéké.

— Sans compter, dit encore Bicri, que nous emmènerons Guébal, et que nous le ferons voir par toute la tribu de Dan, et par celle de Benjamin aussi. »

Cette fois, Jonas n'y tint plus. Il poussa de véritables mugissements et versa un torrent de larmes.

« Oh ! dit-il, emmenez-moi avec Guébal et avec vous. Allons-nous-en de chez ces vilains sauvages. Tuons-les tous ; donnez-moi une canne, un bâton, une trique, une poutre, que je les assomme ! Je me repens d'avoir hésité, et je ne le ferai plus jamais.

— Jonas, observa Hannibal, pleure exactement comme un veau. Je suis heureux de voir rentrer dans ma troupe un si bon sonneur de trompette. Tiens, Jonas, voici deux sicles d'argent pour toi ; ce sera pour te débarbouiller quand nous serons de retour sur nos navires. Les sauvages qui m'ont dépouillé ont oublié de prendre ma bourse.

— Voici, dit Hannon, ce que nous allons faire. J'ai écrit à Amilcar de ne rien brusquer et de parlementer avec les sauvages, jusqu'au moment où il entendra sonner la trompette. Alors, qu'il réponde avec toutes les siennes. Je profiterai de ce moment pour leur expliquer que les dieux nous appellent et nous disent de leur amener les victimes. Une fois de l'autre côté de la chaussée et près des nôtres, nous ne serons pas embarrassés pour nous tirer d'affaire.

— C'est parfait, répondis-je. Mais comment sauras-tu que nos compagnons parlementent avec les sauvages?

— Oh! pour cela, ne crains rien. Ils viendront bien vite me le dire. Rien ne se fait ici sans le dieu Jouno et son prêtre.

— Alors patientons, dit Hannibal. Toutefois je dois dire que la patience est pénible; depuis trente heures mon ventre est vide et je meurs de faim.

— Et moi donc! s'écria Bicri.

— Et nous! » dîmes-nous tous.

Hannon se précipita vers la porte et croassa quelque chose.

« Qu'est-ce que tu fais? demandai-je.

— Je leur dis que le dieu a faim! Ne crains rien : les mâchoires de Jonas leur ont appris à ne pas mesurer les offrandes. »

Un instant après, les sauvages apportaient devant le temple des entassements de viande qu'Hannon nous repassa. Poissons bouillis, venaison rôtie, et même grandes cornes remplies de boisson, rien n'y manquait. Nous tombâmes sur les victuailles en gens affamés; le dieu prit modestement sa part du repas, un léger poisson moitié gros comme un thon et une simple cuisse de renn.

Hannon mangeait de bon appétit en nous accablant de questions. Puis il prit une des grandes cornes remplies de liquide qu'il avait fichées en terre par le bout pointu, et, la portant à sa bouche, se mit à boire à grands traits. Jonas l'imita.

« Horreur! s'écria Himilcon en faisant des gestes qui exprimaient l'épouvante; horreur! Voilà qu'Hannon et Jonas boivent de l'huile de poisson! »

Hannibal partagea l'indignation du pilote.

« Quels hommes êtes-vous devenus dans vos pérégrinations! exclama-t-il. Le gosier humain se peut-il pervertir à ce point?

— Mais non, mais non, répondit Hannon en riant, ce n'est pas de l'huile de poisson! Les Celtes de l'ouest, et les Kymris, et les Souomi du nord, et les Goti de l'est, et les Guermani du sud, fabriquent également cette boisson avec de l'orge fermentée et le suc d'une autre plante. Ce n'est pas aussi bon que du vin, sans doute, mais ce n'est pas mauvais ; goûtez-en, et vous verrez que c'est potable. »

Hannibal ouvrait de grands yeux.

« Gisgon m'a parlé d'une boisson de ce genre, s'écria Himilcon, et je me souviens d'en avoir bu moi-même à l'embouchure du Rhône. Voyons donc un peu. »

Il approcha une corne de ses lèvres, non sans méfiance. Chacun de nous l'imita.

« C'est aigre, s'écria Bicri.

— C'est amer, dit Chamaï.

— Je reconnais cette piquette, déclarai-je.

— Et moi aussi, dit le matelot ; c'est fade.

— C'est mauvais, appuya Hannibal en vidant sa corne jusqu'à la dernière goutte. Est-ce que cela enivre ?

— Sans doute, répliqua Hannon.

— C'est exécrable, dit Himilcon le dernier. Tiens, donne-m'en encore un peu. »

Hannon lui passa une corne. Le pilote la vida d'un trait.

« C'est écœurant, conclut-il, mais passe-m'en encore une autre corne. Après tout, cela vaut toujours mieux que de l'eau. »

Himilcon et Hannibal finirent par se réconcilier tout à fait avec la boisson des sauvages. Il me parut même que le pilote se réconciliait un peu trop. Nous finissions de manger quand on appela Hannon du dehors. Le jour commençait à poindre.

« A la trompette, vivement, dit-il en rentrant, et apprêtons-nous ! » Jonas emboucha aussitôt son instrument et en tira des sons formidables, pendant qu'Himilcon achevait de vider les cornes, en protestant que cette boisson était répugnante et qu'il ne l'avalait que par horreur de l'eau.

Un instant après, le son lointain de la trompette phénicienne nous répondit en sonnant joyeusement le ralliement. C'était le signal du départ. Nous sortîmes, Hannon et Jonas en tête. Les sauvages s'écartaient sur notre passage, donnant les marques du plus profond respect. Une demi-heure après, nous étions au milieu de nos compagnons, Hannon dans les bras de Chryséis, Jonas dans les étreintes de Guébal, et Chamaï tellement occupé à embrasser Abigaïl, qu'il ne vit même pas Hannibal, Himilcon et Bicri se donner cette douce satisfaction de rosser les trois sauvages les plus voisins.

Cette manière de leur faire nos adieux les indisposa-t-elle contre nous? Ou bien, la singularité de notre rencontre avec nos camarades et le départ de Jonas leur apprirent-ils les qualités terrestres et l'imposture de leur dieu? Toujours est-il qu'ils nous accompagnèrent jusqu'à nos navires à coups de pierres et à coups de lance; mais nous étions en nombre et bien disposés à les recevoir. Nous pûmes nous embarquer heureusement, sans perdre

personne, et même sans blessures sérieuses. Parmi ceux qui reçurent des horions, je dois signaler Jonas, dont le nez fut irrévérencieusement entamé par une pierre, que lui lança un de ses anciens et fervents adorateurs.

« Enfin, m'écriai-je, dès que nos navires eurent pris la mer et commencèrent à s'éloigner de cette côte inhospitalière, enfin, Hannon, tu vas nous raconter tes aventures. Je ne doute pas qu'elles ne soient des plus intéressantes et des plus accidentées.

— Je le veux, » répondit Hannon.

Nos navires se dirigeaient vers l'ouest pour revenir dans la direction de l'île de Preudayn; la mer était belle, le vent favorable. Tout le monde se groupa sur l'arrière autour du scribe et de Jonas pour écouter leur récit. Mais avant qu'Hannon commençât, Jonas voulut absolument être débarbouillé et endosser des vêtements phéniciens : ce qui lui fut accordé. Enfin, Hannon ayant pris place au milieu de nous, et Jonas à son côté, avec son singe sur son épaule, le scribe commença en ces termes :

« Vous saurez que quand les sauvages nous capturèrent en Tarsis, il y a maintenant plus d'un an, nous courûmes d'abord un grand danger. Un homme phénicien, qui se trouvait là, nous apprit que Bodmilcar était avec eux, et ils tinrent conseil ensemble pour nous livrer à ce traître. Sur ces entrefaites, un des

Nous arrivâmes à des montagnes couvertes de neige.

chefs des sauvages, enthousiasmé de la trompette de Jonas, nous réclama, et nous refusa à Bodmilcar, qui, nous dit-on, venait d'être blessé Sauvé de la méchanceté de ce scélérat, je pus, dès la tombée de la nuit, écrire sur une de mes courroies de sandale, à l'aide d'un bout de bois que je trempai dans mon sang, car j'étais blessé moi-même, un message que je liai à la patte de Guébal ; je comptais que l'instinct du singe et son amitié pour Bicri le pousseraient à vous rejoindre.

— Et tu ne t'es pas trompé, répondis-je Nous avons, en effet, reçu le message.

— Je le pensais bien, ne voyant pas revenir Guébal, reprit

Hannon. Le soir même, nous partions vers le nord, conduits par une troupe d'Ibères qui nous traitèrent assez bien. Après un long et pénible voyage, nous arrivâmes à des montagnes d'une hauteur prodigieuse et couvertes de neige. Elles s'appellent Pyrène et séparent Tarsis du pays des Celtes. Nous y fûmes remis au chef des Guipuzcoa, auquel nous étions destinés. Ces Guipuzcoa ou Bascons sont d'agiles et belliqueux sauvages, qui vivent dans les montagnes au bord de la mer, combattant les Celtes au nord-est, les Aitzcoa ou hommes des rochers au nord-ouest et les Ibères au sud. Nous y passâmes deux mois, guettant une occasion de nous échapper. Enfin! elle se présenta : la plupart des sauvages étaient partis en guerre et nous avaient laissés à leur village, qui est bâti sur pilotis à l'embouchure d'une petite rivière. Nous pûmes nous emparer d'une pirogue, y jeter à la hâte quelques provisions et prendre la mer. C'est ainsi que nous arrivâmes chez les Celtes. J'appris d'eux qu'il venait de passer de ce côté des navires, et je reconnus entre leurs mains différents objets vous ayant appartenu. Je ne doutai pas que ces navires ne fussent les vôtres, et les Celtes m'ayant fait comprendre que vous aviez pris la direction du nord, naviguant vers le pays d'Armor, je partis sur une de leurs barques qui allait vers cette contrée. C'est là que j'appris un peu la langue celtique. Les gens d'Armor étaient en ce moment en guerre avec les Kymris de l'île de Preudayn, et refusèrent de m'y conduire. Je séjournai deux mois dans leur archipel, ne sachant comment faire pour vous rejoindre à ces îles du nord, où je savais, de source certaine, que vous aviez abordé. Je finis par trouver une barque de Kymris, d'une tribu qui n'était pas en guerre avec ceux de Preudayn, et qui nous offrit de nous y conduire. Je m'embarquai joyeusement, mais un coup de vent nous poussa vers les régions de l'est.

— Oui, s'écria Jonas, il nous faisait tourbillonner comme les feuilles sèches; et c'est là que je vis des Léviathans, soufflant de l'eau par le nez plus haut que le mât de ce navire; et c'est là que nous restâmes trois jours sans boire ni manger!

— C'est vrai, reprit Hannon. La tempête était terrible. Elle nous jeta sur la côte, dans la vase et dans les marécages, où nous faillîmes périr. Nos Kymris s'y noyèrent. Pour nous, demi-nus et mourant de faim, nous avons vécu huit jours dans les bois, mangeant des racines et des fruits sauvages.

— Mauvaise nourriture, observa Hannibal.

— Et que buviez-vous, dans ces marais croupis? dit Himilcon.

— L'eau vaseuse et saumâtre.

— Triste boisson, soupira le pilote. Je ne la connais que trop !

— A la fin, continua Hannon, Jonas, qui sonnait à chaque instant de sa trompette pour attirer l'attention des habitants, s'il y en avait, finit par se faire entendre d'une troupe de Souomi qui émigraient vers l'est. Ces sauvages fuyaient devant les Kymris, et aussi devant les Guermani du sud, gens de taille gigantesque, roux de cheveux et très-féroces. Ils détruisent partout les anciens habitants du pays, et s'emparent de leurs territoires. Aux éclats retentissants de la trompette de Jonas, les sauvages nous entourèrent, stupéfaits d'admiration. Tout en nous les surprenait, mais surtout, pour ces peuples imberbes et assez chétifs, la barbe et la taille de Jonas étaient extraordinaires; trompette et barbe aidant, nous leur inspirions une terreur superstitieuse. Je ne tardai pas à m'en apercevoir, et je l'exploitai à notre profit. C'est ainsi que nous les avons suivis vers leur nouvelle demeure, que nous les avons vus construire ce village où nous étions et que nous y sommes restés, Jonas comme dieu et moi comme son prêtre. Mais, dans toute ma grandeur, je pensais sans cesse à vous, à nos navires, au ciel brillant des rivages de la Grande Mer et à la chère Sidon.

— Où nous retournons cette fois, dis-je aussitôt; car à présent j'ai été aussi loin qu'un homme peut aller, et l'heure du retour est arrivée.

— Vive le roi! s'écria Chamaï; nous allons donc revoir le soleil !

— Et boire du vin ! s'écria Himilcon en jetant son bonnet en l'air en signe d'allégresse.

— Et nous vêtir magnifiquement! dit Hannibal, car nos habits commencent à s'user, et bientôt nous ressemblerons plutôt à des mendiants qu'à des guerriers. »

Chacun dit son mot, exprimant la joie que lui causait le retour Le seul Jonas resta silencieux.

« Eh bien! et toi, Jonas, tu ne dis rien? lui demandai-je. Tu ne te réjouis pas de revoir Eltéké et le pays de Dan?

— Est-ce qu'ils me croiront seulement, répondit le sonneur, quand je leur dirai comment j'ai vu des Béhémoth, et des Léviathans à la douzaine, et les cuisines de Nergal? Et comment les Souomi m'honoraient et m'apportaient, en un jour, plus de viande qu'on n'en mange en une année dans la maison de mon père? Est-ce qu'ils me croiront?

— Nous te porterons tous témoignage, s'écria Chamaï, et le roi lui-même te verra et voudra t'entendre, et il saura que tu es un homme bon et fidèle. »

Bouleversé des marques de tendresse que lui donnait Chamaï et de la perspective des honneurs qu'on lui promettait, Jonas fondit en larmes.

« Est-ce que le roi me verra vraiment? bégaya-t-il. Le roi me verra lui-même, en sa propre personne? Et il verra Guébal aussi? Et je sonnerai de la trompette devant lui et devant tous les grands? Oh! oh! oh!

— Oui, dit Chamaï, il te verra et tu sonneras de la trompette devant lui.

— Et il verra aussi Guébal, s'écria Bicri, qui saura le saluer poliment

— Et moi-même, dit Hannibal, je demanderai qu'on te retienne à la cour, et qu'on t'y donne la charge de sonneur de trompette, et qu'on t'y habille d'un habit d'écarlate, car tu es le plus fameux homme qui ait jamais soufflé dans un tube de bronze

— Et moi, terminai-je, je m'engage à te faire obtenir cette charge, et je te ferai présent d'un vêtement complet!

— Oh! mugit Jonas, oh! je serai vêtu d'écarlate et je sonnerai de la trompette devant le roi! Oh! que diront-ils à Eltéké?

Jonas sonnait à chaque instant de sa trompette.

Oh ! que je suis content d'être venu à Tarsis ! Vive le roi ! Et vive le roi ! »

Là-dessus, Jonas s'enfuit à l'avant, pour méditer à son aise sur les grandeurs qu'on lui promettait, et à partir de ce jour il devint un autre homme

XIX

Encore Bodmilcar.

Notre navigation fut d'abord facile et heureuse. Je retrouvai sans peine le cap oriental de Preudayn, puis le cap occidental, puis les îles de l'Étain. Sortant de là, je reconnus l'archipel d'Armor, la haute terre rocheuse et les îles minées par les flots. Le bon Hannon les reconnut aussi.

« Voilà, s'écria-t-il, où j'ai appris à croasser; et voici, là-bas, le rocher d'où Jonas et moi nous avons pêché tant de poissons avec des hameçons d'os. Et voilà l'île où sont leurs prêtresses, l'île de leurs mystères, où les femmes se peignent le visage de bleu et de noir, et où ils ont voulu nous raser la barbe avec des rasoirs faits de coquillages tranchants.

— Ils sont donc les ennemis jurés de toutes les barbes phéniciennes? dit Himilcon. Ceux des îles de l'Étain ont déjà nettoyé les mentons d'Hannibal et de Chamaï.

— Si, dit Hannon, on pouvait leur confier le menton de Bodmilcar....

— Et qu'ils le rasent d'un peu près, interrompit Hannibal,

entre les oreilles et les épaules, à hauteur de la gorge, avec une épée bien affilée....

— A ce propos, demanda Hannon, que peut être devenu ce Tyrien de malédiction, après que vous avez eu pendu son Hazaël?

— Certainement, dit Hannibal, si mon coup d'épée n'avait pas glissé sur une côte, je l'éventrais aussi sûrement que Joab éventra Abner, fils de Ner. Mais voilà, j'ai haussé la main en frappant; je n'aurais pas dû le faire.

— Qui sait? observa Chamaï. Nous le rencontrerons peut-être encore ; mon cœur me dit que nous le rencontrerons, et alors....

— Et alors, dit Hannon, il est à moi et à personne d'autre. La vengeance sur lui m'appartient, et je ne me laisserai devancer par personne.

— Excepté par une flèche, grommela Bicri, assis en compagnie de Guébal et de Dionysos, sur la vergue, à dix coudées au-dessus de notre tête.

— Ce Bicri, dit Hannon en riant, à force de vivre avec un singe, il est devenu singe lui-même! Toujours grimpant, toujours sautant, toujours perché! Ses pieds ne touchent plus le pont du navire! Et Dionysos ne l'abandonne guère : il perd son temps à baguenauder avec lui.

— Appelles-tu baguenauder de tirer de l'arc, cria Bicri du haut de son perchoir, et d'exercer la souplesse de ses membres, et d'apprendre la culture de la vigne?

— Par les dieux Cabires, non! s'écria Himilcon qui traversait le navire, allant de l'avant à l'arrière. Cultiver la vigne est presque une aussi bonne action que boire le jus de son fruit.

— Or çà, toi, Dionysos, dit Hannon, profites-tu un peu des leçons de Bicri, et sais-tu au moins lire le phénicien?

— Comment le lui enseignerais-je, exclama Bicri, ne le sachant pas moi-même? A-t-on besoin de lire du phénicien pour marcher dans la montagne, attraper les chèvres sauvages à la course, cultiver un coteau et mettre une flèche dans la cible à cent pas? »

Hannon se mit à rire.

« Tu sauras plus tard, Bicri, que le roseau dont on fait les plumes touche le but aussi droit et de plus loin que le roseau dont on fait les flèches. Mais puisque tu ne sais pas lire, je te l'apprendrai, à Dionysos et à toi, si vous voulez.

— Je le veux, dit l'archer. Puisque tu le dis, cela doit être bon. » A ces mots, il saisit une corde attachée à la vergue et se laissa glisser sur le pont. Dionysos le suivit par le même chemin, quittant à regret Guébal qui s'enfuit au sommet du mât.

« Or çà, dit Hannon, je ferai un accord avec vous. Je vous enseignerai à lire à tous deux, et Bicri m'enseignera le tir de l'arc.

— Fort bien ! s'écria l'archer enthousiasmé. Je veux qu'en un mois tu piques ta flèche dans un but pas plus grand que ma main, d'un bout à l'autre du navire. »

C'est ainsi que se passaient nos journées. Hannon enseignait les lettres à l'archer et au jeune Phokien. Himilcon dirigeait le navire, en gémissant sur sa sobriété forcée. Chamaï et Hannibal bâillaient ensemble, ou jouaient aux osselets. Les deux femmes bavardaient dans leur cabine et Jonas causait avec Guébal de leurs grandeurs futures.

Nous dépassâmes le cap extrême de Tarsis, et enfin, après un mois et demi de navigation, je reconnaissais les deux colonnes de Melkarth, et nous rentrions dans le port de Gadès. L'amiral, Tsiba, toutes nos connaissances, nous croyaient perdus et noyés. Leur joie fut grande en nous revoyant tous ensemble, et leur admiration ne fut pas moindre quand je leur montrai mon chargement d'étain et d'ambre.

Mon premier soin fut de m'enquérir de Bodmilcar. Il avait disparu, lui et sa troupe, et personne ne put me donner de ses nouvelles.

« Il faut, dis-je à mes compagnons, que ce scélérat ait péri, massacré dans l'intérieur des terres.

— Ou, me dit l'amiral, qu'il ait trouvé des navires par quelque fourberie. Dans tous les cas, on a trouvé les débris de deux des siens à l'embouchure de l'Illiturgis, brisés par la mer; quant au troisième, au grand gaoul, il est envolé. Personne ne l'a revu. »

Le jour même de notre arrivée à Gadès, en entrant dans le port, je voyais Himilcon, impatient, faire des signes d'intelligence à son ami Gisgon. Je connaissais trop le motif des signaux de l'altéré pilote borgne et du non moins altéré pilote sans oreilles, pour leur infliger le supplice de les retenir longtemps à bord. D'ailleurs dix-huit mois d'un régime aquatique avaient usé la force et la patience d'Himilcon : il dépérissait, faute d'un arrosage substantiel. Je le laissai donc aller avec son fidèle ami. Nous-mêmes, nous n'attendions pas sans impatience une coupe de vin et un repas tolérable, et la première chose dont s'enquit Hannibal, dès qu'il fut à terre, ce fut de quelque marchand vendant du vin de Phénicie. Quant à Jonas, il suivit fidèlement le capitaine, tenant tout prêts dans sa main quelques sicles dont je l'avais gratifié.

« Pourquoi ne mets-tu pas cet argent dans ta bourse ? lui dis-je.

— A quoi bon ? me répondit-il, il aura plus vite fait de passer de ma main dans celle du marchand, et du cellier du marchand dans mon gosier, que si j'avais à le chercher au fond d'une bourse.

— Tu parles bien, trompette ! s'écria Hannibal ; marche derrière moi, et cherchons quelque endroit où nous régaler. Pour moi, je t'achèterai, dès ce soir, une tunique magnifique, pour que tu fasses honneur à ma troupe, maintenant que nous sommes de retour dans des pays policés. »

Hannon, Chamaï, les deux femmes et moi, nous allâmes souper chez Tsiba. Quant à Bicri et à Dionysos, ils s'étaient sauvés des premiers, sans attendre ma permission, pour aller vagabonder dans les rues et dans les jardins qui entourent la ville.

Deux jours se passèrent, pour nous, à nous restaurer et à nous divertir. Le soir du deuxième jour, comme je remontais sur l'*Astarté*, je rencontrai Himilcon et Gisgon l'œil brillant et le teint enluminé. Un matelot phénicien qui m'était inconnu marchait entre eux.

« Bonnes nouvelles, capitaine ! me cria Himilcon du plus loin qu'il me vit.. Bonnes nouvelles! Nous avons des nouvelles de Bodmilcar! »

Dans mon impatience, je courus au-devant d'eux.

« Parlez vite! m'écriai-je, que savez-vous?

— Cet homme que tu vois ici, me répondit Himilcon, vient tout droit des navires de ce scélérat. Voyant à qui il avait affaire, il s'est enfui. Nous l'avons rencontré à la taverne, fort altéré....

— Et comme nous étions fort altérés nous-mêmes, dit Gisgon....

— Et qu'on ne doit pas laisser un honnête marin souffrir de la soif, reprit Himilcon, qui titubait légèrement, nous avons fait venir double ration pour ce garçon. Voilà!

— Mais où est Bodmilcar dans tout ceci? m'écriai-je, irrité des lenteurs du pilote ivrogne. Parle donc, et laisse là tes coupes et tes rations, et ta soif sempiternelle.

— Laisser ma soif? dit Himilcon. Par les Cabires! c'est ma soif qui ne me laisse pas. Mais il faut me donner le temps de dire les choses comme il faut, si tu veux les apprendre en ordre et convenablement.

— Que Khousor Phtah t'écrase! m'écriai-je exaspéré. Il est entré tant de vin dans ta bouche qu'il n'en sortira rien de sensé. Parle, toi, matelot, et dis-moi d'où tu viens?

— Il vient du cabaret, de la taverne, comme nous! » s'écria Himilcon.

Je fermai la bouche du pilote d'un coup de poing. Il prit le parti de se taire.

« Je viens, dit le matelot, d'une baie peu fréquentée qui est entre une île et la côte, à cent cinquante stades au sud est.

— La baie de l'Ile-Plate?

— C'est cela, la baie de l'Ile-Plate.

— Bon. Et les navires de Bodmilcar y étaient?

— Non; il n'y avait qu'un seul navire, un gaoul, le *Melkarth*; mais à présent il y a en plus trois galères.

— Et comment cela?

— Bodmilcar a enrôlé, outre son équipage, des sauvages de Tarsis.

— Tu ne m'avais pas dit cela! s'écria Himilcon.

— Te tairas-tu, malencontreux ivrogne! tonnai-je.

— Oui, reprit le matelot, il a un équipage de malfaiteurs, de déserteurs et d'Ibères qu'il retient de gré ou de force. Par un gros temps, nos galères avaient relâché dans cette baie, où nous l'avons rencontré. Il s'est fait passer pour un capitaine marchand venant du Rhône et a su gagner la confiance de nos commandants ; voilà que, pendant la nuit, il s'est jeté sur nos équipages sans méfiance, a massacré une partie des nôtres et fait le reste prisonnier. Il nous a ensuite proposé de rester avec lui. Quelques-uns ont accepté; les autres ont refusé : j'étais de ceux-ci. J'ai pu m'échapper et revenir à pied le long de la côte, et me voilà. J'irai faire ma déposition au suffète amiral.

— Depuis combien de temps t'es-tu séparé de Bodmilcar? demandai-je, et où se propose-t-il d'aller?

— Depuis six jours, et il se proposait d'aller chez les Rasennæ d'abord, et en Ionie après.

— C'est bien, dis-je à cet homme. Je t'engage à mon bord. Mon voyage est de retourner à Tyr et à Sidon, et si jamais nous rencontrons ce Bodmilcar....

— Tu peux compter sur moi, s'écria le matelot, et sur mon désir de me venger de lui. »

Trois jours après, nous partions, complétement ravitaillés et impatients de revoir notre patrie. Le quatrième jour, comme l'apercevais déjà Calpé et Abyla, le vent fraîchit, et je dus louvoyer pour entrer dans la passe. A la tombée de la nuit, j'aperçus une grande galère qui venait en sens inverse. Je la hélai, mais il nous était difficile d'approcher, à cause du temps. Je détachai alors une des barques, avec six matelots et Himilcon, pour savoir les nouvelles. Ma nouvelle recrue, qui revenait de la cale, fut des premiers à sauter dans la barque et à prendre les rames.

La barque venait à peine de quitter notre bord qu'un homme monta tout effaré et courut à moi.

« Capitaine, me dit-il, nous avons une voie d'eau.

— Une voie d'eau! répondis-je stupéfait, et comment cela?

— Je ne sais, capitaine, me dit le matelot, mais il y a de l'eau là en bas. »

Je fis allumer une lampe et je me précipitai dans la cale avec deux maîtres matelots et un timonier. Un spectacle terrible m'y attendait : l'eau faisait irruption ! Je m'y jetai aussitôt ; j'en avais jusqu'aux genoux, et elle montait rapidement. La mer était très-grosse et le navire roulait violemment. Si, dans un quart d'heure, nous ne trouvions pas la voie d'eau, et si nous ne réussissions pas à l'aveugler, nous étions perdus sans ressource. Dans mon angoisse, j'avais saisi un levier, sondant partout et courant de droite et de gauche. La fatale nouvelle s'était répandue et de toutes parts on descendait du pont ; mais je renvoyai tout le monde, ne gardant avec moi que mes trois hommes et le petit Dionysos, qui s'était faufilé par là et clapotait bravement dans l'eau jusqu'aux épaules.

Tout à coup, des cris confus, partant du pont du navire, attirèrent mon attention. Il me sembla distinguer les mots de *Melkarth* et de Bodmilcar. Le timonier, debout sur l'échelle, la lampe à la main, se jeta vivement de côté pour éviter quelqu'un qui se ruait par le panneau, glissant le long de l'échelle plutôt qu'il ne la descendait. Je regardai l'homme qui se précipitait ainsi, et à la clarté fumeuse de la lampe je reconnus Himilcon, nu-tête, les cheveux en désordre et le coutelas à la main.

Au moment même où Himilcon tombait dans la cale devant moi, j'entendis au-dessus de ma tête le son de la trompette, des trépignements confus et la voix éclatante d'Hannibal qui criait :

« Garnissez les machines ! Les archers aux bordages !

— Par tous les dieux ! m'écriai-je, que se passe-t-il ?

— Il se passe, s'écria Himilcon, que le matelot que nous avions embarqué était un homme de Bodmilcar, que je me suis dégagé de leur bord le coutelas à la main, que la barque est sauve et que le *Melkarth* et deux autres galères manœuvrent pour nous attaquer. »

Himilcon n'avait pas fini que le bruit du combat commença

sur le pont. Nous étions attaqués du dehors, et au dedans nous coulions bas.

« L'homme de Bodmilcar a sabordé le navire ! nous sommes perdus ! » m'écriai-je.

Himilcon ne put retenir un cri. Un autre cri lui répondit. C'était la voix de Dionysos qui le poussait.

« A moi ! exclamait le jeune garçon ; j'ai le pied dans un trou, je coule. »

Au même moment il disparut sous l'eau ; mais au même moment aussi Himilcon, piquant son coutelas dans l'échelle, criait d'une voix de triomphe :

« Nous sommes sauvés ! L'enfant a mis le pied dans la voie d'eau ! »

D'un bond le brave pilote fut à l'endroit où l'enfant venait de disparaître, et plongea. D'un bond aussi je fus à l'échelle et je criai à pleins poumons :

« Quinze matelots et le charpentier en bas ! »

Himilcon sortit Dionysos de l'eau et le passa à un matelot, qui le mit à l'échelle. Pour nous, à la clarté des lampes, dans le clapotement, sans nous soucier du bruit du combat qui continuait au-dessus de notre tête, nous travaillâmes avec rage, pour aveugler la voie d'eau que le traître émissaire de Bodmilcar avait percée au flanc de notre bon navire.

Par la protection d'Astarté nos efforts furent couronnés de succès et le trou fut bouché d'une manière provisoire. Attendant le moment où le roulis nous penchait sur un flanc et découvrait l'ouverture, nous arrivâmes enfin à la fermer. Nous venions de finir, et je remontais sur le pont quand le bruit du combat cessait. Quelques morts étaient étendus. L'*Adonibal* et le *Cabire* nous flanquaient de droite et de gauche. Les vaisseaux de Bodmilcar avaient disparu dans la nuit.

« Les misérables ! s'écria Chamaï, furieux. Ils nous échappent encore cette fois !

— Ces chiens, lâches et méchants, dit Hannibal, n'ont pas osé venir à l'abordage, et se sont enfuis quand nous avons été à eux. Si je les tenais sur terre ferme, je les hacherais en petits morceaux à moi tout seul. »

D'un bond je fus à l'échelle.

Hannon, détendant son arc, me dit :

« Dans cette nuit noire, je cherchais Bodmilcar, et si je l'avais aperçu, je ne l'aurais pas manqué.

— Après moi, dit Bicri. Mais on ne distinguait pas un homme de l'autre.

— Eh bien, s'écria Himilcon, moi, j'en ai bien distingué un tout à l'heure à leur bord, et s'ils n'avaient pas été deux ou trois mille sur moi....

— Deux ou trois mille hommes dans un bateau ! dit Hannibal surpris, te moques-tu, Himilcon ?

— Oh ! ils étaient bien une demi-douzaine tout de même, reprit modestement le pilote ; ils étaient bien une demi-douzaine qui se sont jetés ensemble sur moi. Mais il y en a un que je n'oublierai pas.

— Et qui donc ? dis-je à mon tour.

— L'homme de Tarsis qui m'a crevé l'œil il y a douze ans ! s'écria Himilcon, éclatant de colère. Oui, lui-même, le vil gueux, il est avec Bodmilcar ; et je n'ai pas pu le prendre à la gorge, et tout à l'heure je mordais mon frein, pendant que je bouchais la voie d'eau creusée par l'abominable coquin que Gisgon et moi avons abreuvé à Gadès ! Un homme auquel j'ai fait boire du vin d'Helbon ! Du vin à un sicle la mesure ! Perfidie humaine ! Qui jamais aurait cru cela ? Ce vin était si bon ! »

Je mis un terme aux doléances du pilote en l'envoyant à son poste. La bourrasque devenait tempête, et par cette mer furieuse nous avions dérivé hors de vue de la passe, et nous étions là au hasard, ballottés dans la nuit, avec un navire avarié qui pouvait refaire de l'eau d'un moment à l'autre, et sans savoir au juste où nous allions.

Toute cette nuit, personne ne dormit. On se relayait dans la cale pour écoper l'eau que nous avions embarquée. Enfin la voie d'eau fut dégagée, et je pus faire consolider et calfater intérieurement les matériaux qui la bouchaient. Au bout de cinq heures de travail, nous étions saufs de ce côté. Au jour, nous ne voyions plus la côte, et la tempête nous chassait devant elle avec une rapidité effrayante. Je fis lâcher des pigeons, mais ils ne purent se maintenir contre le vent, qui dépassait en violence tout ce que j'avais vu jusqu'à ce jour. Je dus renoncer à lutter, et je me laissai chasser par l'ouragan qui me poussait vers l'inconnu.

XX

Le monde renversé.

Huit jours se passèrent dans ces angoisses. Ce n'est que le huitième que le vent se calma, que le ciel s'éclaircit et que j'aperçus la terre tout près de moi, une terre haute, un grand cap derrière lequel la côte fuyait à perte de vue vers le sud. Je continuai ma navigation de ce côté, et au bout de deux jours j'aperçus une île montueuse, toute verdoyante et de l'aspect le plus riant. Le temps était clair et chaud, le soleil rayonnant Tout, dans ces parages, nous rappelait la Phénicie. Je résolus de débarquer dans cette île d'un aspect si engageant, d'autant plus que je tenais à radouber l'*Astarté* à fond, car elle faisait toujours un peu d'eau, et après tant de traverses nos navires avaient tous besoin de réparations. Je trouvai dans l'île une jolie baie où je débarquai sans retard. Aussitôt nos navires furent entourés de pirogues montées par des sauvages presque nus.

A ma grande surprise, ces sauvages nous parlèrent en libyen. C'étaient des Libyens rouges, à la tête allongée, au front déprimé, de vrais Libyens Garamantes. Nous étions les premiers hommes de l'Est qu'ils eussent vus dans leur île, mais un de leurs vieillards, qui avait été à Rusadir, se souvenait d'avoir vu des Phéniciens. Les autres nous firent très-bon accueil. Je m'informai d'abord de la situation de leur île. Ils nous apprirent que cette île était située au milieu d'un groupe d'autres et à l'ouest de la terre ferme de la côte de Libye. Mais quand je voulus me renseigner sur les distances, ces sauvages, peu voyageurs, me répondirent d'une façon tellement vague que je n'en pus rien tirer. Tout ce qu'ils me dirent, c'est que la côte de Libye se prolongeait indéfiniment du côté du sud, qu'elle était habitée par des Libyens

comme eux, et que loin, bien loin vers le sud, vivaient des hommes tout noirs, monstrueux et semblables à des bêtes.

« Voilà pour moi! s'écria tout de suite Bicri. Allons voir les hommes noirs; nous leur ferons la chasse et j'en ramènerai un. »

Pendant que nous parlions, j'observai que plusieurs des Libyens portaient au cou, aux bras, aux oreilles des ornements faits d'un métal que je reconnus être de l'or. Je leur demandai si cet or venait de leurs îles?

Ils me répondirent que non, qu'ils le tenaient, soit en poudre, soit en petits morceaux, des Garamantes de terre ferme qui le recueillaient dans certaines rivières, à l'aide d'une toison de mouton.

Je leur proposai tout de suite de leur acheter leur or, et je leur offris en échange les plus beaux bijoux de verre, les meilleurs habits et les plus riches étoffes qui me restaient. Ils se trouvèrent très-disposés à mon troc et paraissaient attacher un prix médiocre à leur or. Pour un flacon de verre, j'avais le creux de ma main rempli de poudre d'or; pour une épée, une pointe de lance, un couteau, ils me donnaient le poids égal en or. Quand mes hommes virent qu'il en était ainsi, leur joie ne connut plus de bornes; j'eus toutes les peines du monde à les empêcher de vendre leurs armes, et il ne resta pas une bouteille à bord. Hannibal vendit son cimier et son panache, et Jonas sa trompette.

« Je m'en ferai faire une tout en or, pour sonner devant le roi, disait-il. Ah! le merveilleux pays, et comme je suis content d'être venu! S'ils veulent me prendre pour dieu, je renonce à tout et je reste. »

Je m'établis pendant quinze jours dans cette île, achetant de l'or et radoubant mes navires. Cette terre admirable produit aussi les plus beaux fruits du monde. On y rencontre un fruit écailleux délicieux à manger; les vallées sont couvertes d'orangers séculaires, et les montagnes d'arbres magnifiques où voltigent des petits oiseaux au plumage jaune, dont le chant nous ravissait de plaisir. Bicri, assez indifférent à l'or une fois qu'il en eut de quoi garnir son carquois et son baudrier, passait son temps à courir les bois avec Dionysos. Il attrapa plusieurs de ces oiseaux, pour lesquels il fit une cage : mais ils sont tous morts pendant la traversée. Quant à Guébal, il se plaisait tellement dans ce pays, qu'il fallut l'attacher pour l'empêcher de se sauver.

Enfin, je quittai ce délicieux archipel, bien restauré et bien ravitaillé. Je le nommai « les Iles Fortunées ».

Dès que nous eûmes repris la mer, je n'eus pas besoin de demander à nos compagnons où nous devions aller.

« Allons au sud, au sud, me cria tout le monde, au pays de l'or et des merveilles!

— Au pays des hommes noirs, insista Bicri.

« — Et quand nous y serons, grommela l'incorrigible Himilcon, que boirons-nous ? Boirons-nous de l'or potable ? Retournons donc plutôt au pays du bon vin ! »

Pendant trois semaines notre navigation se poursuivit vers le sud. Je ne m'étonnais pas de voir, plus je m'avançais, le soleil s'élever au-dessus de ma tête, et la nuit les Cabires s'approcher de l'horizon. Himilcon se plaignait bien un peu, disant que nous quittions la protection de ses dieux préférés, mais je n'y faisais pas attention. La côte finit par tourner à l'est, puis elle retourna au sud ; puis, à ma grande surprise, le soleil, après avoir été

Il attrapa plusieurs de ces oiseaux.

perpendiculaire au-dessus de ma tête, parut se déplacer. Je n'en pouvais croire mes yeux, mais il le fallait bien, puisque je le voyais : j'avais le soleil à ma gauche au lieu de l'avoir à ma droite, et, la nuit, des constellations inconnues paraissaient au ciel. Tout le monde fut consterné de ce prodige, et je crus devoir réunir mes capitaines, mes pilotes et mes plus anciens matelots.

« Il faut, dit Amilcar, que les dieux aient changé la voûte du ciel.

— Ou bien, dit Asdrubal, que nous soyons dans un autre monde. Personne n'y comprend rien.

— Si rien d'extraordinaire ne s'est passé là-haut, dit enfin Himilcon, il faut que la terre soit une boule, et que nous ayons passé dans l'hémisphère opposé au nôtre. »

La réflexion du pilote me frappa, malgré ce qu'elle avait de déraisonnable et d'absurde.

« Mais, dis-je, après avoir médité longuement ce que venait de dire Himilcon, s'il en était ainsi, il faudrait que le soleil et les astres fussent immobiles, et que ce soit la terre elle-même qui tourne ?

— Ah ! s'écria le pilote, nous apprenons des choses étranges. Croyons plutôt à un prodige qu'à de pareilles absurdités.

— Enfin, dit Asdrubal, que devons-nous faire ?

— Écoutez, dis-je finalement, nous allons continuer à pousser au sud. Si la côte tourne franchement à ce qui me paraît être l'ouest, puisque tout est bouleversé ici, nous retournerons en arrière vers les Iles Fortunées. Mais si elle tourne à l'est, nous continuerons à la suivre et nous reviendrons vers le nord.

— Et nous aurons fait le tour de la Libye ! s'écrièrent ensemble nos capitaines et nos pilotes. Nous arriverons indubitablement à la mer des Roseaux et à l'Egypte ! Allons, c'est décidé. »

Hannibal, Chamaï et les autres écoutaient nos raisonnements avec une anxiété d'autant plus grande qu'ils n'y comprenaient absolument rien.

« Eh bien, dit Hannibal haletant, quand nous eûmes fini, eh bien, qu'y a-t-il à présent ?

— Il y a que nous retournons en Égypte, lui répondis-je, par le chemin le plus court. »

Le capitaine me regarda d'un air hébété.

« Mais puisque nous nous éloignons du détroit de Gadès et de la Grande Mer ? me dit-il avec effort.

— Justement, c'est que nous sommes sur la bonne route.

— Ces choses de la mer sont prodigieuses, s'écria Hannibal, je ne les comprendrai jamais.

— Tout s'y fait à rebours, dit Hannon. Ce sont des mystères insondables. J'ai beau être de Sidon et me creuser la tête, je ne devine plus.

— C'est que tu n'as pas encore assez navigué, jeune homme, dit gravement Himilcon, et que tu ne connais pas le cours des astres.

— Vraiment, s'écria Hannon, si tu trouves que nous n'avons pas assez navigué, je ne suis pas de ton avis. La promenade me paraît assez longue comme cela.

— Enfin, conclut Chamaï, si Magon et Himilcon le disent, il faut les croire. Notre affaire à nous est de les écouter, la leur étant de connaître les choses de la mer et des astres. Voilà ce que je pense. »

Vingt fois déjà nous avions essayé de communiquer avec la terre. Mais nous avions trouvé ou une côte déserte ou des habitants noirs et horribles, dont les hurlements et l'attitude nous avaient fait comprendre qu'il n'y avait que des coups à recevoir. Une fois, en passant devant un cap élevé que j'appelai Chariot des Dieux, je vis, la nuit, des flammes étranges, et j'entendis des bruits effrayants qui nous épouvantèrent tous et nous dégoûtèrent de l'envie de débarquer. Pourtant les vivres commençaient à nous manquer.

« Mangerons-nous toujours des murènes salées? disait le patient Bicri lui-même. Ne descendrons-nous jamais à terre pour tirer quelque pièce de venaison?

— Aussi bien, les fruits commencent à manquer à Guébal, appuyait Jonas, et le grain à nous-mêmes.

— Et peut-être trouverons-nous de l'or, » dit Hannibal.

Je me décidai à débarquer dans l'estuaire d'une rivière comparable au Nil d'Égypte. D'immenses forêts couvraient ses rives. Des crocodiles et des hippopotames bondissaient dans ses eaux. Des nuées d'oiseaux tourbillonnaient au-dessus, en poussant des cris aigus, mais nulle trace d'habitants ne se montrait.

Quatre jours durant nous fouillâmes les bois. Nous y recueillîmes bonne quantité de fruits sauvages. Nos flèches abattirent aussi des buffles et des antilopes, dont la chair fut salée. Le quatrième jour, Bicri vint à moi sur la plage, en donnant des marques de la plus vive agitation. A côté de lui, Dionysos pleurait et Jonas faisait de grands gestes.

« Qu'y a-t-il ? dis-je à l'archer ; que se passe-t-il ?

— Guébal a disparu, s'écria Bicri, enlevé par une troupe de singes alliés de Bodmilcar. »

Je ne pus retenir un grand éclat de rire.

« Oui, reprit l'archer irrité, des singes à grande queue ! Certainement Guébal ne les a pas suivis de son gré, et il faut qu'il y ait du Bodmilcar là-dessous. »

J'essayai de calmer l'archer, mais rien n'y fit. Il voulait absolument partir à la recherche de son singe. Je lui donnai quelques hommes pour l'escorter. A la nuit, ils revinrent épuisés de fatigue, sans avoir vu Guébal ; il avait dû rejoindre très-volontiers les nombreux singes qui gambadaient dans les arbres. En revanche, et ce qui consolait Bicri, il rapportait un être étrange, un géant noir et tout velu qu'il avait percé de ses flèches et achevé à coups de pique et d'épée, après une défense désespérée. Je fis écorcher ce monstre, dont on peut voir la peau empaillée dans le temple d'Astarté, à Sidon. Il était vraiment épouvantable.

« Il avait six flèches dans le corps, me dit Bicri, et était étendu par terre quand je saisis une pique pour l'achever, mais il l'empoigna et la rompit aussi aisément qu'un roseau.

— Une pique à hampe en chêne de Basan ! s'écria Hannibal. Voilà une force prodigieuse ! »

Nous repartîmes de ce lieu, sans avoir retrouvé Guébal. Au bout de douze jours de navigation, le grain commençait à manquer : nous nous regardions consternés et ne sachant que dire, quand Himilcon s'écria :

« Un gaoul à l'avant ! »

Tout le monde se précipita de ce côté. En effet, un gaoul, évidemment phénicien, flottait sur la mer. Il était démâté et ballottait sur les eaux s'en allant au hasard.

« Quelque ruse de Bodmilcar, dit Himilcon. Attention à nous ! »

Nous nous approchâmes du navire avec toutes sortes de précautions : il ne donna pas signe de vie. Nous montâmes à bord, il n'y avait personne !

« Je me souviens, dit Gisgon, qu'aux îles Pityuses, dans une tempête, nous avons abandonné notre navire. Sans doute les marins qui montaient celui-ci ont fait de même. Mais d'où venaient-ils ? Où allaient-ils ? Quel courant les a poussés vers ces pays nouveaux où le soleil luit à rebours ?

— Qu'importe ? répondis-je. L'épave est de bonne prise.

— Il est chargé de grains ! s'écria Hannibal, remontant joyeusement du fond de la cale. Victoire ! Nous aurons à manger !

— Il est rempli de vin ! s'écria Himilcon, qui montait derrière lui, portant une outre à la main. Honneur aux Cabires ! Nous aurons à boire ! »

Le soir même, je fis faire une oblation et des prières à Astarté, pour la remercier de cette rencontre inespérée et de sa protection manifeste. On transborda sur nos navires tout ce qu'on trouva de bon à prendre sur le gaoul, et sa coque vide et désemparée fut abandonnée à la merci des flots.

Le lendemain, comme nous arrivions en vue d'un cap sur lequel se trouve une montagne élevée et plate comme une table, une tempête épouvantable se déchaîna.

« Vive l'ouragan ! s'écria Jonas. Je n'ai plus peur de lui à présent. J'ai de l'or plein ma bourse, et nous avons à manger et à boire plein la cale, et j'aurai un habit d'écarlate ! Nargue la tempête et vive le roi ! »

Huit jours de coups de vent furieux nous poussèrent devant eux, sans que nous pussions nous gouverner. Le huitième, par une mer calme, je vis la terre à ma gauche. Je la rangeai et je me dirigeai le long de la côte, allant au nord. Il me semblait que le soleil remontait sur l'horizon.

Douze jours après, par une belle nuit, Himilcon vint à moi et me saisit le bras avec une animation extraordinaire.

« Regarde, me dit le pilote d'une voix sourde ; regarde là-bas, au nord : regarde les Cabires !

— Les Cabires ! m'écriai-je. Je les vois ! Nous avons fait ce qu'aucun homme n'a fait encore ! Nous avons tourné la Libye !

— Oui, s'écria Himilcon, et demain le soleil luira à notre droite. Nos proues sont en route vers la mer des Roseaux !

Le monstre empoigna une pique et la rompit.

— Vers Sidon, vers Sidon la glorieuse, vers la ville des marins sans pareils! » m'écriai-je.

Saisis d'émotion, nous nous jetâmes dans les bras l'un de l'autre et nous pleurâmes de joie à notre cou. Tout le monde dormait, sauf les matelots de quart. Seuls debout à l'arrière, Himilcon et moi nous nous embrassions à la lumière d'Astarté et des Cabires retrouvés.

Un mois après cet événement, comme je descendais à l'embouchure d'une rivière pour faire de l'eau, je rencontrai des noirs tout à fait pareils aux Éthiopiens qu'on voit en Égypte. L'un de ces hommes comprenait même l'égyptien, et me dit l'avoir appris en Éthiopie, qui appartient, comme on sait, au Pharaon; il m'expliqua que la frontière méridionale d'Éthiopie était à plus de six mois de marche de son pays; mais il ne put me donner aucun renseignement sur les distances du côté de la mer. Il ne connaissait même pas les Phéniciens, et nous confondit d'abord avec les Égyptiens. Quand nous eûmes appris à ces noirs, qui s'appellent Kouch, que nous n'étions pas sujets du Pharaon, mais ennemis des Misraïm, ils nous firent bon accueil, car ils paraissent détester les Égyptiens, qui ont grandement ravagé les pays au nord du leur. Nous passâmes trois mois chez les Kouch, attendant un vent favorable et trafiquant avec eux : ils nous vendirent de la poudre d'or, de l'ivoire, des perles, des peaux de lion et de panthère. Tout ce pays est rempli d'éléphants, de rhinocéros, de girafes et de bêtes féroces. La chasse y fut des plus fructueuses, et Bicri tua un lion de la peau duquel il se fit un manteau. Dionysos abattit une panthère. Chacun de nous y fit quelque beau coup. Enfin nous partîmes, chargés d'immenses richesses. Maintenant j'étais sûr d'arriver à la mer des Roseaux.

Le dixième jour après notre départ, par un vent debout très-violent qui soufflait des régions du nord-est, je vis en avant de nous un grand gaoul phénicien, qui paraissait avoir des avaries et chasser devant la bourrasque. Je manœuvrai aussitôt dans sa direction et je le hélai. Il me répondit qu'il avait perdu une partie de ses avirons, qu'il avait sa vergue brisée et que je m'approchasse moi-même, parce qu'il était en détresse. Craignant quelque fourberie, je fis prendre les armes, garnir les machines, et je l'approchai par un côté, tandis que l'*Adonibal* l'approchait par l'autre et le *Cabire* par derrière.

A un demi-trait d'arc, je vis le capitaine, debout à l'arrière, lever les bras au ciel, et je l'entendis s'écrier :

« Baal Chamaïm ! N'est-ce pas Magon que je vois ? »

Je jetai les yeux sur le capitaine et je ne pus retenir une exclamation.

« Par Astarté ! m'écriai-je, c'est mon cousin Ettbal ; les dieux soient loués de cette rencontre ! »

En un instant nous fûmes sur le gaoul désemparé et nous passâmes une remorque à nos compatriotes. Un moment après, Ettbal était à bord et dans mes bras.

« Magon, mon cher Magon, mon bon frère ! s'écriait-il sans cesse. Te voilà donc, et voilà le bon Himilcon ! Tout le monde en Phénicie te croyait mort et perdu ! Par tous les dieux, c'est un miracle manifeste d'Astarté ! et il faut que ce soit vous qui me sauviez du péril ! »

Là-dessus, Ettbal m'embrassait encore, puis mettait ses deux mains sur mes épaules pour bien me regarder.

« Est-ce bien toi ? s'écriait-il. Et par quelles prodigieuses aventures te trouves-tu en ces parages ? »

— Tout d'abord, lui dis-je, informe-moi en quels parages je suis, car je l'ignore moi-même. »

Ettbal me regarda, de l'air le plus surpris du monde.

« Tu ignores où tu es ! s'écria-t-il. Te ris-tu de moi ?

— Aussi vrai que nous ne buvons que de l'eau depuis deux mois, dit Himilcon, aussi vrai que nous avons bu de l'huile de poisson, et tenu le soleil à notre gauche, et perdu les Cabires de vue, nous ignorons absolument où nous sommes !

— Tout ce que dit Himilcon est scrupuleusement vrai, » ajoutai-je.

Ettbal hocha la tête. Il pensait certainement avoir affaire à des fous.

« Vous avez tenu le soleil à votre gauche ! dit-il d'un air stupéfait. Et vous avez perdu les Cabires de vue ?

— Oui, oui, reprit Himilcon, et nous avons bu de l'huile de poisson, et bien autre chose encore, et voici deux mois que nous ne connaissons plus le vin que de réputation.

— Oui, répétai-je ; mais par tous les dieux ! informe-nous dans quels parages nous sommes et d'où tu viens !

— Voilà qui est merveilleux, balbutia Ettbal, de trouver Magon à deux jours de navigation des bouches de la mer des Roseaux, à six jours d'Ophir, venant du sud quatre ans après qu'il est parti à l'ouest pour Tarsis, et de l'entendre dire qu'il ne sait pas où il est ! »

Je poussai un cri de joie.

« Ah ! m'écriai-je en battant des mains, j'avais donc raison ! Asdrubal, Amilcar, Himilcon, Gisgon, avais-je raison ? Et toi Hannon, et toi Hannibal, et toi Chamaï, me croyez-vous à présent ? Et quand nous partîmes des Iles Fortunées n'étais-je pas sur la bonne route de l'Égypte ? »

Cette fois, Ettbal me crut complétement fou.

« Qu'est-ce que les Iles Fortunées ? murmura-t-il.

— Et qu'est-ce que l'île Preudayn, et les îles de l'Étain, et le fleuve des Souomi, et le Chariot des Dieux ? s'écria Himilcon, triomphant. Ah ! vous autres caboteurs, vous autres côtiers, vous croyez connaître les choses ? Mais vous n'êtes que des navigateurs de rivière montés sur des coquilles de noix ! Il faut laisser la connaissance de la mer à des hauturiers comme nous ! »

Cette fois, Ettbal se fâcha tout rouge. C'était un bon marin, un vrai Sidonien, et les poissons de mer de Sidon n'aiment pas qu'on se moque de leur navigation.

« Que dis-tu, pilote de malheur, borgne détestable ? s'écria-t-il. Appelles-tu caboteur un homme qui fait le voyage d'Ophir ? Nommes-tu coquilles de noix des navires comme ce mien gaoul ici ? Qui appelles-tu donc un hauturier, si ce n'est moi ?

— Ha, ha, ha ! fit Himilcon en éclatant de rire. Il se croit un hauturier et il ne connaît même pas l'archipel d'Armor !

— Cesseras-tu de dire des mots en grimoire ? s'écria Ettbal ; es-tu déjà ivre aujourd'hui, ivrogne au regard louche ?

— Hélas ! dit Himilcon, rappelé cette fois à la triste réalité ;

hélas! bon Ettbal, si tu as quelque peu de vin à ton bord, tu fe rais mieux de m'en donner ou de m'en vendre que de m'injurier; car je veux que la première gorgée que je boirai m'étouffe, si j'ai bu autre chose que de l'eau depuis deux longs mois! »

Je mis un terme à la discussion d'Ettbal et du pilote.

« Crois-moi, mon cher cousin, lui dis-je, nos aventures sont si extraordinaires que tout ce que nous te disons peut te paraître bizarre ; mais nous ne sommes pas fous. Et pardonne aussi à Himilcon : après ce que nous avons enduré, nous avons bien le droit de nous vanter un peu. »

Aussitôt le bon Ettbal, oubliant sa colère, embrassa cordialement Himilcon, et pour lui prouver qu'il ne lui gardait pas rancune, il fit tirer de son vaisseau une outre du meilleur vin. Himilcon la saisit dans ses bras, et l'élevant vers le ciel :

« Dieux cabires, dit-il d'un ton pénétré, je vous la consacre. Je vais la répandre en libations à votre honneur! Seulement je verserai les libations dans l'intérieur de mon gosier. »

A ces mots, il porta l'outre à sa bouche et en tira une si longue gorgée, qu'il semblait à Hannibal, à Gisgon, à Jonas et autres amis du bon vin qu'elle ne finirait pas ce jour.

« Hannibal, s'écria Himilcon, ôtant l'embouchoir de l'outre de sa bouche, Hannibal, il est d'Arvad!

— Victoire! s'écria le bon capitaine en arrachant l'outre des mains de Gisgon qui s'en emparait déjà.

— Patientez, dit Ettbal en riant, patientez. Il y en aura pour tout le monde! Je porte justement un chargement de vin à Ophir.

— Je ne te quitte plus, alors! s'écria Himilcon. Mon œil et mon gosier sont à toi. »

XXI

La reine de Saba.

Cependant le vent s'était calmé. Ettbal nous donna la direction ; le *Cabire* a prit en tête, et notre flottille fila joyeusement vers la côte d'Ophir, remorquant le gaoul de mon cousin. Ettbal fit servir sur l'arrière de l'*Astarté* un vrai festin, un festin phénicien. A nos matelots, il fit distribuer fromages, olives, figues et raisins secs, et double ration de vin. Nous-mêmes nous assîmes sur des tapis qu'il fit prendre dans son navire, car les nôtres étaient usés ou vendus, et pour la première fois depuis des années nous mangeâmes joyeusement les mets de Tyr et de Sidon, en buvant le vin de Byblos et d'Arvad. Notre cœur se dilatait d'aise. Bien des fois je vidai et je remplis ma coupe. Enfin, je dus céder aux instances d'Ettbal et commencer le récit de nos aventures, qui dura jusque dans la nuit.

Quand j'eus fini, Ettbal, qui avait écouté en silence, leva les mains vers le ciel étoilé de constellations amies.

« Par Astarté ! par tous les dieux ! s'écria-t-il, je suis stupéfait d'admiration et ton récit mérite d'être écrit en lettres d'or. Nous avons reçu tes chargements et messages venant de Gadès, mais depuis ce temps nous te croyions perdu sur l'Océan. Que de merveilles n'as-tu pas vues! Quant au scélérat Bodmilcar, personne n'a entendu parler de lui. Sans doute, les dieux justes l'auront fait périr! »

Je fis présent à Ettbal de plusieurs belles perles qu'il ne voulait pas accepter, mais je le décidai à le faire. Puis, comme le gaoul n'était avarié que dans ses manœuvres et non dans sa coque, et que le temps était favorable et la route facile et connue, nous allâmes tous prendre le repos dont nous avions besoin.

« Capitaine Ettbal, dit Himilcon en se levant de bon matin, t'es-tu déjà battu en ce présent voyage?

— Non, lui dit Ettbal surpris. Pourquoi me demandes-tu cela?

— Eh bien, lui dit Himilcon, cela ne va pas tarder à t'arriver. Avec nous, il pleut des coups. Nous ne pouvons mettre le pied en aucun endroit qu'il ne s'y rencontre quelque bagarre. Nous attirons aussi sûrement les batailles que les caps attirent les gros temps. Quand nous ne nous battons pas contre les hommes, nous nous battons contre les bêtes, et quand nous sommes en paix avec les bêtes, nous sommes en guerre avec la mer. Ainsi, prépare ton cœur, tes bras et tes armes. »

Ettbal se mit à rire.

« J'espère, dit-il, que vous êtes à la fin de vos traverses, que nous ferons pacifiquement ensemble le voyage d'Ophir et que nous reviendrons paisiblement. A ce propos, capitaine Magon, sur quels objets d'échange comptes-tu à Ophir? Car c'est précisément de là que viennent l'or et l'étain, mais non toutefois en si grandes quantités que tu en apportes.

— Comptes-tu pour rien, lui dis-je, ma pierre précieuse du Nord, l'ambre, produit de la mer brumeuse? Avec une petite portion de mon ambre, je prétends acheter encore des épices, et des aromates, et du bois de santal, et des paons, et des singes, et toutes les merveilles qu'on voit en Ophir. »

Après six jours de navigation le long des côtes rocheuses de l'Arabie, nous entrâmes dans le port de Havilah, ville principale du royaume d'Ophir et de Saba. Ce port n'a point de quai, ni de

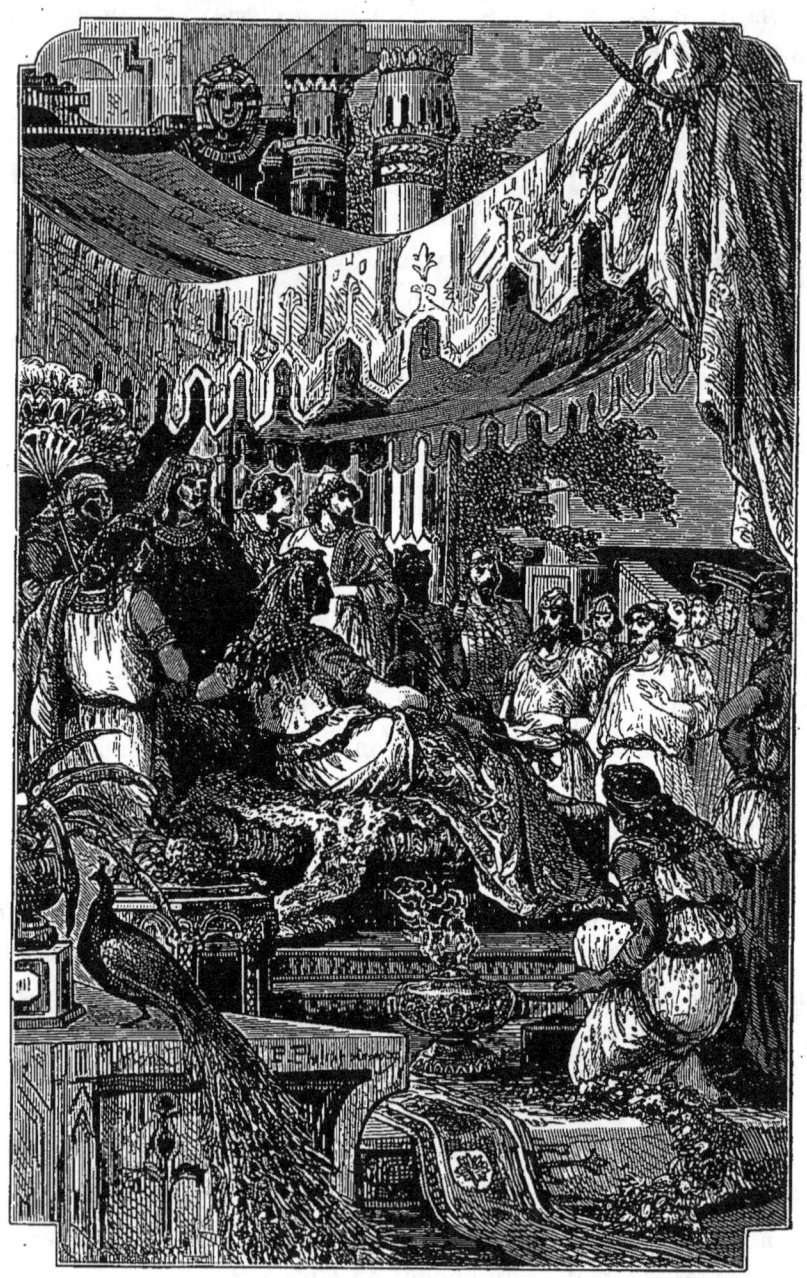

La reine de Saba.

défenses, ni d'arsenaux comme ceux des Phéniciens; mais c'est un bon port de commerce et bien abrité. Tout autour est bâtie la ville, en amphithéâtre sur les hauteurs avoisinantes. Ses maisons blanches à terrasses ou à dômes bruns et rouges, entremêlées de bouquets de palmiers, produisent sur le ciel bleu le plus heureux effet. Parmi les maisons, on voit les dômes de temples tout dorés ou revêtus de bronze qui jettent un éclat éblouissant. Le palais de la reine du pays est bâti au bord de la mer, car cette reine s'intéresse fort aux choses de la navigation; c'est à la mer d'Ophir qu'elle doit sa prospérité, quoique ses habitants ne naviguent pas eux-mêmes; mais leur ville est l'entrepôt entre l'Inde lointaine et nos propres contrées.

Le palais de la reine est bâti en bois de cèdre et garni de grillages et de balcons à jour. Il est tout éclatant de peintures et d'incrustations précieuses, et orné de voiles et de tentures d'étoffes bariolées et chatoyantes. C'est à ce palais merveilleux que je me rendis avec mon cousin et tous mes chefs : je voulais m'acquérir la bienveillance de la reine par un présent digne d'elle. Je réunis donc de beaux morceaux d'ambre que je plaçai dans une grande coupe en argent de Tarsis, et je me présentai au palais, où je frappai sur le grand tambour qui est à la porte, car c'est ainsi qu'on demande accès à la reine.

De la terrasse qui domine la mer, la reine avait vu nos vaisseaux entrer dans le port, et nous-mêmes arriver au palais. C'est là qu'elle a coutume de s'asseoir sous un pavillon d'étoffes brochées, au milieu des princes, des dames et des ministres de son royaume. Elle ordonna qu'on nous fît entrer, et on nous conduisit par un jardin que nous ne pouvions nous lasser d'admirer. Les plantes aux fleurs éclatantes et au vaste feuillage, les eaux vives contenues dans les bassins, les pavillons tendus entre les arbres, les singes rares attachés par des chaînes d'or et grimaçant dans les branches, les oiseaux de l'Inde au plumage brillant et bariolé, les paons qui se promènent dans les allées en étalant leur queue chatoyante, tout, dans ce palais enchanté, est digne du royaume le plus riche de la terre.

Nous nous prosternâmes devant la reine, puis elle nous dit

de nous lever. Elle est elle-même aussi brillante que son palais, étant toute jeune et belle comme la lune. Elle était entourée de joueuses de tambourin, de porteuses d'éventails et de coiffeuses, parfumée d'essences et vêtue avec la dernière richesse. Dans sa chevelure et à son cou étaient des bijoux et des parures qui auraient suffi à payer l'équipement et l'entretien, pendant une année, d'une flotte de guerre. Elle portait une robe brodée d'or rouge, sur laquelle étaient représentés des personnages, des quadrupèdes et des oiseaux, et qui retombait par-dessus ses autres vêtements; ses manches étaient relevées jusqu'au coude, et ses bras chargés de bracelets qui valaient des milliers de

pièces d'or. A sa vue nous fûmes éblouis. Hannon récita immédiatement les vers suivants :

« Ses yeux sont comme des lunes : que dis-je, comme des lunes! Ce sont des soleils. L'arc de ses sourcils lance des flèches qui percent le cœur des mortels!

« Voici la reine dont la justice s'étend sur tous les êtres, celle qui a dompté et pacifié tout l'univers!

« Je chante ses bienfaits : que dis-je, ses bienfaits! Plutôt les colliers qui enchaînent le cou des humains!

« Je baise ses doigts : que dis-je, ses doigts! Plutôt les clefs des faveurs divines. »

La reine, qui parlait fort bien le phénicien, car la langue qu'on parle en Ophir ressemble beaucoup à la nôtre, fut enchantée de l'éloquence d'Hannon. Elle daigna jeter un regard sur mon présent, et voulut que moi-même je lui racontasse mes aventures. Ensuite elle se leva et nous ordonna de la suivre dans son jardin, qu'elle nous fit voir elle-même. Elle s'avançait en se balançant sur ses hanches, suivie de toute sa cour et pareille à une déesse. Avant que je prisse congé d'elle, elle me dit de revenir le soir avant mon départ, attendu qu'elle avait des ordres à me donner.

Le soir même, la reine envoya des présents magnifiques, des provisions abondantes pour nos navires, des vêtements brodés pour les femmes qui étaient avec nous, et une tunique d'écarlate avec une ceinture d'hyacinthe et un baudrier brodé d'or et de perles pour Hannon.

Nous passâmes huit jours à Havilah, faisant nos échanges et admirant les curiosités de la ville. On y rencontre les peuples les plus divers, ceux qui viennent de l'Inde et de la Taprobane, ceux qui viennent de l'Éthiopie et ceux qui viennent des bouches de l'Euphrate. Les Sabéens eux-mêmes ressemblent beaucoup aux Juifs, aux Phéniciens et aux Arabes, sauf qu'ils sont plus petits de taille et plus bruns de visage, mais leur reine est très-blanche. L'or et l'étain qui existent dans ce pays viennent de l'Inde, ainsi que les paons, l'écaille et l'ivoire. Les épices, les étoffes précieuses et les vases de verre opaque viennent de plus loin encore, par l'Inde, de pays où personne n'est jamais allé. On m'a dit qu'il fallait deux ans pour y aller, en partant de l'extrémité de l'Inde.

Le jour de mon départ, je me présentai devant la reine.

« Magon, me dit cette grande souveraine, tu sauras qu'il y a dix-huit mois, le vieux roi David qui t'avait envoyé en Tarsis est mort. Son successeur est un jeune roi, son fils, qui s'appelle Salomon, de la puissance et de la sagesse duquel on me dit des choses merveilleuses. Il domine jusqu'au golfe d'Élam, sur la mer des Roseaux, où il possède le port d'Hetsion-Guéber. Je veux entrer en amitié avec ce grand roi, et je te chargerai pour lui d'un présent digne de lui et de moi-même.

— Votre volonté est ma loi, répondis-je.

— Mais d'abord, me dit-elle, si tes gens et tes navires, et toi vous n'êtes pas trop fatigués, veux-tu faire un voyage à mon service?

— Quel est-il, ô reine? demandai-je.

— J'ai appris que le roi de Babylone, d'Assur et d'Accad marche avec une puissante armée, pour soumettre les peuples de l'embouchure de l'Euphrate, qui se sont révoltés contre lui. Tu

Je me prosternai devant la reine.

lui porteras des lettres et des présents et tu le salueras de ma part.

— Je le ferai volontiers, ô reine! répondis-je, d'autant que le voyage d'ici à l'embouchure de l'Euphrate n'est pas des plus longs, ni des plus difficiles.

— Va donc, dit la reine en souriant, et je te récompenserai comme il convient. »

Je me prosternai devant elle, et je sortis vers les miens. Une heure après, je m'embarquai, après avoir pris congé d'Ettbal, qui retournait à Sidon par Hetsion-Guéber et le canal du Pharaon.

XXII

Comment le général des Assyriens trouva Bicri
trop lourd.

Un mois d'une navigation facile me conduisit à l'embouchure de l'Euphrate, après que j'eus relâché chez les Arabes, et sur la côte des Gédrosiens ichthyophages qui est en face. Chamaï et ses gens, auxquels j'avais annoncé la mort de leur roi, prirent le deuil pendant huit jours, déchirant leurs habits et jeûnant en son honneur, et ne se peignant ni la barbe ni les cheveux. Après quoi ils se lavèrent, firent un festin et se réjouirent en l'honneur du nouveau roi.

J'entrai dans le fleuve, et de bon matin j'arrivai à la petite ville consacrée au dieu Oannès, qu'on rencontre d'abord dans les terres. Cette ville, construite en briques comme toutes celles des bords de l'Euphrate, car la pierre manque absolument dans ce pays, est fortifiée d'une enceinte circulaire faite de briques crues et cuites, séparées par des lits de bitume. Des forêts s'étendent sur sa droite, débris des immenses forêts de Mésopotamie, où l'éléphant vivait encore il y a trois cents ans, à ce que m'ont assuré des gens savants de ce pays. Sur l'autre rive s'étalent, à perte de vue, les champs cultivés et couverts de moissons et de pâturages. En amont, et des deux côtés du fleuve, on voyait des centaines et des centaines de tentes dressées au milieu des moissons ou adossées à la forêt. De longues files de chevaux étaient entravées à des piquets, et la fumée de feux innombrables montait en colonnes bleuâtres vers le ciel. Des barques et deux grands navires de construction phénicienne étaient amarrés à la berge. Des vedettes à cheval, la lance au poing, l'arc et le carquois sur la cuisse, étaient placées sur les rives, et plus loin, les moissons, les prairies et la lisière de la forêt fourmillaient de soldats.

« L'armée des Assyriens ! s'écria Himilcon ; voilà l'armée des Assyriens, là-bas !

— Ah ! dit Hannibal en se frottant les mains, je revois donc enfin une vraie armée, et un vrai camp, et de la cavalerie ! Loué soit Nergal, dieu de la guerre, et le seigneur des armées ! Quel beau spectacle ! L'assiette de ce camp est bien choisie et les tentes heureusement disposées, et les troupes me paraissent habilement réparties. Je veux savoir qui sont les chefs, et visiter leurs divisions, milliers, centaines et dizaines. »

Des cris rauques interrompirent l'effusion d'Hannibal. Des cavaliers galopèrent sur la berge à notre rencontre, posant la flèche sur la corde de l'arc. Ils nous crièrent en chaldéen de nous arrêter et de dire qui nous étions. Je montai sur la proue du navire et je répondis poliment à leur demande.

« C'est bon ! nous cria celui qui paraissait être leur chef. Attendez ici ! Je vais aller consulter le chef de mon millier. »

Il partit à fond de train dans la direction du camp, et revint, un quart d'heure après, précédant une autre troupe de cavaliers à la tête de laquelle trottait un grand gaillard armé de pied en cap d'une cotte de mailles, de grèves de mailles, d'un casque à gorgerin de mailles et la lance au poing.

« Beau cavalier ! dit Hannibal. La cavalerie des Assyriens est magnifique.

— Je le reconnais volontiers, dit Chamaï ; mais en ce qui concerne l'infanterie, je demande la première place pour celle de Juda. »

Pendant qu'Hannibal et Chamaï discouraient, le Chaldéen s'arrêta sur la berge, en face de notre navire.

« Holà ! cria-t-il d'une voix forte, que vos chefs descendent à terre, et me suivent pour implorer la miséricorde de notre roi et déposer leur demande aux pieds de notre général, Balazou.

— Voilà un général qui a un beau nom, » observa Hannon.

Effectivement, *Balazou*, en langue chaldéenne, signifie « le Terrible ».

Je pris les lettres de la reine de Saba et je descendis à terre, accompagné d'Himilcon, d'Hannon, d'Hannibal, de Chamaï et de Bicri. Huit matelots derrière moi portaient le présent de la reine.

Le chef chaldéen nous reçut d'un air rogue. C'était un homme de bonne taille, corpulent et lourdement membré, le teint vermeil, la figure large, la mâchoire forte, l'œil gros et à fleur de tête, la barbe épaisse et frisée, comme sont tous ses compatriotes carduques et chaldéens. Il était d'ailleurs, comme eux, insolent, brutal et grossier.

« Allons, vous autres gens de mer, dit-il, marchons et allongez le pas. Je n'aime pas retenir la bride à mon cheval. »

Nous suivîmes le cavalier chaldéen, escortés par la troupe de ses soldats. Bientôt nous passâmes au milieu d'un parc de chariots de guerre, puis devant un camp d'Assyriens de Mésopotamie, gens de pied armés de longues lances et de masses d'armes, et pour le visage, semblables aux gens de Juda. Plus loin, nous vîmes la troupe farouche des Mèdes récemment soumis à l'empire de Ninive et de Babylone ; ces Mèdes, dont les pères conquirent autrefois Ninive et lui donnèrent des rois, nous regardaient passer en faisant de grossières plaisanteries dans leur langue. Ce sont des hommes à la structure trapue, à la tête ronde, à la barbe clair-semée et à l'œil oblique. Armés d'épées suspendues à un baudrier et d'arcs courts, mais très-forts, leur troupe est redoutable. A côté des Mèdes s'agitaient des Arabes, venus avec leurs chameaux. Ces Arabes, demi-nus et criards, font aussi partie du contingent des rois d'Assyrie. Au milieu d'eux, je reconnus des marchands d'esclaves madianites et plusieurs Phéniciens qui suivent partout les armées comme fournisseurs, et aussi pour acheter aux soldats le butin de guerre et les esclaves.

Nous nous arrêtâmes au milieu d'un camp de cavaliers chaldéens, devant une grande tente ronde couverte de belles étoffes. Des Carduques à pied la gardaient, la masse d'armes ou l'épée au poing. Ils étaient armés de demi-cuirasses, de jambières, de casques empanachés et de boucliers ronds. C'était la tente du « Terrible ».

« Entrez, nous dit le chef de milliers d'un air goguenard ; entrez, gens marins, et tâchez que le Terrible vous reçoive bien. Peut-être, en votre honneur, sortira-t-il de ses humeurs. »

Là-dessus, le Chaldéen éclata bêtement de rire, fit caracoler son cheval, et partit au galop, suivi de ses hommes.

« Holà ! cria derrière lui Chamaï furieux; holà! grossier brutal, est-ce ainsi qu'on parle à des capitaines ? Les quitte-t-on sans les saluer ? sommes-nous moins que toi ? »

Mais le Chaldéen ne l'entendit pas. Il était déjà loin.

Les soldats carduques nous considéraient attentivement, échangeant entre eux des réflexions à voix basse. Les riches vêtements d'Hannon, présent de la reine de Saba, attiraient surtout leurs regards.

« C'est toi qui es le chef? dit l'un d'eux à Hannon.

— Non, le voici, » répondit Hannon en me désignant.

Or j'étais vêtu de mes vieux habits de bord, usés et fripés par la mer.

Les Carduques me regardèrent avec surprise, et pensèrent tout de suite à quelque déguisement, car, chez eux, l'autorité ne va pas sans le luxe des armes et des habits.

« Et vous venez voir le Balazou? reprit le soldat.

— Nous venons le voir, » répondis-je.

Le soldat pénétra sous la tente en courbant le dos et ressortit un instant après.

« Entrez, » dit-il.

J'entrai hardiment, suivi des miens.

Au fond de cette tente très-vaste, et où se trouvaient déjà de nombreux chefs et esclaves, un homme magnifiquement vêtu, mais sans armure, était assis ou plutôt vautré sur un lit de repos. Des gardes armés se tenaient à ses côtés, et devant lui deux échansons présentaient des coupes de vin dont il ne paraissait guère avoir besoin, car il était parfaitement ivre. C'était le Balazou.

Nous nous inclinâmes profondément devant lui, à l'exception du seul Bicri. J'avais déjà maintes fois remarqué que le jeune archer avait ses idées à lui et n'en faisait guère qu'à sa tête.

Le Balazou, repoussant un des échansons debout devant lui, nous considéra attentivement. C'était un homme de haute taille, la barbe abondante et bien frisée, les cheveux reluisants d'essences, la mâchoire lourde et les lèvres épaisses. Il était vêtu d'une robe rouge à ramages et à broderie et d'une tunique frangée. Sa masse d'armes, terminée par une tête de bœuf, était déposée sur le lit à côté de lui. Il nous regardait en clignant des yeux, en hochant la tête et en faisant toutes sortes de mines. Voyant cela, ses gens ricanaient et l'imitaient pour lui faire leur cour. Nous gardions le silence, attendant qu'il parlât.

A la fin, il se décida.

« Holà ! cria-t-il d'une voix avinée, qu'on me saisisse ces deux grands-là et le jeune homme armé d'un arc, qu'on leur donne vingt-cinq coups de fouet et qu'on les enrôle ensuite parmi mes archers : ils sont bien faits et de bonne mine ! »

Je restai si stupéfait que je ne sus que répondre. Hannibal fit un pas en avant, les poings serrés et regardant le Balazou avec des yeux enflammés. Mais le Balazou ne s'en aperçut pas.

« Quant à celui qui a un baudrier d'or, continua-t-il, qu'on le dépouille nu comme un ver et qu'on le mette avec mes esclaves. Et quant au vieux borgne et à l'autre rabougri, qu'on me les pende ou qu'on leur coupe la tête ; cela m'est égal !

— Hein ? s'écria le premier Himilcon ; c'est moi, pilote sidonien, que tu appelles vieux borgne ? Et c'est le fameux amiral Magon que tu appelles vieux rabougri ? »

Le Terrible partit d'un éclat de rire.

« Allez, dit-il, et empoignez-moi ces gens-là. Faites comme j'ai dit ! »

Plusieurs hommes s'avancèrent sur nous. Le Balazou prit la coupe des mains d'un de ses échansons, la vida d'un trait et la lui jeta à la face.

Un Chaldéen leva la main sur moi : je le repoussai rudement. En même temps, je vis Himilcon dégainer son coutelas. Hannibal se jeta sur l'homme qui venait pour le saisir, et le frappant des deux poings, à la manière des Kymris de Preudayn, au visage et dans les yeux, il le terrassa sur place. Chamaï, imitant les Celtes d'Armor, fondit sur un autre la tête baissée, et d'un furieux coup de tête dans le creux de l'estomac l'envoya rouler contre la paroi de la tente, où il resta étendu comme un homme mort. Mais Bicri, l'agile Bicri, plus leste et plus réfléchi que les autres, bondit comme un chat, retomba sur le lit de repos du Balazou étendu, lui mit le genou sur la poitrine, et d'une main le saisissant par la barbe, de l'autre il tira son couteau et lui porta la pointe à la gorge.

« Bravo, Bicri ! s'écria Hannibal en mettant l'épée à la main. Bien joué, Bicri !

— Vive le roi ! cria Chamaï en se redressant l'épée haute. Tiens ferme, Bicri ! »

Hannon et moi dégainâmes aussi. Himilcon, saisissant un Chaldéen par le cou, le terrassa d'un de ces tours de main de matelot qui surprennent toujours les gens de terre.

Mes huit marins, voyant de quoi il retournait, posèrent leurs caisses à terre et dégainèrent tranquillement leurs coutelas.

« Faut-il le saigner ? me dit Bicri avec son flegme ordinaire.

— Attends un peu, répondis-je. Toi, Balazou, si tu cries, mon jeune homme te coupera la gorge ; et vous, gens de guerre, si vous appelez à l'aide, ou si vous faites un mouvement contre nous, votre chef est un homme mort.

— Restez calmes, restez calmes, restez calmes, ô guerriers ! » dit par trois fois le Terrible d'une voix moins avinée. Le couteau de Bicri le dégrisait quelque peu.

Les Chaldéens, soldats et esclaves, se rangèrent, d'un air effaré, contre les parois de la tente. Bicri se mit à siffler la chanson de Benjamin et posa l'autre genou à côté du premier, sur la poitrine du Balazou.

« Tu m'étouffes, jeune homme, dit le Balazou d'une voix étranglée. Laisse-moi ; ce que je disais n'était qu'en plaisantant.

— Oh ! je t'étouffe, dit Bicri, ce n'est pas vrai. Je ne suis pas lourd.

— Par Nitsroc ! râla le Terrible, laisse-moi. Tu auras une splendide récompense. Je te ferai riche pour la vie.

— C'est l'affaire de l'amiral Magon, répondit Bicri. Ici comme à son bord, c'est lui qui est maître après Dieu.

— Allons, laisse-le un peu respirer, » dis-je à Bicri.

L'archer remit les pieds par terre, mais sans lâcher la barbe du Balazou et sans bouger son couteau. Le Terrible souffla bruyamment. Sa figure était pâle et moite de sueur. Il était tout à fait dégrisé.

« Chef de ces gens, dit-il d'une voix dolente, où es-tu ?

— Me voici, répondis-je.

— Oui, voici le rabougri, ricana Himilcon ; et moi, le vieux borgne, je suis son pilote. Et nous revenons du pays des Souomi, où on boit de l'huile de poisson, et nous avons fait le tour de la Libye tout exprès pour te couper la gorge. Cela t'apprendra à te griser sans rien offrir aux autres, entends-tu, homme de rien ! »

Disant ces mots, Himilcon arracha des mains d'un échanson la coupe pleine qu'il tenait, la vida d'un trait et la jeta au nez du Balazou.

J'arrêtai le bras d'Himilcon.

« Silence, pilote ! lui dis-je. Le seigneur Balazou a fait quelque méprise et ignore qui nous sommes. Ne venons-nous pas apporter des présents à son roi ? Ne sommes-nous pas ses serviteurs ? »

Le Terrible fit un furieux soubresaut. Le couteau de Bicri lui égratigna quelque peu la gorge.

« Mon roi est illustre, cria-t-il à plein gosier ; mon roi est Binlikhous, deuxième du nom !

— Pas si haut, pas si haut, dis-je vivement.

— Et quand ton Binlikhous, deuxième du nom, serait troisième ou quatrième, dit Bicri en lui serrant le cou pour le maintenir, je te saignerai ici, si tu recommences à te trémousser et à crier si fort.

— Est-ce ainsi qu'on traite l'illustre amiral Magon, ajouta Hannibal, et des guerriers comme Chamaï et moi?

— J'ai voulu rire, j'ai voulu plaisanter, dit le Terrible. Fais lâcher prise à ton jeune homme. Je te jure, par mes dieux, que je ne vous ferai pas de mal. N'as-tu pas confiance en moi?

— Pas tout à fait, répondis-je en souriant. Il y aurait un moyen plus simple de nous entendre.

— Et lequel? dit le Balazou. Parle, grand capitaine! Parle, homme vaillant!

— As-tu jamais vu de vrais vaisseaux phéniciens, incomparable Balazou, serviteur du roi Binlikhous deuxième? lui demandai-je; des vrais vaisseaux phéniciens faisant le voyage de Tarsis?

— Où veux-tu en venir, homme marin? me dit le Terrible.

— C'est facile à comprendre, lui répondis-je. Tu vas venir visiter mes vaisseaux!

— Bien volontiers, s'écria le Chaldéen. Tout de suite, tout de suite.

— Doucement, lui répondis-je. En y allant, tu marcheras entre Hannibal et Chamaï, qui seront à tes côtés, l'épée nue pour te faire honneur. Et ton jeune ami Bicri marchera derrière toi, toujours pour te faire honneur. Et quand tu seras à mon bord, tu auras la complaisance d'y rester, jusqu'à ce que je me sois acquitté envers ton roi. Et souviens-toi de ce que te disait tantôt le jeune homme : que sur un navire phénicien, le capitaine est maître après les dieux.

— Je comprends, dit le Balazou en soufflant. Je comprends. Si j'appelle à l'aide jusqu'à tes navires, tu me feras poignarder, et quand j'y serai, tu me garderas en otage.

— Tout juste, mon cher ami, lui répondis-je. Tu as parfaitement compris.

— Tu es un habile homme et tes gens sont hardis ! soupira le Balazou.

— On a vu des petits rabougris et des vieux borgnes comme cela, dit l'incorrigible Himilcon. Dis donc, Balazou, ordonne donc à tes brutes de me donner encore une coupe de vin. »

Le Balazou ne répondit pas. Il ferma les yeux comme un homme qui réfléchit profondément.

« Oh ! ne te presse pas, dit Bicri en s'asseyant sur lui, prends toutes tes aises ; je ne suis pas fatigué.

— Jeune homme, s'écria le Balazou, qui décidément avait une profonde admiration pour les façons d'agir de Bicri, jeune homme, entre à mon service et je ferai ta fortune ! Tu es vaillant et tu me plais. Mais auparavant, ôte ton corps de dessus le mien, car tu es beaucoup plus lourd que tu ne crois. »

Pour toute réponse, Bicri se mit à siffler une chanson des Kymris.

« Je m'amuse énormément, » dit Himilcon.

Après quoi, il arracha une outre de vin des mains d'un échanson et lui donna deux grands soufflets en échange.

« Voyons, dis-je, nous ne pouvons pas rester éternellement ici. D'un moment à l'autre quelqu'un peut entrer. Il faut te décider, Balazou. »

Le chef fit un mouvement. Bicri fronça le sourcil et appuya son couteau.

« Allons, dit brusquement le Terrible. Allons, vous êtes de braves gens. Après tout, c'est moi qui ai eu tort. Marchons ! »

Mes matelots ramassèrent leurs caisses. Hannibal et Chamaï se placèrent des deux côtés du Balazou, en lui donnant toutes les marques du respect le plus profond. Bicri le suivit en sifflotant, et nous accompagnâmes le cortége. Sur notre route les soldats se prosternaient devant leur général, ce qui me donnait intérieurement une forte envie de rire. Une demi-heure après, le grand Balazou mettait le pied sur le pont de l'*Astarté*, au milieu de mes matelots qui me saluaient cordialement, à la manière des marins phéniciens. Il n'avait pas prononcé une parole en chemin.

« Tout le monde à son poste, mes enfants ! m'écriai-je gaiement. Le seigneur ici présent, général de l'armée du roi d'Assyrie, nous fait l'honneur de visiter nos navires.

— Et il distribue double ration de vin à l'équipage pour payer sa bienvenue, ajouta Himilcon.

— Vivent le roi d'Assyrie et son général ! » s'écrièrent nos matelots.

Le Terrible se mit à rire, quoiqu'il fût un peu pâle.

« Tu as là de braves gens sous tes ordres, capitaine, me dit-il. Et vous autres, vous aurez votre double ration, et des moutons, et des bœufs, et un présent en plus ! »

Les matelots acclamèrent encore une fois notre hôte forcé. Hannibal le salua poliment, Chamaï haussa les épaules et Bicri dit, sans se gêner, à son petit ami Dionysos :

« Cet homme que tu vois ici est un ivrogne, un brutal, un couard et un fou. Il commande à cinquante mille autres, qu'il conduit à coups de fouet.

— Ce ne sont pas des Hellènes alors, répondit Dionysos, car les Hellènes sont des hommes libres, qui ne se laissent pas donner de coups de fouet, ni commander par des hommes pareils. »

Le Balazou se mordit les lèvres.

« Vous êtes des gens étranges, et comme on en voit peu ici, dit-il. Les Phéniciens se mêlent d'ordinaire de leur commerce et non de juger les empires.

— Nous revenons de très-loin, dit Hannibal. Cela nous a changé le caractère.

— Si Adonibal, suffète amiral d'Utique et de Carthage, était ici, dit Himilcon, il t'apprendrait que les Phéniciens peuvent juger les empires. Mais tu ne connais pas Utique et tu ne sais pas où est Carthage. »

En ce moment, nous eûmes le spectacle d'une partie de l'armée assyrienne passant de la rive droite sur la rive gauche. Le fleuve était couvert de radeaux et de barques, sur lesquels on embarquait les chariots ; les chevaux suivaient à la nage, tenus par des hommes placés à l'arrière de ces embarcations. Les fan-

Sur notre route les soldats se prosternaient.

tassins traversèrent sur des outres gonflées d'air. Tout cela se fit au milieu des cris et de la plus grande confusion. Quelques-uns se noyèrent. Sur une rive, les officiers, le fouet à la main, frappaient leurs hommes à coups de lanière pour les faire hâter. Sur l'autre, je vis des prisonniers qu'on amenait devant un chef. Celui-ci était assis sur une espèce de trône, entre des gardes et des officiers. On porta d'abord devant lui les dieux et le butin de la ville capturée. Puis vinrent les prisonniers demi-nus, hommes, femmes, enfants, entourés de soldats qui les frappaient et les maltraitaient. Quelques-uns des hommes avaient des entraves, des chaînes et des carcans de bronze. La plupart avaient les coudes liés derrière le dos. On fit prosterner les principaux d'entre eux devant le chef, qui leur mettait le pied sur la nuque. Il faisait grâce à quelques-uns, et faisait couper, devant lui, la tête aux autres. Quatre furent accrochés par la poitrine sur des pieux aigus qu'on planta sur un tertre, à quelques pas de là.

Ce spectacle de désolation était vraiment affreux. Hannibal et Chamaï, habitués à voir de pareilles scènes dans leurs guerres, y prêtaient une médiocre attention. Mais Aminoclès et les Phokiens regardaient avec une véritable colère.

« Par Dzeus ! s'écria le brave homme, si jamais une armée pareille fondait sur l'Hellade, tous les peuples hellènes se feraient tuer jusqu'au dernier homme, plutôt que de se laisser enlever leurs dieux et de souffrir qu'on les réduise eux-mêmes en esclavage. Heureusement l'Hellade est loin ! »

Ces Hellènes sont un peuple très-courageux, et qui tient, par-dessus tout, à sa liberté.

Pendant que le Balazou était à notre bord, il vint un messager du roi me demander qui nous étions. Je le lui expliquai convenablement. Il revint une heure après et m'ordonna de l'accompagner devant le grand Binlikhous.

Cette fois, je n'emmenai que le seul Hannon avec mes huit matelots. Hannon marchait à côté de moi, pensif et méditant dans sa tête quelque beau compliment pour le roi d'Assyrie. Mais il ne nous fut donné de voir la splendeur de ce fier souverain que de loin. A cent pas de lui, on nous fit arrêter et prosterner. Il était assis sous un bouquet d'arbres, tellement entouré de gardes, de porteurs d'éventails, de porteurs de parasols, d'échansons, de chasse-mouches et de toute sa pompe, que je ne distinguai d'abord que sa tiare étincelante de dorures, ses pieds nus chargés de pierreries et sa robe brodée et frangée. Dans ce rayonnement, je finis par voir sa tête, fort majestueuse, avec de longs cheveux bouclés et une grande barbe frisée.

Une double haie de soldats formait une avenue depuis nous jusqu'à lui. Des officiers vinrent chercher nos lettres et nos présents, et les portèrent au roi. On nous emmena ensuite, après nous avoir fait prosterner encore une fois, et on nous reconduisit à nos vaisseaux. J'y gardai toujours le Balazou, malgré ses impatiences.

« Pourquoi ne me relâches-tu pas, à présent? me disait-il.

— Parce que je ne suis pas prêt à appareiller, lui répondis-je. Et tu tiens assez à ta vie pour comprendre que je tienne un peu à la mienne. »

Une heure après, on m'apporta dans une cassette en or les lettres du roi pour la reine de Saba. Quelques esclaves et soldats portaient aussi, pour moi et mes gens, un assez maigre présent en vivres et en étoffes. Mes préparatifs étaient terminés : je n'avais plus rien à faire en ce lieu désagréable et dangereux.

« Allons, Balazou, dis-je à mon hôte involontaire, le moment est venu de nous séparer. J'espère que nous nous quitterons en bons amis. »

Le Terrible respira, comme un homme qui sort d'une eau où il a failli se noyer.

« Je vois que tu es un homme de parole, dit-il.

— Est-ce que tu t'imaginais que je voulais te garder? lui répondis-je en riant. Qu'est-ce que j'aurais fait de toi?

— Oh! dit le Terrible, un homme est un homme, et chacun aime se venger. Je t'avais fait bien peur, et j'avais été très-injuste envers toi. Tu me tenais, tu me lâches. C'est bien.

— Tu ne me lâcherais pas, toi, si tu me tenais, » repris-je à mon tour.

Le Balazou sourit

On nous fit arrêter et prosterner.

« Il faut baiser la main qu'on ne peut couper, » dit-il.

Je fis ostensiblement, devant lui, garnir nos machines de traits et de pierres, puis je le mis à terre avec toutes sortes de

« J'espère que nous nous quitterons bons amis. »

respects. Avant de s'en aller, il demanda encore à Bicri s'il voulait entrer à son service. Décidément le Balazou était entêté. L'archer refusa tranquillement.

XXIII

Où nous réglons nos comptes avec Bodmilcar.

Le jour était très-avancé pendant que nous redescendions. N'osant franchir la barre dans les ténèbres, je m'établis, pour la nuit, vis-à-vis d'un petit camp chaldéen, après avoir pris toutes les précautions requises. Je craignais quelque mauvais coup de la part du Terrible.

Sur la berge étaient des huttes de feuillage où des marchands phéniciens vendaient aux soldats assyriens du vin et de la pacotille et leur achetaient leur butin. Himilcon, Gisgon et quelques autres ne purent résister à l'envie d'y descendre, pour y boire et y bavarder. Je les y autorisai, à condition qu'ils ne s'éloigneraient pas du navire plus loin que la portée de la voix. Environ deux heures après, je descendis moi-même dans ce marché éclairé de torches nombreuses. J'étais curieux de voir ce qui s'y passait. Bicri et Jonas m'accompagnèrent. Au moment où j'arrivais à terre, deux grandes galères de construction phénicienne descendaient le fleuve pour venir mouiller en aval de nous. Avec elles était un gaoul que je ne distinguai que vaguement, car il serrait la rive opposée à celle où j'étais, et le fleuve était bien large. Je n'y fis d'ailleurs pas autrement attention, la navigation étant très-active, par suite du grand trafic d'esclaves qui se faisait avec l'armée du roi d'Assyrie.

Je trouvai Himilcon et Gisgon en discussion avec des guerriers chaldéens, qui traitaient leurs récits de hâbleries et de mensonges

« Comment, dit Himilcon à un chef qui était là, tu ne veux pas croire que nous avons tenu le soleil à notre gauche? O grand sot! Demande plutôt au brave Bicri, ici présent, qui a tué des

Sur la berge étaient des huttes.

cerfs de dix palmes de haut, et à cet honnête Jonas, qui a été dieu dans le pays de l'huile de poisson!

— Que me dis-tu là? s'écria le Chaldéen en colère. Que me brouilles-tu de tes cerfs et de ton huile de poisson? Veux-tu me faire croire qu'il y a des hommes assez stupides pour adorer un autre homme comme dieu?

— Vous adorez bien Nitsroc, vous autres! dit Bicri.

— Et vous vous laissez donner des coups de fouet par votre Binlikhous et votre Balazou! ajouta Gisgon.

— Par le nom du roi! vieux coquin sans oreilles, s'écria le Chaldéen furieux, je ne souffrirai pas que tu blasphèmes mes dieux, mon roi et mon général. Je briserai tous les os que tu as dans le corps!

— Essaye un peu! cria le Celte d'une voix goguenarde. Echan-

Je trouvai Himilcon et Gisgon en discussion avec des guerriers chaldéens.

geons quelques coups : sais-tu donner des coups de poing à la manière de Preudayn, des coups de tête à la manière d'Armor, des coups de bâton à la manière d'Aitzcoa, dis, ô homme ignorant qui n'as jamais quitté la terre ferme ?

— Connais-tu le fleuve Illiturgis, et les monts Pyrènes, et le cap Chariot des Dieux, et les Iles Fortunées où l'on donne de l'or pour des bouteilles vides ? s'écria Himilcon. Réponds, ô tête de bétail. Connais-tu les Sicules, les Garamantes, les Souomi, les Guermani et les Goti, tous peuples que nous avons vaincus ? Les connais-tu, bœuf chaldéen ? »

Le guerrier courba la tête, abasourdi par ce flot de noms inconnus. La conscience de son ignorance le rendit muet.

« Enfin, dit-il après quelques instants de silence, vous autres Sidoniens, vous allez si loin que vous voyez des choses extraordinaires. Moi, je suis Carduque, et je trouve que c'est déjà bien loin de mes montagnes à ce lieu où nous sommes. Je ne savais pas que la terre était si grande.

— Eh bien, moi, dit un autre, je connais le Tarsis, et j'ai vu un homme de ce pays.

— Tu as vu un homme de Tarsis, toi ? dit Himilcon surpris. Et où cela l'as-tu vu ?

— Au camp du roi, répondit l'autre. Je me suis entretenu avec ce capitaine phénicien, qui est récemment entré au service de notre roi, et je sais ce que c'est que Tarsis, et j'ai vu un homme de ce pays avec ce capitaine-là. »

Un frisson me courut par le corps. Je pensai aux galères et au gaoul qui venaient de passer devant nous.

« Le nom de ce capitaine ! m'écriai-je, le nom de ce capitaine, et je te donne un sicle d'or ! »

Le Chaldéen cligna de l'œil d'un air sournois

« Donne deux sicles et je te dirai le nom, puisque tu y tiens tant, » répondit-il en tendant la main.

J'y jetai les deux sicles d'or, que l'homme serra dans sa bourse sans se presser. Je tressaillais d'impatience.

« A présent que j'ai mes sicles, dit le Chaldéen, pourquoi te dirais-je le nom de l'homme ? »

Furieux, je fus sur le point de le saisir à la gorge.

« Allons, Rabchaké, cria un des marchands phéniciens qui étaient là, cesse tes sottes plaisanteries. Capitaine, le nom de notre compatriote qui est ici, au service du roi, est Bodmilcar Tyrien. »

Je jetai un cri.

« A nos navires, et tout de suite ! »

Je n'eus pas besoin de le dire deux fois. Mes compagnons avaient entendu le nom de Bodmilcar aussi bien que moi. Un instant après, nous étions embarqués.

Je réunis aussitôt tous mes chefs sur l'arrière de l'*Astarté*, et je leur rendis compte de tout ce qui venait de se passer.

« Compagnons, ajoutai-je, à quelques encablures d'ici, Bodmilcar est là, qui nous guette dans l'ombre. Derrière nous, le Balazou arrive sans doute avec ses bandes féroces. Nous avons, dans le flanc de nos navires, de quoi faire notre fortune à tous. Nous laisserons-nous prendre misérablement au terme de notre voyage ?

— Non, non ! s'écrièrent-ils tous Le moment de combattre vaillamment est arrivé. Aux rames, et tombons dessus !

— Que j'arrive à l'abordage, s'écria Chamaï, et Bodmilcar est mon homme.

— Il est à moi, cria Hannon, que je vis en colère pour la première fois de sa vie. Il est à moi seul ; je ne veux pas qu'il m'échappe !

— Jeunes fous, leur dis-je, vous aurez assez affaire tout à l'heure pour ne pas vous quereller maintenant. Il nous reste une heure de nuit : profitons-en pour nous rapprocher de la mer le plus possible. »

Nos navires partirent avec précaution, l'*Astarté* tenant le milieu du chenal, l'*Adonibal* la droite et le *Cabire* serrant la berge à gauche. Tout le monde était en armes. Tous nos feux étaient éteints. Nous étions debout et prêts dans les ténèbres, et le cœur nous battait plus vite qu'à l'ordinaire.

Bicri, accroupi à l'avant, avait répandu ses flèches sur le pont devant lui et tenait son arc tout prêt dans sa main. A ses côtés étaient Dionysos, l'arc bandé, et Jonas, une grande hache passée dans la ceinture et la trompette à la main. Himilcon, à l'arrière, dirigeait les timoniers, le bouclier au bras et le coutelas au poing. Hannibal et Chamaï, debout à la tête de leurs gens, se dressaient sur la pointe des pieds pour apercevoir l'ennemi les premiers.

Enfin le soleil se leva, et en même temps j'entendis le bruit du flot sur la barre, et je vis les trois navires de Bodmilcar nous barrant le passage, le *Melkarth* au milieu. Sur leur pont, c'était un fourmillement de lances et de casques. Les deux rives étaient désertes.

« Nous avons le courant pour nous, dis-je tout de suite. Commençons par des brûlots. »

Aussitôt nos matelots lancèrent les planches chargées de matières inflammables. La trompette de Jonas donna le signal, auquel répondirent nos autres navires. Des fanfares de défi répondirent du côté de Bodmilcar. Nous nous rapprochâmes rapidement à portée de trait. Une volée de flèches nous arriva, à laquelle nous répondîmes. La bataille était engagée.

Je connaissais bien le *Melkarth*, je l'avais construit. Sur ses robustes flancs, un coup d'éperon ne pouvait avoir d'effet, et dans une tentative d'abordage, haut comme il l'était, il pouvait impunément nous accabler de projectiles et effondrer notre pont, en laissant tomber sur nous de lourdes masses de pierres et de bronze. Son faible était qu'il était lourd à la manœuvre. En un instant mon parti fut pris.

« Tu tiens bien le chenal? dis-je à Himilcon.

— Je le tiens, répondit le pilote. Avec son tirant d'eau, le *Melkarth* ne peut s'en écarter que d'une encablure à droite ou à gauche. J'ai passé dix fois sur la barre et je la connais.

— Bien, répondis-je. Qu'on remplisse nos deux barques de tout ce qui nous reste de matières inflammables. Qu'on signale au *Cabire* de me ranger. Je veux passer à son bord avec toi et le piloter moi-même. »

Un instant après, je fus à bord du *Cabire* avec Himilcon, après avoir donné mes instructions à Asdrubal et à Amilcar. Les flèches pleuvaient comme grêle. Bodmilcar combattait sur place, en homme sûr de son affaire. Il nous barrait le passage et attendait le Balazou.

Amilcar me remplaça sur l'*Astarté*. Himilcon et Gisgon prirent les timons du *Cabire* et je me mis entre eux deux. Le *Cabire* pouvait se vanter d'être gouverné et timonné comme pas un autre navire au monde, j'ose le dire.

Je pris la remorque des deux barques, je fis allumer les matières incendiaires et je gouvernai droit sur le *Melkarth*.

A un demi-jet de flèche, Bodmilcar se dressa par-dessus le bord. Je le vis debout, menaçant.

« Salut, Magon ! me cria-t-il. Je te revois enfin ! Ici, nous ne sommes ni en Égypte, ni à Tarsis, ni dans le détroit de Gadès ! J'ai trois revanches à prendre, et je les prends d'un coup. Je te tiens ! Avant ce soir, tu seras pendu à ma vergue ! »

Il n'avait pas fini qu'il se rejeta en arrière d'un bond. Une flèche venait de le frapper.

« Touché ! cria la voix de Bicri par-dessus le bruit de la bataille.

— Manqué ! répondit la voix de Bodmilcar. Ma cuirasse est à l'épreuve du trait !

— Eh bien, m'écriai-je, voyons si elle est à l'épreuve du feu ! »

Au même instant, le *Cabire* se glissa entre le *Melkarth* et la galère de droite, et Himilcon avec Gisgon donnèrent un double coup de timon si habile qu'en voulant nous éviter, le gaoul alla se coller contre nos deux barques. L'incendie y éclatait justement. Un jet de flamme et de fumée monta par-dessus le bordage du *Melkarth*.

Je coupai ma remorque au milieu d'une grêle de flèches, dont une me blessa à la joue, et dont une autre traversa la cuisse de Gisgon. Mais le brave pilote continua de gouverner à genoux.

Le *Cabire* rasa le flanc opposé du *Melkarth* si vite qu'une masse de pierre qu'on nous jeta tomba dans notre sillage, s'engouffrant dans l'eau avec un bruit terrible.

« Bodmilcar ! criai-je du haut de ma poupe, te voilà brûlé comme la galère égyptienne à Tanis.

— Cela t'apprendra à prendre le dessous du courant, marin d'eau douce, » ajouta l'impitoyable Himilcon.

En quelques coups de rame je fus sur l'*Astarté*.

« Et maintenant, m'écriai-je, ils sont à nous ! Que l'*Adonibal* et le *Cabire* se jettent sur la galère de droite et forcent de vitesse celle de gauche ! En avant ! »

Nous nous jetâmes avec fureur sur l'une des galères.

Elle fit une manœuvre désespérée pour nous éviter et prendre le dessus du courant; mais elle la fit trop tard. Je lui tombai sur le flanc, et pendant que je l'effondrais d'un côté, le choc la colla contre le *Melkarth* et nos barques en flammes de l'autre. Aussitôt je vis, dans la fumée, que les gens du *Melkarth* sautaient audacieusement sur le pont de l'*Adonibal*, engagé entre l'autre galère et lui. Les six navires ne faisaient plus qu'une seule masse, qui brûlait à un bout. A l'autre, les coups de pique, d'épée, de hache et de coutelas commençaient.

« A l'abordage ! m'écriai-je, nous les tenons !

— A l'abordage ! » répétèrent Hannibal et Chamaï.

Hannon fut le premier sur le pont de l'*Adonibal*, où les gens de la galère intacte et du gaoul se jetaient en même temps que nous et nos compagnons du *Cabire*.

« A moi, Bodmilcar ! à moi ! criait le scribe. Où es-tu ? montre aujourd'hui que tu es un homme !

— Me voici, me voici, mauvais efféminé ! répondit Bodmilcar. Toi le premier, les autres après. »

Ils se jetèrent l'un sur l'autre, l'épée haute. Pour moi, entouré d'un flot d'ennemis, je le perdis de vue. Mais Himilcon, qui ne me quittait pas, poussa tout à coup un cri terrible.

« Ah ! coquin, scélérat, gueux très-vil, éborgneur infâme, je te retrouve enfin ! »

C'était son homme de Tarsis, son Ibère qu'il cherchait depuis quatorze ans, et qu'il venait de rencontrer. Il bondit sur lui avec une telle violence qu'il le renversa du choc. Tous deux roulèrent sur le pont, cherchant à se maintenir l'un l'autre.

« Tiens-le bien, Himilcon ! s'écria Bicri qui passait par là, l'épée ensanglantée à la main ; tiens-le bien !

— Le gueux me mord le bras, s'écria le pilote. Tire-moi de dessous ! »

En ce moment le bras d'Himilcon passa au-dessus du dos de l'homme de Tarsis. Bicri lui glissa lestement son couteau dans la main. Le pilote le planta dans les reins de son adversaire, qui fit un soubresaut en râlant.

« Merci, dit Himilcon en se relevant couvert de sang, mais radieux. Je suis vengé. Toi, chien, crève ! »

Jonas, armé de sa hache, faisait des prodiges. Aminoclès le secondait en brave homme. Hannibal et Chamaï, leur armure toute faussée, finirent par jeter par-dessus bord tout ce qui était à l'avant. Amilcar fut tué. Asdrubal, quoique blessé, réussit à déblayer le timon ; je le rejoignis, et faisant manœuvrer au milieu de la bataille, nous réussîmes à dégager l'*Adonibal* de l'incendie qui menaçait de le gagner. L'autre galère, toute vide, s'en allait à la dérive. Les quelques hommes qui étaient restés sur l'*Astarté* et le *Cabire* les maintenaient sous vent à nous.

« A moi tout le monde ! » m'écriai-je.

Comme je disais ces mots, Hannon, couvert de sang, son épée brisée dans la main, se dressa devant moi.

« Il m'échappe ! s'écria-t-il. Le flot des combattants nous a séparés !

— Nous le tenons, au contraire, répondis-je. Il est à nous ! »

Sur mon signal, nous leur abandonnâmes l'avant du navire, où grouillait leur foule pressée, et maîtres de l'arrière, maîtres de gouverner, nous laissâmes porter sur l'*Astarté* et sur le *Cabire*.

« Tout le monde à notre bord ! » m'écriai-je.

Hannibal et Chamaï, à la tête de leurs hommes, formés en rang serré, barrèrent le passage aux gens de Bodmilcar et nous permirent d'évacuer le navire. Puis, à leur tour, ils se jetèrent qui sur le *Cabire*, qui sur l'*Astarté*, suivis du flot de nos ennemis dont quelques-uns passèrent sur notre pont avec nous. Mais ils furent tués tout de suite.

C'est ainsi que finit ce scélérat.

Cette fois, Bodmilcar était pris, et bien pris. Embarrassé sur l'*Adonibal*, incapable de manœuvrer au milieu des débris du combat et des rames en pantenne, il était livré sans défense à nos machines et à nos flèches. Le *Melkarth* n'était plus qu'un brasier. L'une des galères était coulée, et l'autre, entraînée à la dérive, avait disparu.

Pendant une demi-heure, je l'accablai de projectiles, malgré sa défense désespérée. Puis je me jetai de nouveau à l'abordage par son arrière. Bodmilcar, le visage en sang, nous attendait à l'avant, à la tête d'une trentaine d'hommes qui restaient debout.

« Faut-il l'abattre? dit Bicri en encochant sa flèche.

— Non, répondis-je en lui arrêtant le bras. Un autre genre de mort l'attend. »

Les gens de Bodmilcar vendirent chèrement leur vie. Pour lui, au moment où il se précipitait sur moi, Jonas le cueillit dextrement et me l'offrit.

« Voilà, me dit le bon trompette, voilà ton ennemi. Allons, ne te trémousse pas ainsi, toi, ou tu feras que je te casserai quelque membre. »

Bodmilcar, écumant de fureur, resta immobile. Il ne répondit à aucune de mes questions et garda un farouche silence jusqu'au moment où on le pendit.

C'est ainsi que finit ce scélérat.

Pour nous, nous revînmes sans encombre à Tyr par le canal du Pharaon, après avoir visité la reine de Saba et le roi Salomon. Notre navigation fut belle et joyeuse.

Une foule de peuple nous attendait sur le quai et nous fit une réception triomphale, et le roi Hiram nous donna une fête splendide, où il voulut que moi-même je racontasse mes aventures devant tous les anciens assemblés.

C'est ainsi que se termina mon long voyage. Le roi me fit présent des trois bateaux qui avaient servi à ma navigation, et le peuple de Sidon me nomma suffète amiral. Je gardai avec moi Himilcon, Gisgon, Asdrubal et Hannibal qui fut chef de mes hommes d'armes.

Ai-je besoin de raconter comment je fis flotter le bois de cèdre et amenai les matériaux dont le roi Salomon construisit ce temple magnifique de Jérusalem? Tous les Sidoniens ne connaissent-ils pas cela? et ne connaissent-ils pas mon ami Chamaï, capitaine

des gardes du roi Salomon, quand il vient me rendre visite dans mon palais, accompagné de sa femme Abigaïl et du grand Jonas, le chef des trompettes royaux? Et n'ont-ils pas vu souvent Bicri, le riche vigneron, quand il vient vendre à Sidon ses outres et ses tonneaux, et qu'Himilcon et Gisgon les dégustent les premiers? Et ne voient-ils pas, tous les ans, le navire qui part en grande pompe pour aller chercher à Paphos Hannon, grand prêtre d'Astarté, et sa femme, la belle Chryséis, grande prêtresse de cette déesse chez les Hellènes? Hannon vient sacrifier au temple de la métropole. Dionysos l'accompagne: c'est un guerrier fameux dans son pays; il enseigne aux Phokiens la navigation et les lettres phéniciennes. Le vieux Aminoclès, fier de son fils, fait aussi le voyage pour voir son ancien amiral, et ce jour-là, quand le *Cabire*, orné de tentures, va chercher mes invités au large et les conduit à mon propre débarcadère, le peuple de Sidon acclame le hardi bateau, et se réjouit en voyant réunis sur le pont les compagnons qui ont découvert les îles de l'Étain, la côte de l'Ambre et les Iles Fortunées.

Le soir d'un pareil jour, Himilcon ne marche pas souvent très-droit, et Bicri ne manque pas de siffler la chanson des Kymris et la chanson de Benjamin ; et quand nos hôtes s'en vont, Jonas lui-même veut les précéder, en sonnant de la trompette en leur honneur,

FIN.

NOTES.

Je ne prétends point faire de ce livre un ouvrage de science pure ; j'ai voulu simplement présenter, sous une forme courante, un tableau du monde en l'an 1000 avant Jésus-Christ, et résumer, pour l'usage de la jeunesse, des notions, des découvertes et des faits épars dans des ouvrages que leur caractère exclusivement scientifique et technique et leur prix élevé rendent moins abordables.

Le but que je me suis proposé m'interdit de surcharger de notes les *Aventures du capitaine Magon*. La lecture d'un livre de ce genre serait fastidieuse à l'excès, s'il fallait à chaque instant quitter le fil du récit pour consulter une note de bas de page, ou courir à une pièce justificative placée à la fin du volume. J'ai donc systématiquement évité toute espèce de notes, et je n'ai mis que celles qui étaient strictement nécessaires pour l'intelligence du texte. Il faudra bien que le lecteur me croie sur parole. Toutefois, pour ma justification comme pour répondre au désir des lecteurs qui prendraient goût à l'étude de l'époque dont j'ai parlé, et en particulier à l'histoire du peuple phénicien, je donne ici une liste succincte d'un certain nombre d'ouvrages bons à consulter, et je la fais suivre de quelques commentaires. Ces commentaires éclaireront quelques points que la forme du roman m'a fait laisser dans l'obscurité. Il va sans dire que dans les ouvrages dont je donne la liste, je ne cite pas les livres de l'antiquité classique, depuis la Bible jusqu'à Straton, en passant par Xénophon. Je ne veux renvoyer le lecteur qu'aux recherches de la science moderne et citer que les travaux qui m'ont servi plus particulièrement

OUVRAGES A CONSULTER.

1. Movers (F. C.). *Das Phönizische Alterthum.*
2. Renan. *Mission en Phénicie.*
3. Daux. *Recherches sur les Emporia phéniciens dans le Zeugis et le Byzacium.*
4. Nathan Davis. *Carthage and her remains.*
5. Wilkinson. *Manners and Customs of ancient Egyptians.*
6. Hœckh. *Kreta.*
7. Grote. *History of Greece.*
8. Mommsen. *Geschichte der Römische Republik* (Introduction et Ier chapitre).
9. Bourguignat. *Monuments mégalithiques du nord de l'Afrique.*
10. Fergusson. *Rude Stone Monuments.* (Très-bien résumé en français par M. Louis Rousselet dans la *Revue d'Anthropologie.*)
11. Broca et A. Bertrand. *Celtes, Gaulois et Francs* (dans la *Revue d'Anthropologie*).
12. L'abbé Bargès. *Interprétation d'une inscription phénicienne trouvée à Marseille.*
13. Layard. *Nineveh and its remains.*
14. Botta. *Fouilles de Babylone.*
15. Reuss. *Nouvelle traduction de la Bible* (en cours de publication).

ECLAIRCISSEMENTS.

Chapitre I.

J'ai adopté le mot classique de « Phéniciens » pour être mieux compris. Le mot national est « Cananéens ». Les gens que les Grecs ont appelés « Phéniciens », mot qui peut s'interpréter de deux façons : « les Rouges » ou « les gens du pays des dattes », s'appelaient entre eux Cananéens, c'est-à-dire « gens de la basse terre », par opposition aux « Araméens », c'est-à-dire aux « gens de la haute terre, de la montagne ». Ce n'est pas le lieu ici de me livrer à une dissertation linguistique et ethnographique sur les deux mots *Khna* et *Aram*, d'où Cananéen et Araméen tirent leur origine.

Le sens du mot *sicle*, qui s'orthographie dans le dialecte hébraïque et se prononçait probablement aussi *chekel*, est « objet pesé ». On comprend donc qu'il s'applique à la fois à la monnaie, dont les marchands phéniciens inventèrent certainement l'usage, et au système de poids.

Le mot *gaoul* signifie « un objet rond, creux ». On voit pourquoi il s'applique aux navires ronds qui servaient au commerce. Les Phéniciens appelaient Gozzo : *Gaulo Melitta*, « Malte la ronde. »

Le type du gaoul est essentiellement tyrien. *Onerariam navem Hippus Tyrius invenit.* (Pline, *Hist. nat.*)

Pour reconstruire un navire phénicien, je me suis servi particulièrement :

1° De deux planches des fouilles de Layard ;

2° De la description très-exacte et très-complète qu'en fait le prophète Ézéchiel (Prophétie contre Tyr) ;

3° D'une description fort intéressante que donne Xénophon (dans les *Œconomiques*) du grand navire phénicien qui vient tous les ans au Pirée ;

4° Des planches de l'ouvrage de Wilkinson.

Enfin, raisonnant par analogie, j'ai usé de la dissertation du colonel Yule sur les navires génois, pisans et vénitiens du treizième siècle (dans son édition de Marco Polo).

Le doublage en cuivre des navires, qui peut paraître un anachronisme, a parfaitement existé chez les anciens Phéniciens. On en trouvera mention dans Végèce, *De re militari*, IV, 34; dans Athénée, V, 40. C'est même à Melkarth, l'Hercule tyrien, que la légende antique attribue cette invention : *Hercules.... nave œnea navigavit.... habuit navem œre munitam.* (Servius.)

L'indication des autres matériaux se trouve tout au long dans la prophétie d'Ézéchiel.

En dehors du type du *gaoul*, je donne le navire rapide, la barque, et le vaisseau long, vaisseau de guerre à cinquante rames.

Sans entrer dans des détails déplacés, je me bornerai à dire, pour le premier, que les Grecs l'appelaient *hippos*, « cheval, » soit à cause de sa rapidité, soit à cause de la tête de cheval qu'il portait à l'avant : « Les petits navires de Gadès s'appellent chevaux, à cause de l'image qu'ils ont à la proue (Strabon) » J'ai baptisé du nom de *gaditan* ce navire caractéristique de la colonie phénicienne de Gadès. Plusieurs monnaies phéniciennes de la côte d'Afrique portent pour empreinte la tête de cheval, et la légende de la tête de cheval trouvée dans les fondations de Carthage a peut-être pour origine l'ornement de proue national des navires rapides phéniciens.

La *barque* a un nom tout phénicien. *Barek* (en hébreu) signifie « courber », plier un objet tel qu'une planche. *Barca est quæ cuncta navis commercia ad littus portat.* (Isidore, *Origines.*) En berber moderne, une barque s'appelle *ibarko.*

Le vrai vaisseau sidonien est la galère à cinquante rames, la pentécontore : *pentecontoron sidonian* (Euripide, *Hélène,* 1412). Comment manœuvrait-on avec cinquante avirons un bateau long qui portait jusqu'à quatre cents hommes? quel était le tonnage d'un de ces bateaux? Je n'ai aucune donnée positive là-dessus, et je répète que je n'ai pas l'intention de faire ici des dissertations. Si l'on veut une analogie, on la trouvera dans les grosses jonques chinoises que l'Arabe Ibn Batouta a vues au quatorzième siècle, qui portaient six cents hommes et qui étaient manœuvrées par cinquante et même soixante avirons gigantesques, chaque aviron étant manié par huit hommes, à l'aide de deux cordes placées des deux côtés. Celles qu'a vues Marco Polo avaient quatre hommes par rame. Il est possible que les Phéniciens se soient servis d'un système de ce genre.

La description que je donne des navires de parade n'a rien d'imaginaire. On peut voir de ces navires figurés dans le recueil de Wilkinson (t. III). Du reste, les auteurs anciens, depuis Hérodote jusqu'à Plutarque, sont remplis de détails là-dessus. Dans Hérodote, le navire sidonien où Xercès se place pour passer la revue de sa flotte est décoré d'une tente en or, c'est-à-dire en étoffes babyloniennes brochées d'or.

Chapitre II.

La tiare fleurdelisée peut se voir dans l'ouvrage de Botta, planches de la fin, aux détails de costume et d'armement.

Les tarifs du sacrifice et du rituel sont empruntés à l'ouvrage de l'abbé Bargès que j'ai mentionné plus haut.

La coutume d'emporter des oiseaux pour indiquer par leur vol la direction de la terre se trouve mentionnée par toute l'antiquité. Dans des temps plus modernes et chez des peuples demi-barbares, nous voyons le roi de mer Floke Vilgedarson, quand il part de Norvége en 868 pour aller découvrir l'Islande, emporter trois corbeaux.

Chapitre V

Je ne donne pas le nom du Pharaon qui régnait en Égypte à cette époque, et pour cause : le onzième siècle et le commencement du dixième sont justement les époques où il y a une lacune à combler dans l'histoire de l'Égypte.

Les chariots de guerre qui accompagnent le Pharaon étaient montés par des Libyens, c'est-à-dire par des Berbères de race tamachek, ou, si l'on veut un équivalent moderne, des Kabyles et des Touaregs. La cavalerie et les chariots libyens faisaient la force principale des armées égyptiennes.

Chapitre VI.

Si c'était ici le lieu de faire de l'anthropologie, j'aurais l'occasion de m'étendre longuement sur le compte des Kydoniens et des Pélasges; mais je n'en vois pas l'opportunité. Je me borne donc à indiquer aux lecteurs l'existence, dans toute l'Europe, de races à type et à langage distincts qui ont précédé les races aryennes. Deux surtout méritent mention : l'une à tête ronde, à type mongoloïde, des Touraniens, comme on est convenu de les appeler, et l'autre à tête longue, des Australoïdes, si l'on veut. Ces races, en possession d'une civilisation inférieure, ont laissé partout des traces de leur présence. Il se trouve justement qu'en Crète les Grecs nous ont conservé le souvenir des Kydoniens et les quelques mots de leur langue que je donne.

Chapitre VII.

Je demande pardon au lecteur de mon Homéros; mais vraiment je ne pouvais pas me dispenser de faire passer dans mon tableau le grand rhapsode, si problématique qu'il soit. Quant à la date de la guerre de Troie, comme, même après les fouilles de Schliemann, elle est encore à fixer, je la donne pour ce qu'elle vaut.

Chapitre IX.

La description du navire tyrrhénien est empruntée à une figure qui se trouve sur un vase du musée Campana.

Les hâbleries d'Himilcon, à propos de Charybde et de Scylla, sont strictement phéniciennes. J'ai déjà fait allusion plus haut aux mystifications habituelles des marchands et des matelots de Tyr et de Sidon. Pour me justifier, il me suffira de citer le passage d'Hérodote où le père de l'histoire nous parle de l'île Kyraunis, où les jeunes filles pêchent l'or à la ligne, et nous dit tenir ce beau récit d'un Phénicien ! Le Grec est de bonne foi : c'est le loup de mer phénicien qui s'amusait un peu, ou qui dramatisait ses peines et ses aventures pour hausser le prix de sa marchandise.

La superstition du coq gigantesque est empruntée à une légende rabbinique, citée par Movers.

Chapitre XI.

J'avais déjà fini ce livre, lorsque j'ai appris, par les fouilles de M. Sainte-Marie, qu'Adonibal était le nom le plus ordinairement porté par les suffètes amiraux d'Utique, ou du moins qu'une longue suite de ces magistrats s'est appelée Adonibal. C'est une simple coïncidence : j'ai donné au mien, au hasard, le premier nom phénicien venu. A ce sujet, je dirai, pour les noms de personnages, que je leur ai donné la forme sous laquelle ils nous sont plus familiers. A quoi bon mettre pédantesquement *Hanna-Baal* (le chéri de Dieu) au lieu d'Hannibal, *Bod Melkarth* (face du dieu Melkarth) au lieu de Bodmilcar, etc.? Il suffit au lecteur qui n'étudie pas les langues sémitiques de savoir qu'un vieux nom phénicien ou juif se décompose comme un nom arabe moderne, et de lui rapprocher, par exemple, Amilcar, *Abd Melkarth*, serviteur de Melkarth, d'*Abd Allah*, serviteur de Dieu. Quant au lecteur qui étudie les langues sémitiques, je suppose qu'il n'a pas besoin de mon livre pour s'instruire et qu'il connaît mes sources aussi bien que moi.

Pour les noms de lieux, j'ai rencontré des difficultés. Si j'avais voulu les écrire tous à la sémite, je me serais trouvé en face de trois obstacles.

1º D'abord, ils ne nous sont pas tous connus sous cette forme.

2º Cette forme, quand elle est connue, est peu familière au lecteur.

3º Son identité, son orthographe et sa prononciation ne pourraient être fixées qu'à l'aide de longues dissertations, fastidieuses pour qui n'en fait pas une étude spéciale, et déplacées ici.

J'ai donc été très-sobre de ce côté. J'ai mis bravement l'île de Crète au lieu de *Kaptorim*, l'Égypte au lieu de *Mitsraïm*, les Libyens au lieu de les *Machouagh*, etc. Je me suis contenté de donner quelques indications, quand j'ai cru qu'elles étaient en place.

Chapitre XII.

Je fais sacrifier Magon dans un dolmen avec allée couverte enfoui sous un tumulus, et j'emprunte à Bourguignat des détails sur les dolmens du nord de l'Afrique. M. Daux donne encore la description d'un temple de ce genre. Mais, par acquit de conscience, je dois dire ici que je n'accepte en rien les théories de Bourguignat sur des suites de monuments de pierre brute en forme de serpent, de scorpion, etc.; que je ne crois pas un mot d'une histoire de dolmens temples préhistoriques, et que je suis tout à fait de l'avis de Fergusson, qui voit dans les monuments de pierre brute des monuments commémoratifs et funéraires relativement modernes.

J'ai fait allusion à l'existence d'une mer intérieure en Algérie : elle n'a pour moi plus rien d'hypothétique. Je n'en dirai pas autant de l'Atlantide; mais outre les migrations des Libyens, il fallait bien mentionner des traditions répandues dans l'antiquité.

Chapitre XVI

Je doute fort qu'à cette époque des Celtes fussent déjà arrivés sur la côte ouest de France; mais, en tout cas, il y en avait déjà sur le Rhône et dans l'Est. J'ai constaté l'existence de races antérieures, les Mongoloïdes et les Australoïdes des cavernes. J'en ai présenté en Espagne, et j'en mentionne en Gaule; j'en montrerai encore plus loin; cela suffit, je crois. Il eût été par trop bizarre pour le goût du lecteur de faire arriver mes Phéniciens en France sans leur y faire rencontrer des hommes d'une race gauloise; je m'accuse donc d'un anachronisme que j'estime à quatre bons siècles. Les Celtes à tête ronde étaient dans ce temps-là sur le Danube ou tout au plus sur le Rhône, et les Kymris à tête longue, constructeurs de tumulus, étaient encore bien plus loin. Mais je pense avoir disposé les choses de façon que l'anachronisme ne soit pas trop sensible.

Chapitre XVII.

Il n'y a pas à douter de l'existence des Finnois aux embouchures de l'Elbe où je les place. Faute d'un nom finnois ancien, je me suis permis de leur donner un nom finnois moderne en les appelant *Suomi*.

Chapitre XX.

Je fais mon *mea culpa* pour le périple de l'Afrique. La suite du récit m'a réduit à cet expédient. Que les Phéniciens l'aient fait par exception, on peut le prouver. Cela n'empêche pas le *Périple d'Hannon* d'être apocryphe, comme on l'a prouvé récemment, et d'être l'œuvre d'un romancier scientifique grec, qui l'a écrit comme j'ai écrit les *Aventures de Magon*. Dans ces conditions, je me suis cru autorisé à y faire des emprunts.

Chapitre XXI.

L'identité du royaume de Saba et d'Ophir avec la côte sud d'Arabie est hors de doute. Les vers qu'Hannon dit à la reine sont arabes; mais le goût des Orientaux a si peu changé en ces matières que je n'ai pas hésité à mettre dans la bouche d'un Phénicien du onzième siècle avant Jésus-Christ des vers arabes du onzième siècle après

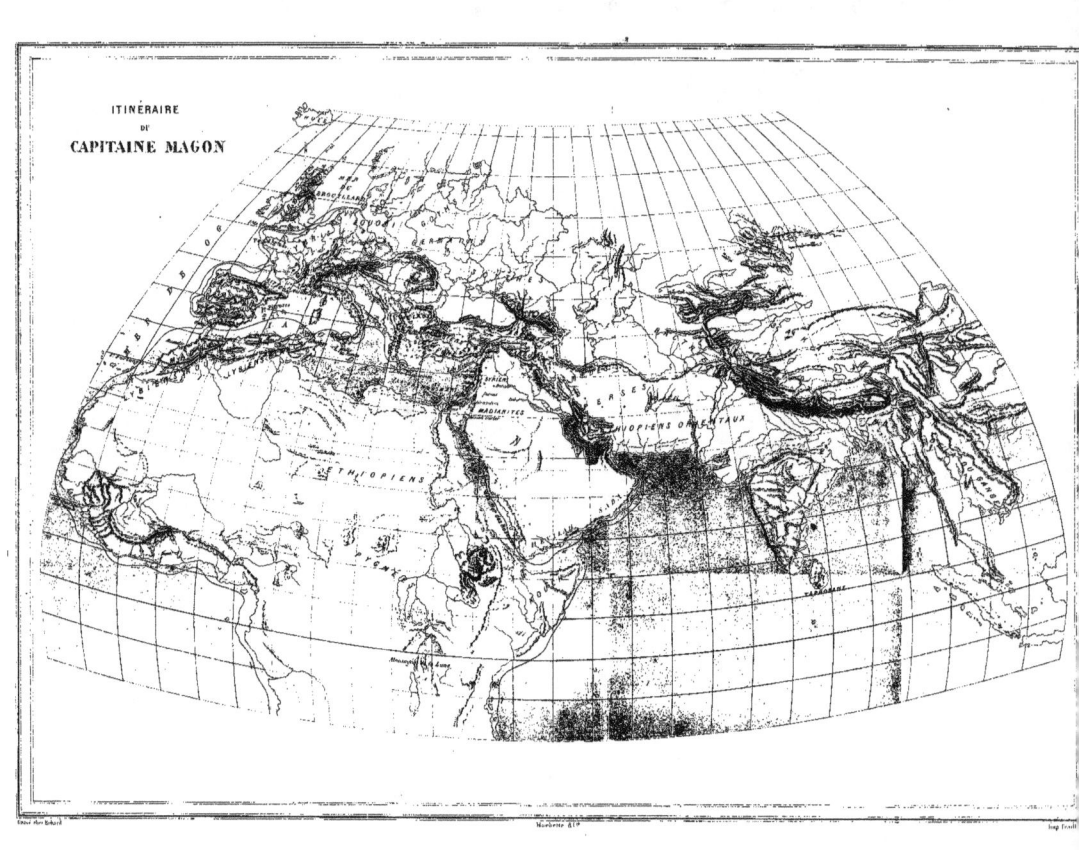

TABLE.

I.	Pourquoi Bodmilcar, marin de Tyr, détesta Hannon, scribe de Sidon.	1
II.	Du sacrifice que nous fîmes à Astarté et de notre départ.........	23
III.	Comment la servante de la dame ionienne reconnut le capitaine Chamaï.....	45
IV.	Le roi David........	67
V.	Où le Pharaon arrive un peu tard.	85
VI.	De l'île de Crète et de ses habitants....	111
VII.	Comment la belle Chryséis préféra le scribe Hannon à cinquante vaches....	129
VIII.	Des prouesses que nous fîmes contre les Phokiens........	153
IX.	La terre des troupeaux.....	173
X.	Où Gisgon retrouve ses oreilles.....	195
XI.	Pourquoi Adonibal, amiral d'Utique, nous voulait faire décoller....	203
XII.	L'oracle......	229
XIII.	Les mines d'argent.....	241
XIV.	L'embuscade........	253
XV.	Guébal se distingue.....	275
XVI.	Sur l'Océan.....	285
XVII.	Qui était le dieu des Souomi?...	309
XVIII.	Jonas devient ambitieux.....	335
XIX.	Encore Bodmilcar........	349
XX.	Le monde renversé........	361
XXI.	La reine de Saba.....	375
XXII.	Comment le général des Assyriens trouva Bicri trop lourd........	383
XXIII.	Où nous réglons nos comptes avec Bodmilcar.....	401
Notes	.....	417

FIN DE LA TABLE

3122. — IMPRIMERIES RÉUNIES, A
2, RUE MIGNON, 2, PARIS

www.ingramcontent.com/pod-product-compliance
Lightning Source LLC
Chambersburg PA
CBHW050917230426
43666CB00010B/2206